ENSEIGNEMENT SECONDAIRE SPÉCIAL

ANNÉE PRÉPARATOIRE ET PREMIÈRE ANNÉE

EXERCICES GRADUÉS

A L'USAGE DES ÉLÈVES

DE L'ENSEIGNEMENT SECONDAIRE SPÉCIAL

PAR H. JONETTE,

Agrégé des lettres, proviseur du lycée de Napoléon-Vendée.

LE LIVRE DU MAITRE

Comprend : 1° Des explications sur le but des dictées ; — 2° Les dictées ;
3° Les questionnaires ; — 4° L'indication des mots à expliquer.

LE LIVRE DE L'ÉLÈVE

Comprend : 1° Les explications sur le but des dictées ;
2° Les questionnaires ; — 3° L'indication des mots à expliquer ; — 4° Des exercices journaliers sur les paragraphes de la Grammaire.

LIVRE DE L'ÉLÈVE

PARIS

LIBRAIRIE CLASSIQUE D'EUGÈNE BELIN

RUE DE VAUGIRARD, N° 52

1869

Tout exemplaire de cet ouvrage non revêtu de ma griffe sera réputé contrefait.

SAINT-CLOUD. — IMPRIMERIE DE Mme Ve BELIN.

PRÉFACE.

L'étude de la grammaire et de l'orthographe trouvera peut-être son utile auxiliaire dans les deux volumes que nous publions aujourd'hui : ils sont les compléments naturels de notre Grammaire française.

Le premier, intitulé *Dictées nouvelles*, contient 100 dictées, précédées chacune d'une petite explication sur le but de la dictée, avec renvoi aux paragraphes de la Grammaire auxquels la dictée se rapporte. Après la dictée, on trouve un questionnaire, puis une liste des mots à expliquer. Ce livre est le *Livre du maître*.

On retrouve dans le second, intitulé *Exercices Gradués*, les explications sur le but des Dictées, les questionnaires et les listes de mots à expliquer, comme dans le livre des Dictées ; il contient en outre 120 Exercices de Grammaire et d'Orthographe. C'est le *Livre de l'élève*.

L'usage de ces deux volumes est assez indiqué par leur disposition.

Le maître fait aux élèves une ou deux dictées par semaine. Il n'a pas besoin de s'étendre sur le but de la dictée. Les élèves le trouvent dans leur livre d'*Exercices Gradués*. Une fois la dictée faite, elle est l'objet d'un commentaire. Le Maître et les élèves ont la liste des mots à expliquer. Enfin le questionnaire qui se trouve dans les deux volumes sert au maître pour faire en classe, ou pour donner à traiter en dehors, quelques questions dont il n'a qu'à indiquer le numéro dans le questionnaire.

Les *Exercices* placés à la suite des Questionnaires servent à faire des devoirs tous les jours. Ils présentent des applications faciles des règles de la Grammaire qu'ils côtoyent constamment. On y conduit les enfants comme par la main, car ce n'est pas par cœur qu'il faut apprendre la Grammaire, c'est à force d'habitude et de réflexion. En dehors de quelques notions indispensables que la mémoire doit graver dans l'esprit, l'intelligence une fois éveillée veut être mise le plus souvent possible en mouvement. C'est le but de nos *Dictées* et de tout ce qui les accompagne, comme c'est le but de nos *Exercices*.

PRÉFACE.

Nous ne sommes pas très-partisan de la cacographie, qui met sous les yeux des enfants des formes ou des locutions vicieuses que leur mémoire peut retenir et confondre avec la véritable orthographe. Ce qui empêche de tirer de l'usage des dictées tout le profit qu'elles promettent, c'est qu'il leur manque trop souvent un commentaire. Le maître peut avoir les connaissances nécessaires pour faire ce commentaire, et en être souvent empêché par la préoccupation que lui donnent la tenue de sa classe et la légèreté des enfants. Grâce au questionnaire, les demandes sont toutes faites, le maître les lit, l'enfant suit dans son livre, il a plus de chances pour comprendre ce qui est sous ses yeux.

Les sujets de nos Dictées sont variés. Nous avons résisté à l'habitude qui a régné longtemps de prendre quelques passages de nos grands écrivains et de leur faire subir le martyre pour y placer des applications de telle ou telle règle de la Grammaire. Nous avons mieux aimé imposer cette épreuve à notre propre style. Il n'y a donc pas une phrase qui n'ait été composée exprès pour ce recueil. C'est en cela surtout que nos Dictées ont peut-être le droit d'être intitulées *Dictées nouvelles*.

Dans les *Exercices*, les difficultés augmentent à mesure que les écoliers avancent ; et nous conseillons aux maîtres, quand ils trouvent un exercice au-dessus de la portée des élèves, de remettre cet exercice à plus tard. Il n'en est pas des notions grammaticales comme des sciences exactes, où les vérités s'engendrent pour ainsi dire, et dans l'étude desquelles on ne peut laisser de lacunes sans risquer de tout compromettre. Certaines théories grammaticales demandent plus que d'autres un esprit exercé et mûri. Dans ce cas, il faut savoir attendre.

Les *Exercices* forment avec les *Dictées* un ensemble très-complet d'études qui se prêtent un mutuel appui. Pour avoir été faits en vue de l'enseignement spécial, ces deux volumes n'en sont pas moins à la portée de toutes les classes où se trouvent des enfants de onze à quatorze ans. Ils peuvent servir même au delà, et seconder les efforts des adultes qui travaillent seuls ou sous une direction peu continue.

DICTÉES NOUVELLES

1re Dictée. — DE DIEU.

But de la dictée.

La première dictée est un préambule où le professeur peut faire chercher et signaler par les élèves les dix espèces de mots qui sont les dix parties du discours. L'étude des dix espèces de mots doit faire l'objet de la première leçon du cours préparatoire.

A cette occasion on fait dire par les élèves le *nom* et l'*usage* des dix parties du discours. Comme il y a pour la plupart de ces sortes de mots plusieurs exemples dans la dictée, l'embarras ne pourra pas être grand chez les élèves.

Le professeur exigera que l'élève indique à côté du mot pris dans la dictée un autre mot trouvé par lui-même, et qui soit bien de la même espèce. Ce travail peut donner lieu à des exercices oraux ou écrits selon que le professeur le jugera convenable.

Grammaire : Paragraphes 58-74.

QUESTIONNAIRE.

1. Indiquez un verbe ?
2. Indiquez un verbe au singulier ?
3. Indiquez un verbe au pluriel ?
4. Indiquez un article ?
5. Un article singulier masculin ?
6. Un article singulier féminin ?
7. Un article pluriel ?
8. Trouvez un nom propre et comparez-le à un nom commun ?
9. Montrez-nous des adjectifs et faites voir à quoi ils servent ?
10. Trouvez un adverbe, une préposition, une conjonction, une interjection ?
11. Dites quelle différence il y a entre une préposition et un adverbe ?
12. Dites quelle différence il y a entre une conjonction et une interjection ?
13. Quelles sont parmi les dix espèces de mots, celles qu'on appelle *variables* ?
14. Quelles sont celles qu'on appelle *invariables* ?

15. Que veut-on dire quand on appelle un mot *variable* ou *invariable* ?

MOTS A EXPLIQUER.

Supérieur — concevoir — créatures — art infini — âme — création — résolution — ingrats — biens — combler.

DU SUBSTANTIF.

2e Dictée. — L'HOMME.

But de la dictée.

Cette dictée servira à marquer particulièrement l'emploi des noms ou substantifs de différentes espèces. Les élèves citeront tous les substantifs contenus dans la dictée. A côté de ces substantifs, ils en indiqueront d'autres en ayant soin de les choisir du même genre et du même nombre. Ils souligneront dans leurs devoirs tous les substantifs féminins et tous les substantifs pluriels. Ils donneront plusieurs exemples de noms propres et plusieurs de noms communs et de noms collectifs pris en dehors de la dictée.

Cette dictée pourra servir aussi à faire remarquer les mots variables et les mots invariables.

Grammaire : Paragraphes 74-97.

QUESTIONNAIRE.

1. Quelle espèce de mot voyez-vous dans *Adam* et *Eve* ?
2. A quelle espèce de nom appartiennent ces deux mots?
3. Pouvez-vous les mettre au pluriel ?
4. A quelle espèce de nom appartient le mot *Dieu* ?
5. Pouvez-vous le mettre au pluriel?
6. Le mot *race* est-il un mot d'une sorte particulière?
7. Qu'est-ce qui distingue les mots *Adam* et *Eve* des autres mots dans la manière de les écrire ?
8. Cherchez dans la dictée s'il y a plusieurs noms *collectifs* ?
9. Quelle distinction y a-t-il entre le *genre* et le *nombre* dans les substantifs?
10. Combien y a-t-il de *genres* ?
11. Combien y a-t-il de *nombres* ?
12. Le *pluriel* est-il un *genre* ou un *nombre* ?
13. Le *féminin* est-il un *nombre* ou un *genre* ?

DU SUBSTANTIF.

14. Indiquez une série de mots qui soient tous du genre *masculin* ?
15. Indiquez une série de mots qui soient tous du nombre *pluriel* ?
16. Quelles sont les deux lettres qui indiquent le plus souvent le *pluriel* dans les noms ?
17. Quelle est la lettre qui indique le plus souvent le *féminin* dans les noms ?
18. Redites encore la différence qu'il y a entre le *genre* et le *nombre* ?
19. Quand emploie-t-on le *masculin* ?
20. Quand emploie-t-on le *féminin* ?
21. Quand emploie-t-on le *singulier* ?
22. Quand emploie-t-on le *pluriel* ?
23. Quels sont les petits mots qui, placés avant les substantifs, nous aident à en reconnaître le *genre* ?

MOTS A EXPLIQUER.

Paradis — plantes — le présent — l'avenir — apaiser — condamné — descendants — regretter amèrement — élever des troupeaux — métaux — invention — métiers.

3° Dictée. — LES MÉTAUX.

But de la dictée.

Cette dictée a pour objet l'application d'un assez grand nombre de règles pour la formation du pluriel dans les noms à différentes terminaisons. Non-seulement on exercera les élèves à donner la marque du pluriel aux noms dont cette dictée fait usage, mais à propos de chacun de ces noms ils devront citer quelques autres noms dont la terminaison est semblable au pluriel et qui ne sont pas indiqués dans la dictée ; ainsi à propos du mot *cailloux* au pluriel, ils citeront quelques pluriels en *oux* avec *x*. On pourra leur poser à cette occasion des questions sur les mots dont le pluriel est *ous* avec *s*, etc. Il en sera ainsi des autres terminaisons.

Il sera bon aussi de leur faire reproduire tous les singuliers des mots employés au pluriel dans la dictée.

Grammaire : Paragraphes 87-97.

DICTÉES NOUVELLES.

QUESTIONNAIRE.

1. Indiquez-nous les différentes terminaisons des substantifs au *pluriel* ?
2. Quelles sont les terminaisons qui ne changent pas au *pluriel* et gardent toujours les mêmes lettres finales qu'au singulier ?
3. Indiquez-nous quelques-uns de ces mots ?
4. Comment les noms en *eu* au *singulier* forment-ils leur *pluriel* ?
5. Citez-nous les exemples de la dictée pour les noms en *eu* ?
6. Ajoutez d'autres noms en *eu* que vous connaissez et dites-nous comment vous les écrivez au *pluriel* ?
7. Comment fait le mot *métaux* au *singulier* ?
8. Tous les noms en *al* font-ils leur *pluriel* en *aux* ?
9. Trouvez dans la dictée un *pluriel* en *als* avec un *s* ?
10. Citez-nous des substantifs en *ou* au *singulier* qui prennent au *pluriel* un *x* ?
11. Citez-en d'autres qui prennent un *s* ?
12. Comment les substantifs en *ail* font-ils au *pluriel* ?
13. Dites-nous le *pluriel* du mot *éventail* ?
14. Du mot *corail* ?
15. Dites-nous le *singulier* des mots *cieux, yeux, aïeux* ?
16. Quelle lettre prend le mot *ail* au *pluriel* avant l'*x* ?
17. Quel est le *pluriel* de *bal* ?
18. Quel est le *pluriel* de *bail* ?
19. Dites la signification de ces deux derniers mots ?

MOTS A EXPLIQUER.

La nature — changer d'état — dompter — corps (en parlant des métaux) — bijoux — maux — société — merveilleux — fusion — émaux — charme — astres — cieux — reflets — pierreries — étaler aux regards — soirées — bals — vanité — aïeux — habiles.

L'ARTICLE.

4º Dictée. — LA TERRE.

But de la dictée.

L'*article* et son emploi sont les objets de cette dictée : il suffira de faire souligner tous les *articles* en demandant le genre et

L'ARTICLE.

le nombre de chacun d'eux. On fera décomposer les formes *du*, *des*, employées pour *de le*, *de les* ; *au* pour *à le*, *aux* pour *à les*. On mettra au singulier tous les *articles* et tous les noms qui sont au pluriel et au pluriel tous les articles et les noms qui sont au singulier. On fera établir la différence des mots commençant par *h* muet ou par *h* aspiré par rapport à l'emploi de l'article, en se servant des mots *haine*, *héros*, *habitant*, qui se trouvent dans la dictée. On insistera sur l'emploi de l'*apostrophe*.

Grammaire : Paragraphes 97-105.

QUESTIONNAIRE.

1. A quoi sert l'*article* ?
2. Indiquez toutes les formes de l'*article* ?
3. Quel est le genre indiqué par *le* ?
4. Quel est le nombre indiqué par *les* ?
5. Quel *article* met-on devant un nom féminin singulier ?
6. Quel *article* met-on devant un nom féminin pluriel ?
7. Quel *article* met-on devant un nom masculin pluriel ? — De quel genre est l'article pluriel *les* ?
8. De quoi est composé le mot *du*, quand je dis : le chemin *du* village ?
9. De quoi est composé le mot *au*, quand je dis : je viens *au* pays ?
10. Devant quels noms s'emploient les formes *du*, *au* ?
11. De quoi est composé le mot *des* quand je dis *des* plumes ?
12. De quoi est composé le mot *aux* quand je dis : jouer *aux* billes ?
13. Devant quels noms s'emploient les formes *des*, *aux* ?
14. Que met-on au lieu des formes *du*, *au*, devant un nom féminin singulier, comme *maison*, *terre*, etc. ?
15. Faites la différence de l'*h* muet et de l'*h* aspiré pour la prononciation ?
16. Quel changement subit l'*article* devant les mots qui commencent par une *voyelle* ou un *h* muet, comme *âme*, *habitant* ?
17. Quel *article* met-on devant les mots qui commencent par un *h* aspiré ?
18. Comment prononce-t-on *les*, *des*, *aux*, devant les mots qui commencent par un *h* aspiré ?
19. Quelle est la place de l'*apostrophe* ?
20. Quelle lettre est remplacée par l'*apostrophe* ?

MOTS A EXPLIQUER.

Grossier — croûte — globe — élever des maisons — rayons — le centuple — utiliser — forces — vil — objet — convoitise — héros — malheur à — rêver — patrie — limon — fouler — liens terrestres.

L'ADJECTIF.

ADJECTIFS QUALIFICATIFS.

5e Dictée. — LES ANIMAUX.

But de la dictée.

Cette dictée a pour but de faire connaître l'*adjectif*. Elle contient les différentes classes d'*adjectifs*. Il faut d'abord que les élèves les cherchent et les fassent remarquer : ils y désigneront les divers exemples d'*adjectifs qualificatifs, possessifs, démonstratifs, numéraux, indéfinis*.

Ils pourront faire en outre : 1° le rapprochement de l'*adjectif* et du *nom* auquel il se rapporte afin de constater dès maintenant l'accord qui s'établit entre ces deux espèces de mots. Ils feront aussi le changement des *adjectifs* singuliers en *adjectifs* pluriels, des masculins en féminins et réciproquement. Enfin il sera bon de les habituer, à propos de chaque espèce différente d'*adjectifs*, à donner des exemples autres que ceux de la dictée.

Grammaire : Paragraphes 105-114.

QUESTIONNAIRE.

1. Quel est le rôle de l'*adjectif* en général ?
2. Quelle différence existe-t-il entre l'*adjectif qualificatif* et tous les autres *adjectifs* ?
3. Quelle différence existe-t-il entre les *noms* et les *adjectifs* ?
4. Quelles sont les espèces d'*adjectifs* qui entrent dans la classe des *adjectifs déterminatifs* ?
5. Que veut dire le mot *possessif* ?
6. Citez-nous des *adjectifs possessifs* ?
7. Mettez ces *adjectifs* au singulier d'abord, puis au pluriel ?
8. A quoi reconnaissez-vous qu'un mot est un *adjectif* ?
9. Comment appelle-t-on le mot auquel se rapporte toujours un *adjectif* ?
10. Un *adjectif* se rapporte-t-il toujours à un mot exprimé ?
11. Comment appelle-t-on le nom qui se forme de l'*adjectif numéral* ?
12. Quelle différence y a-t-il entre l'*adjectif cardinal* et l'*adjectif ordinal* ?

ADJECTIFS QUALIFICATIFS.

13. Peut-on compter avec les *adjectifs ordinaux* ?
14. Comment appelle-t-on les mots *ce, cet, cette* quand ils précèdent un substantif ?
15. Met-on *ce* ou *cet* devant les noms qui commencent par un *h* aspiré ?
16. Et devant un *h* muet ?
17. Donnez-nous des exemples d'*adjectifs indéfinis* ?
18. Que veut dire par lui-même le mot *indéfini* ?
19. Quelle ressemblance y a-t-il entre les *adjectifs* et les *noms* pour le genre et pour le nombre ?
20. Qu'entend-on par l'accord de l'*adjectif* avec le substantif ou nom ?
21. Qu'est-ce qu'un *nom de nombre* ?
22. Donnez-en des exemples pris dans la dictée ?
23. Quelle différence y a-t-il entre un *nom de nombre* et un *adjectif numéral* ?

MOTS A EXPLIQUER.

Variété — caractères — formes — doué — instinct — participer — intelligence — immobilité — insensibilité — être (substantif) — inanimé — espèces — étrangeté — naturaliste — microscope — armé de — instrument — révéler — cruel — restreint — multiplier — redoutable — service — faire injure — la Providence — maltraiter — soutien — raison — lumière.

6ᵉ Dictée. — LE CIEL.

But de la dictée.

Cette dictée est particulièrement consacrée à la formation du *féminin* et du *pluriel* dans les *adjectifs*, et l'exercice consiste à faire dire ou écrire au *féminin* tous les *adjectifs* qui ne sont mis qu'au *masculin* dans la dictée, et à écrire au *masculin* tous ceux que l'on y trouve employés au *féminin*. On peut du reste, en substituant quelques *adjectifs* à d'autres qui s'accordent avec certains noms de la dictée, multiplier encore les exemples. Mais l'usage et la mémoire jouent ici un grand rôle. Le pluriel dans les *adjectifs* est aussi indiqué dans les dernières phrases de la dictée : les règles en sont simples et les exercices sont faciles à trouver.

Grammaire : Paragraphes 114-133.

DICTÉES NOUVELLES.

QUESTIONNAIRE.

1. L'adjectif *beau* n'a-t-il qu'une forme au *masculin singulier*?
2. Quelle est la seconde forme de l'adjectif *nouveau* au *masculin singulier*?
3. Dans quel cas emploie-t-on la seconde forme de ces adjectifs?
4. Connaissez-vous d'autres *adjectifs* qui aient deux formes au *masculin singulier*?
5. Le *féminin* se tire-t-il de la première ou de la seconde forme dans ces *adjectifs*?
6. Comment certains *adjectifs* terminés par *et* remplacent-ils le redoublement de la consonne *t* pour former leur *féminin*?
7. Quelle est la règle générale pour former le *féminin* dans les *adjectifs*?
8. Comment *violet* fait-il au *féminin*?
9. Comment *discret* fait-il au *féminin*?
10. Quelle différence y a-t-il entre les deux terminaisons?
11. Comment le mot *grec* fait-il au *féminin*?
12. Combien y a-t-il de terminaisons pour le *féminin* dans les adjectifs en *eur*?
13. Quel est le *féminin* de *meilleur*?
14. Quel est le *féminin* de l'*adjectif enchanteur*?
15. Quel est le *féminin* de l'*adjectif adulateur*?
16. Quel est le *féminin* de l'*adjectif vainqueur*?
17. Comment forme-t-on le *féminin* dans les *adjectifs* terminés par *l, s, n*?
18. Quel est le *féminin* de l'*adjectif frais*?
19. Indiquez d'autres *adjectifs* dont le *féminin* est en *che*?
20. Indiquez quelques *adjectifs* dont le *féminin* est en *que*?
21. Comment forme-t-on le *féminin* dans les *adjectifs* terminés au *masculin* par un *e* muet?
22. Quelle ressemblance y a-t-il entre le *pluriel* des *noms* et le *pluriel* des *adjectifs*?
23. Comment les *adjectifs* en *al* font-ils au pluriel?
24. Quel est le pluriel des *adjectifs naval, pascal, filial, amical*?

MOTS A EXPLIQUER.

Sentiment — admiration — spectacle — profond — gros de menaces — aspect — inquiet — livre discret — mystères du monde — destinée — orgueil — astrologues — calculs — prédire — malheurs publics — infortunes privées — astres malins, bénins — exprès — crédulité naïve — altier — réputation — princes — devins — hasard — donner raison — bercer de chimères — erreurs — favori — s'accroître — profit — feindre — duper — franc — éclairé — simple — se livrer à des calculs — aventureux — instinct moral — amical.

7ᵉ Dictée. — LE TRAVAIL.

But de la dictée.

Cette dictée contient les degrés de signification de l'*adjectif qualificatif*. On y trouvera des exemples du *positif*, des *comparatifs d'égalité*, de *supériorité*, d'*infériorité*, des exemples du *superlatif relatif* et du *superlatif absolu*. Les élèves devront les trouver par eux-mêmes, et les faire remarquer, soit verbalement, soit par écrit. Ils donneront également l'explication des *comparatifs* qui sont formés d'un seul mot, et diront quels sont les mots dont ils tiennent la place. Ils formeront avec des mots différents tous les *degrés de signification* qui sont exprimés dans la dictée, et les mettront au singulier masculin, au singulier féminin et au pluriel des deux genres.

Grammaire : Paragraphes 133-139.

QUESTIONNAIRE.

1. Qu'est-ce que le *positif* d'un *adjectif* ?
2. Combien y a-t-il de sortes de *comparatifs* ?
3. Donnez un exemple d'un *comparatif d'égalité* ?
4. Quel est le mot qui suit tous les *adjectifs* employés au *comparatif* et qui sert à relier les personnes ou les objets que l'on compare ?
5. Combien reconnaît-on de sortes de *superlatifs* ?
6. Le *superlatif* s'emploie-t-il toujours pour faire une comparaison ?
7. Quels sont les mots qui indiquent un *comparatif de supériorité* ?
8. Quels sont les mots qui indiquent un *comparatif d'infériorité* ?
9. Quels sont les mots qui indiquent un *comparatif d'égalité* ?
10. Qu'entend-on par *superlatif relatif* ?
11. Qu'entend-on par *superlatif absolu* ?
12. Qu'est-ce que le mot *meilleur* ?
13. De quels mots tient-il la place ?
14. Que peut-on dire au lieu de *plus mauvais* ?
15. Quels sont les mots qui remplacent le mot *moindre* ?
16. Donnez un exemple de *superlatif absolu* ?
17. Donnez un exemple de *superlatif relatif* ?
18. Quels sont les *degrés de signification de l'adjectif* qui n'expriment pas de comparaison ?

19. Quels sont les *degrés de signification* qui expriment la comparaison ?
20. Quel rôle joue le mot *que* dans l'emploi des comparatifs ?
21. Quel est le mot qui joue le même rôle dans l'emploi du superlatif relatif ?

MOTS À EXPLIQUER.

Mettre en usage — dons précieux — tenir de (divers sens) — esprit — noble — imposé — quotidien — occupation — sain — robuste — nécessité — puissant — genre humain — ressource — loisir — élever son esprit — tirer parti de — réflexion — attentif — moindre — détail — observation — sciences — art — régir — loi — progrès — pensée — condition — pire.

ADJECTIFS DÉTERMINATIFS.

8ᵉ Dictée. — LE PRINTEMPS.

But de la dictée.

Cette dictée offre des exemples des adjectifs *déterminatifs* appelés adjectifs *possessifs*, *démonstratifs*, *numéraux* et *indéfinis*. Les élèves devront trouver ces différentes espèces de mots dans le texte qui leur a été dicté, et les signaler. Ils indiqueront, à côté de ceux qui sont cités pour modèles, d'autres mots qu'ils auront pu connaître soit par la grammaire, soit par l'usage. On fera remarquer l'emploi de certains *adjectifs possessifs* devant les voyelles et l'*h*, soit *muet*, soit *aspiré*. Il y en a des exemples dans notre dictée. Il sera bon de faire apprendre les principaux *adjectifs numéraux* que l'on appelle *noms de nombre* et leur formation au delà de dix.

Il faudra multiplier les exemples de l'emploi de l'*adjectif indéfini*, parce que c'est une sorte de mot dont l'esprit des enfants se rend compte assez difficilement. Insistons sur l'emploi de *un, aucun, nul, tel, quel, lequel*, employés comme *adjectifs*, c'est-à-dire toujours accompagnés d'un substantif. On les étudiera plus sérieusement d'ailleurs dans la syntaxe.

Grammaire : Paragraphes 139-152.

QUESTIONNAIRE.

1. Que veut dire le mot *déterminatif* ?
2. Quelle est l'idée qui est déterminée par l'adjectif *possessif* ?

DU PRONOM.

3. Quelle est l'idée qui est déterminée par l'adjectif *numéral*?
4. Que veut dire *démonstratif*?
5. Que signifie le mot *défini*?
6. Que signifie le mot *indéfini*?
7. Quelle différence y a-t-il entre un *pronom* et un *adjectif*?
8. A quelle espèce d'*adjectif* appartient le mot *mon*?
9. Quel est le pluriel de *mon*?
10. Quel est le pluriel de *ma*?
11. Dites les personnes auxquelles correspondent les mots *mon, ton, son*?
12. L'adjectif *leur* se rapporte-t-il à une personne au singulier?
13. De quel *genre* est le mot *épée*?
14. Pourquoi dit-on *mon épée*?
15. De quel genre est le mot *mon*?
16. Comment faudrait-il dire si l'on ne consultait que le genre?
17. Quelle est la différence qui existe entre l'*adjectif cardinal* et l'adjectif *ordinal*?
18. Pourquoi, et quand, l'*adjectif cardinal* est-il un adjectif?
19. Comment peut-il être un *adjectif* et un *nom de nombre*?
20. A quelle terminaison reconnaît-on un *adjectif ordinal*?
21. Quand je dis *aucun* homme, le mot *aucun* est-il adjectif?
22. Si je dis : *nul* ne voudrait passer par ce chemin, *nul* est-il adjectif?
23. *Quelconque* peut-il être employé comme *pronom*?
24. Comment appelle-t-on le mot *quel* quand il sert à interroger?
25. Que faut-il pour que le mot *ce* soit un adjectif démonstratif?

MOTS A EXPLIQUER.

La charrue — le printemps — être prêt — confier à la terre — germer — développement — répondre aux peines — désir — fécondité — saison — riant — tiède — errer — gravir.

DU PRONOM.

9ᵉ **Dictée.** — L'ÉCOLE.

But de la dictée.

Cette dictée servira à faire reconnaître et signaler d'abord tous les *pronoms personnels* qu'elle contient. Après cette première reconnaissance, les élèves devront dire à quelle *personne* ces *pronoms* appartiennent et définir les *trois personnes* et leur rôle dans le discours. Ils indiqueront le *genre* et le *nombre* de chaque *pronom* employé. Ils seront exercés à changer le substantif que représente le *pronom* pour faire subir au *pronom* le changement de *genre* et de *nombre* correspondant au changement *du substantif*. Il importera surtout de leur faire remarquer, reconnaître et employer dans des exemples nouveaux les *pronoms* qui, pour le sens, tiennent lieu d'autres pronoms, comme *me* pour *moi*, pour *à moi*, *te* pour *toi*, pour *à toi*, *nous*, pour *nous*, pour *à nous*, *le* pour *lui*, *la* pour *elle*, *lui* pour *à lui*, pour *à elle*, *les* pour *eux*, pour *elles*, *leur* pour *à eux*, pour *à elles*, etc. Cette substitution de formes, qui dissimule pour les enfants la qualité du régime direct ou indirect, est très-importante à faire dès le jeune âge, et on ne saurait trop insister sur ce point.

Grammaire : Paragraphes 152-164.

QUESTIONNAIRE.

1. Combien y a-t-il de *personnes* dans le discours ?
2. Quel rang donne-t-on à la *personne qui parle* ?
3. Quel est le *pronom* qui représente la *personne qui parle* au singulier ?
4. Et au pluriel ?
5. Qu'est-ce que la *seconde personne* ?
6. Dites le pronom de la *seconde personne* au pluriel et au singulier ?
7. Quel est le genre du mot *il* ?
8. Quel est le genre du mot *elle* ?
9. Mettez ces deux mots au pluriel ?
10. A quelle *personne* appartient le mot *me* ?
11. Comment fait-il au pluriel ?
12. Quels sont les mots remplacés par *me* dans cette phrase : il *me* donne un bon point ?
13. Que veut dire *me* dans cette autre phrase : il *me* bat ?
14. A quelle *personne* appartient le mot *moi* ?
15. Dites-nous toutes les formes du pronom de la *deuxième personne* au singulier ?
16. Et au pluriel ?
17. A quelle *personne* se rapporte le pronom *se* ?
18. Comment l'appelle-t-on ?
19. Qu'est-ce que le mot *lui* ?
20. Qu'est-ce que le mot *leur* ; est-il singulier ou pluriel ?
21. Est-il *pronom* ou *adjectif* ?
22. A quelle espèce de mot appartient *leur* dans la première

phrase : le maître *leur* a donné une récompense ; et dans la seconde : ils ont gagné *leur* récompense ?

23. A quelle *personne* appartient le mot *soi* ?

24. De quels mots le pronom *se* tient-il la place dans cette phrase : ils *se* nuisent ?

25. Quel est le *pronom* qui remplacerait le substantif Paul ?

26. Quel est le *pronom* qui remplacerait le substantif Marie ?

27. Quel est le *pronom* qui remplacerait les substantifs *Paul et Édouard* ?

28. Quel est le *pronom* qui remplacerait les substantifs *Marie et Louise* ?

29. Quel est le *nombre*, le *genre*, l'emploi du mot *les, pronom personnel* ?

30. Avec quelle espèce de mot faut-il éviter de le confondre ?

31. Quelle différence y a-t-il entre *les*, pronom, et *les*, article ?

MOTS A EXPLIQUER.

Instruire — un bon point — récompense — mériter — jaloux — honteux — être après quelqu'un — laborieux — honneur et soutien de la vieillesse.

PRONOMS POSSESSIFS.

10ᵉ Dictée. — LA LECTURE.

But de la dictée.

Cette dictée est un exercice de comparaison entre les *pronoms possessifs* et les *adjectifs possessifs*. Les enfants ne saisissent pas toujours la différence qui existe entre ces deux sortes de mots : elle est pourtant bien réelle, puisque le *pronom possessif*, grâce à l'emploi de l'article dont il se compose, tient la place du *nom* et de l'*adjectif possessif*. On a donc opposé ici presque constamment l'*adjectif* au *pronom*, et les élèves devront être exercés à les distinguer les uns des autres. Ils devront dire les marques grâce auxquelles on ne peut confondre *notre* et *nôtre*, *votre* et *vôtre*.

Comme la dictée précédente offre une étude sur les *pronoms personnels*, le maître trouvera une grande facilité à faire constater aux élèves que les *adjectifs*, comme les *pronoms possessifs*, ont pour origine les *pronoms personnels*. Il leur apprendra à les tirer les uns des autres, et à indiquer à quelle personne appartient chacun des mots étudiés.

Grammaire : Paragraphes 164-168.

QUESTIONNAIRE.

1. Quelle différence y a-t-il entre un *pronom* et un *adjectif?*
2. Montrez cette différence à propos de l'*adjectif possessif* et du *pronom possessif?*
3. Quelle est l'espèce de mot dont se trouve toujours précédé le *pronom possessif?*
4. De quoi se trouve ordinairement suivi l'*adjectif possessif?*
5. D'où sont tirés les *adjectifs* et les *pronoms possessifs?*
6. Quel est le *pronom personnel* dont on a tiré mon, ma, mes, le mien, la mienne, les miens?
7. Le pronom réfléchi *se* forme-t-il des *adjectifs* et des *pronoms possessifs?*
8. Quel est le *pronom possessif* qui est formé du pronom *nous?*
9. A quel genre appartient le mot *eux?*
10. A quel genre appartient l'*adjectif possessif, leur?*
11. A quel genre appartient le mot *son?*
12. A quel genre appartient *le leur?*
13. A quel genre appartient *la leur?*
14. A quel *nombre* appartient le pronom personnel *vous?*
15. Dans quel cas s'en sert-on au *singulier?*
16. Quel est le *genre* du mot *vous?*
17. Quel est le signe qui distingue le *pronom possessif le nôtre,* de l'*adjectif possessif notre?*
18. A *quelle personne* se rapporte le *pronom possessif le tien?*
19. Combien le mot *leur* peut-il avoir de significations?
20. Indiquez l'emploi de *leur, pronom personnel,* dans un exemple?
21. Indiquez l'emploi de *leur, adjectif possessif?*
22. Indiquez *leur, pronom possessif?*
23. Dites combien il y a de *personnes* dans le discours?

MOTS A EXPLIQUER.

Prononciation — reproduire — remarquer — articuler — distincts — reprendre — phrase — bon — patience — s'appliquer — morceau.

PRONOMS DÉMONSTRATIFS.

11° Dictée. — LA FRANCE.

But de la dictée.

L'emploi du *pronom démonstratif* est l'objet de cette dictée. Le premier soin devra être de faire remarquer la différence qui

DU PRONOM.

existe entre *ce*, adjectif démonstratif, toujours suivi d'un nom, et *ce*, pronom démonstratif toujours suivi d'un verbe ou du pronom relatif. On en a exprès multiplié les exemples. On passera aux autres pronoms de même espèce. On se rendra compte de la composition de *ceci*, *cela*, et du rôle des adverbes *ici* et *là*, dans la formation de ces mots. Il en sera de même pour *celui-ci*, *celui-là*, etc. Quant aux nuances délicates auxquelles l'emploi de ces pronoms donne lieu, on aura l'occasion d'y revenir dans les dictées sur la syntaxe.

Grammaire: Paragraphes 168-176.

QUESTIONNAIRE.

1. Dites de nouveau quelle est la différence qui existe entre l'*adjectif* et le *pronom* ?
2. A quelle espèce de mot appartient le mot *ce* quand je dis : *ce chien* ?
3. A quelle espèce de mot appartient le mot *ce* quand je dis : *ce dont je suis fier* ?
4. Quelle différence y a-t-il entre le mot *cet* et le mot *c'est* ?
5. A quelle personne appartient le mot *celui* ?
6. Quel est le genre du mot *celui* ?
7. Qu'ajoutez-vous au sens du mot *celui* en le faisant suivre du mot *ci*, comme dans *celui-ci* ?
8. D'où est tiré le petit mot *ci* ?
9. Quel est l'autre petit mot qu'on lui oppose ?
10. Etablissez la différence de signification entre *celui-ci* et *celui-là* ?
11. Quelle est l'espèce de mot dont doivent toujours être suivis les *adjectifs démonstratifs ce, cet, ces* ?
12. De quels mots est suivi d'ordinaire le mot *ce*, pronom démonstratif ?
13. Quel est le *singulier* du mot *ceux* ?
14. Quel est le *genre* et le *nombre* du mot *celles* ?
15. A quelle personne appartiennent les *pronoms* et les *adjectifs démonstratifs* ?

MOTS A EXPLIQUER.

Température égale — extrême — Méditerranée — Manche — climat — tempérament — Alpes — Pyrénées — Mont-d'Or — Loire — Seine — Rhône — Garonne — le disputer à — sol ingrat — patriotisme — aptitude — lettres.

PRONOMS RELATIFS.

12ᵉ Dictée. — LE CHEVAL.

But de la dictée.

On devra faire reconnaître trois caractères particuliers à l'emploi de ces pronoms et les montrer servant à marquer le *rapport*, la *conjonction*, l'*interrogation*.

On distinguera, sans attendre l'étude de la syntaxe, le *que* relatif du *que* conjonctif. C'est une des premières nécessités pour les élèves de ne pas confondre ces deux mots.

On remarquera l'emploi de l'article dans la composition des mots *lequel*, *duquel*, *auquel*. Enfin un exercice important est celui qui consiste à faire retrouver tous les *antécédents* des différents *relatifs* employés dans la dictée. C'est la meilleure manière de donner aux enfants une idée juste du rôle de ce pronom.

Grammaire : Paragraphes 176-182.

QUESTIONNAIRE.

1. A quelle espèce de mot appartient le mot *qui* dans la première phrase ?
2. Est-ce un *pronom* ?
3. Est-ce un *adjectif* ?
4. Rappelez la définition du *pronom* ?
5. Montrez que le mot *qui* tient la place d'un *nom* ?
6. Dans cette même phrase, de quel nom *qui* tient-il la place ?
7. Si je dis : ceux *qui* sont égaux, de quel mot *qui* tient-il la place ?
8. Comment appelle-t-on le *nom* ou le *pronom* dont le mot *qui* tient la place ?
9. Quel est l'*antécédent* de *qui* dans la première phrase ?
10. Pourquoi a-t-on donné le nom de *relatifs* aux pronoms *qui*, *que*, *dont* ?
11. Montrez la relation ou rapport qui existe entre le mot *dont* et le mot *oreille* dans la phrase où se trouvent ces mots.
12. Que signifie le mot *conjonctif* ?
13. Pourquoi appelle-t-on *conjonctifs* les pronoms *qui*, *que*, *dont* ?
14. Quel est le cas dans lequel on peut appeler *interrogatifs* les pronoms *conjonctifs* ?

DU PRONOM.

15. Ces pronoms cessent-ils d'être *relatifs* en devenant *interrogatifs* ?
16. N'ont-ils pas alors un *antécédent* sous-entendu ?
17. Montrez-le par un exemple tiré de la dictée ?

MOTS A EXPLIQUER.

Animal rapide — Buffon — écrivain — conquête — avantage — je ne sais quoi de haut — feu de l'œil — mobilité — crinière — gagne-pain — exaspérer — vindicatif — barbarie — rustre — s'acharner — expirer — brute.

PRONOMS INDÉFINIS.

13ᵉ **Dictée**. — LES VÉGÉTAUX.

But de la dictée.

Cette dictée est un résumé des *pronoms indéfinis*. Les élèves devront les extraire du texte, à mesure qu'ils les reconnaîtront, et expliquer de *quel nom* chacun d'eux tient la place. Ils s'exerceront à donner les variétés de genre et de nombre que comporte chaque mot signalé. Ils feront ici, comme plus haut, la comparaison du *pronom* et de l'*adjectif*. Pour cela, ils emploieront chacun des pronoms en le faisant suivre d'un nom, si cela est possible. Ils décomposeront ceux d'entre ces pronoms qui sont composés. On leur fera remarquer déjà la différence qui existe entre quelques-uns de ces mots, suivant qu'ils sont *pronoms*, *adjectifs* ou même *substantifs*. Plus tard la syntaxe leur donnera des notions plus complètes sur ce point.

Grammaire : Paragraphes 182-186.

QUESTIONNAIRE.

1. Que signifie le mot *indéfini* ?
2. Peut-on déterminer le sens indiqué par les mots que l'on appelle *pronoms indéfinis* ?
3. Comment est-on forcé de les remplacer pour en déterminer le sens ?
4. Expliquez le sens des pronoms indéfinis *rien* et *tout* à l'aide d'un *adjectif* suivi d'un *substantif* ?
5. Pourquoi donc *rien* et *tout* sont-ils des pronoms ?
6. Quelle espèce de mot est le mot *tout* dans *toute chose* ?
7. Quelle espèce de mot est le mot *aucune* dans *aucune chose* ?

8. Quel est le *genre* des mots *tout* et *rien* ?
9. Quel est leur *nombre* ?
10. Avez-vous déjà vu le mot *un* ?
11. Qu'est-ce que le mot *un* suivi du mot *homme* dans cette phrase : *un homme est venu vous demander* ?
12. Qu'est-ce que le mot *un* quand je dis : donnez-m'en *un* ?
13. De quoi se composent les mots l'*un*, l'*autre* ?
14. *Quelques-uns* est-il adjectif ou pronom ?
15. Quel est le rôle du mot *quelqu'un* dans cette phrase : *quelqu'un est venu vous demander* ?
16. Quel est le rôle du mot *nul* dans : *nul n'est inutile* ?
17. Que devient-il si vous y ajoutez le mot *homme* ?
18. Quel est le *nombre* du mot *plusieurs* ?
19. Quel est le *nombre* du mot *autrui* ?
20. Que veut dire le mot *on* ?
21. De quoi est composé le mot *l'on* ?
22. Quel est le rôle du mot *quelques* dans : *quelques connaissances* ?
23. Quel est le rôle du mot *tel* dans *tel qui rit vendredi dimanche pleurera* ?
24. A quoi servent quelquefois les mots *où, y, en* ?
25. Quel est le sens de *en* comme pronom quand je dis : j'*en* ai trop ?
26. Quel est le sens de *y* dans cette phrase : j'*y* pourvoirai ?

Remarque. Si ces exercices et le questionnaire paraissaient un peu au-dessus du savoir des enfants, il faut passer outre et réserver cette leçon pour le moment où dans la syntaxe on reviendra sur les pronoms indéfinis. On pourra toujours profiter du questionnaire même dans le cours préparatoire, mais il sera aussi assez utile en première année, malgré les exercices qui seront faits spécialement sur le chapitre correspondant de la syntaxe. N'oublions pas que la distinction de ces adjectifs et de ces pronoms est une des choses les plus délicates de notre langue.

MOTS A EXPLIQUER.

Plan — brin — suivre sa destinée — végétaux, remèdes — poisons — la médecine — spécialement — botanique — attrayant — plaisir innocent — jouir de ses conquêtes — au prix de — colline — exploré — campagne (divers sens) — bêche — provisions — de bonne heure — d'avance — parages — collection — s'établir — modeste repas — vigueur — connaissances — santé.

RÉCAPITULATION DES PRONOMS.

14ᵉ Dictée. — ABRAHAM.

But de la dictée.

C'est une récapitulation des *pronoms*. On devra retrouver dans cette dictée *les pronoms* appartenant aux différentes catégories étudiées jusqu'ici. Les élèves seront tenus pour *chaque pronom* d'indiquer son espèce et de dire quelle est la différence entre les pronoms *personnels*, *démonstratifs*, *relatifs*, *interrogatifs* et *indéfinis* qui se trouvent dans cette dictée. Ils reconnaîtront les différentes *personnes*, les différents *genres*, le rôle de *sujet* ou de *régime* joué par les pronoms, tels que *lui* pour *à lui*, etc. Ils trouveront de nouveau l'emploi des mots *y*, *en*, *où* à la place de pronoms. Il sera nécessaire de donner les pronoms équivalents. Le pronom est un mot des plus importants dans toutes les langues, à cause de son emploi très-fréquent comme sujet ou régime du verbe. Il se présente plus souvent que le nom dont il tient la place. Aussi est-ce un des mots sur lesquels on se trompe le plus facilement quand on étudie une langue étrangère. Cette dictée contient un nombre fort considérable de pronoms de différentes espèces qui donneront lieu à des questions bien plus nombreuses encore que celles du questionnaire, si l'on veut y en ajouter.

Grammaire : Paragraphes 152-186.

QUESTIONNAIRE.

1. A quelle personne appartient *je* ?
2. S'emploie-t-il au *masculin* et au *féminin* indifféremment ?
3. A quelle personne appartient *ce* ?
4. S'emploie-t-il au *masculin* et au *féminin* indifféremment ?
5. Quel est le *pluriel* des pronoms *personnels* de la 1ʳᵉ et de la 2ᵉ *personne* ?
6. Dans quel cas emploie-t-on *vous* au singulier ?
7. A quelle espèce de pronoms appartient le mot *ce* suivi de *que* ?
8. A quelle espèce de pronoms appartient le mot *ce* dans *c'était* ?
9. Comment appelle-t-on le signe qui remplace l'*e* dans *c'était*, *c'est*, etc. ?
10. De quel mot *dont* tient-il la place ?

11. Comment appelle-t-on les mots *qui, que, quoi* ?
12. Ont-ils plusieurs noms ?
13. Expliquez-nous le sens du mot *relatif* ?
14. Qu'entendez-vous par *antécédent* ?
15. Que veut dire *conjonctif* ?
16. Quels sont les mots dont *qui* interrogatif au commencement d'une phrase tient le plus souvent la place ?
17. Quels sont les mots dont *que* interrogatif au commencement d'une phrase tient le plus souvent la place ?
18. A quelle espèce de pronoms appartient le mot *on* ?
19. Pourquoi le pronom *on* est-il appelé quelquefois *pronom général* ?
20. Qu'est-ce que le mot *celui-ci* ?
21. Décomposez-le ;
22. Dites son féminin ;
23. Son pluriel ;
24. Remplacez *de cela* par un seul mot dans cette phrase : Etes-vous content *de cela* ?
25. Remplacez *à cela* par un seul mot dans cette phrase : Ajoutez *à cela*.
26. Quelle est l'espèce du mot *chacun* ?

MOTS A EXPLIQUER.

Histoire sainte — faire descendre — race d'hommes — peuple de Dieu — patriarche — population — l'Orient — respect — Juifs — Chaldée — Asie — adorer — idoles — en fait de — religion — Palestine — postérité — la foi — épreuve — sacrifier — victimes sanglantes — égorger — substituer — bûcher — bélier — coup fatal — le Sauveur du monde — attacher ses espérances — effets — Jésus-Christ — en faveur de — les Israélites — chrétiens — établir la domination universelle.

DU VERBE EN GÉNÉRAL.

15ᵉ Dictée. — PARIS.

But de la dictée.

Cette dictée a pour but de bien faire voir à quoi sert l'espèce de mot que l'on appelle le *verbe*. Il ne s'agit pas tout d'abord de s'arrêter aux *différentes espèces de verbes*, puisque les élèves sont censés ne pas en connaître encore toutes les variétés. Mais c'est le rôle du verbe *en général* que l'on étudie. On doit sur les exemples que l'on trouve dans la dictée pouvoir en détacher quel-

DU VERBE.

ques-uns qui montrent le verbe comme indiquant l'*action*, quelques autres comme indiquant l'*existence*, enfin d'autres comme indiquant l'*état*. C'est aussi l'occasion de reconnaître, sans entrer dans les délicatesses de l'analyse, le rôle de certains mots qui sont par rapport aux verbes ses *sujets* ou ses *régimes*. Il ne faut pas attendre la syntaxe pour en donner l'explication. Ce sont là des notions premières dont la syntaxe rend un compte exact et complet, mais auxquelles l'usage doit habituer les enfants dès les premiers pas qu'ils font dans l'étude de la langue.

Grammaire : Paragraphes 186-194.

QUESTIONNAIRE.

1. Indiquez-nous les *verbes* que contient la première phrase de la dictée ?
2. Qu'est-ce que marque le mot *est* dans cette phrase ?
3. Comment reconnaissez-vous qu'un verbe indique l'*action* ?
4. Comment reconnaissez-vous qu'un verbe indique l'*état* ?
5. Comment appelez-vous le mot *Paris* par rapport au mot *est* ?
6. Dites quelle différence il y a entre un *sujet* et un *régime* ou *complément* ?
7. Combien y a-t-il de sortes de *compléments* du verbe ?
8. Quelle différence y a-t-il entre le *complément direct* et le *complément indirect* ?
9. Quelle est la question qu'il faut faire pour reconnaître quel est le mot *sujet* d'un verbe ?
10. Y a-t-il une manière de reconnaître aussi le *complément direct* ?
11. La même question peut-elle faire connaître le complément *direct* et le complément *indirect* ?
12. Comment appelle-t-on les mots que l'on place devant *qui* pour trouver le complément *indirect* ?
13. Quelles sont les espèces de mots qui sont le plus souvent *les sujets* du verbe ?
14. Quel est le complément d'*embellir* dans la première phrase de la dictée ?
15. Quel est le mot dont *l'* tient la place dans cette phrase ?
16. Le mot *change* indique-t-il l'état ou l'action dans la phrase : Un peu d'habitude *change* tout cela ?
17. Qu'indique le mot *paraissent* employé dans une des dernières phrases ?
18. Quel est le sujet de ce mot ?
19. Qu'indiquent les mots *sont environnés* employés un peu plus bas ?

20. Trouvez le *régime* ou *complément indirect* du verbe *sont environnés* ?
21. Que veut dire le mot *complément* ?

MOTS A EXPLIQUER.

Paris — grâce à — million — dix-neuvième partie — population totale — préoccupé — voir, distinguer — sensation — milieu — tout ensemble — croiser — oisifs — curieux — badaud — affairé — se rendre — deci, delà — flâneurs — uniquement.

16ᵉ Dictée. — PARIS (*suite*).

But de la dictée.

Il s'agit dans cette dictée de faire voir *les différences* que les verbes présentent dans leurs *terminaisons*. Les élèves comprendront vite que le verbe est le mot variable par excellence, puisqu'il a d'abord les *terminaisons particulières* au *nombre*, au *genre* et aux *personnes* ; puis celles qui viennent par suite de l'emploi des *temps* et des *modes*, et qui varient encore suivant la *conjugaison*. C'est surtout *aux terminaisons* de *personnes* et de *nombre* que l'on s'est attaché ici. Les *modes* et les *temps* viendront ensuite. Il faut dans l'étude des verbes insister longtemps sur chaque détail.

Grammaire : Paragraphes 186-201.

QUESTIONNAIRE.

1. A quelle *personne* se trouve le mot *demandes* dans la première phrase ?
2. Quel est le *sujet* de ce verbe ?
3. Le verbe est-il au *singulier* ou au *pluriel* ?
4. La lettre *s* que l'on trouve dans les verbes est-elle une marque du *pluriel* ?
5. Qui pourra dire ce qu'est le mot *lassé* ?
6. Est-il au *singulier* ou au *pluriel* ?
7. Si j'y ajoute un *s* sera-t-il au *pluriel* ?
8. Donnez un exemple où ce mot sera employé au *pluriel* ?
9. Quel est le *sujet* de *est* dans *on est lassé* ?
10. A quelle *personne* appartient le *sujet on* ?
11. Et le *verbe est* ?
12. Qu'est-ce que le pronom *il* ? de quoi est-il *sujet* dans *il faut* ?
13. A quelle *personne* se trouve le verbe *faut*, à quel *nombre* ?

DU VERBE.

14. Qu'est-ce que le mot *demander* ?
15. A-t-il une *terminaison* qui indique un *genre*, un *nombre*, une *personne* ?
16. Qui pourra dire quelle *lettre* se trouve presque toujours à la deuxième *personne* du *pluriel* ?
17. N'y a-t-il pas une *lettre* qui remplace quelquefois le *z* à la deuxième *personne* du *pluriel* ?
18. A quelle *personne* se trouve le verbe dans *sont*; à quel *nombre* ?
19. Comment se terminent d'ordinaire les *premières personnes du pluriel* ?
20. Ont-elles une autre *terminaison* que *ons* ?
21. Ne se terminent-elles pas quelquefois par *e* muet suivi de *s* ?
22. Donnez-en quelques exemples ?
23. Quelle est la *terminaison* la plus usitée dans les *troisièmes personnes* du *pluriel* ?
24. Trouvez-vous toujours *ent* à la troisième personne du pluriel ?
25. Combien y a-t-il de terminaisons relatives *aux personnes*, tant au *singulier* qu'au *pluriel* ?
26. Quelles sont les espèces de mots qui, servant de sujets, déterminent le plus souvent les *personnes* ?

SUITE.

Provinciaux — débarquer — goûter — supposer — exposition universelle — permanent — facilités — étranger — Palais — destination — architecture — Notre-Dame — antiquité — style — mesquins — cité — environs — établissements publics — la Monnaie — les Gobelins — manufacture — musée — chef-d'œuvre — théâtre — concert — goût — Sénat — Corps Législatif — Institut.

DU MODE.

17ᵉ **Dictée.** — L'ÉCRITURE.

But de la dictée.

Cette dictée a pour but l'étude des *modes*. L'exercice qui convient tout d'abord, comme en toutes circonstances où il y a des formes à reconnaître, c'est d'analyser au point de vue du *mode* seulement chacun des verbes qui se trouvent dans la dictée. Puis il faut exiger que l'élève reproduise lui-même de nouveaux exemples des *modes* signalés. Remarquons que l'étude de la grammaire, dans cette classe, a dû être précédée naturellement de la connaissance des quatre conjugaisons des verbes. On a dû les apprendre par cœur dans les années d'école primaire qui ont précédé : on a dû les revoir et les apprendre de nouveau dès le début de l'année préparatoire. On ne s'y arrête ici que pour bien se rendre compte des choses et faire de véritables études grammaticales. L'élève ne doit donc pas éprouver de gêne à reproduire sur l'ordre du maître les *modes* demandés.

Grammaire : Paragraphes 201-210.

QUESTIONNAIRE.

1. Quelle est la *forme* du verbe qui indique simplement sa *signification*, sans exprimer aucun rapport de *personne*, ni de *genre*, ni de *nombre* ?
2. Combien y a-t-il de *modes* en comptant l'*infinitif* ?
3. Quel est le caractère des cinq autres *modes* quand on les compare à l'*infinitif* ?
4. Dites-nous les *idées accessoires* exprimées par les *modes* sans nommer les *modes* qui les expriment ?
5. Quel est le *mode* qui indique une *affirmation positive* ?
6. Quel est celui qui indique le *doute* ?
7. Quelles sont toutes les *idées accessoires* exprimées par le *subjonctif* ?
8. Le *subjonctif* ne sert-il qu'à exprimer le *doute* ?
9. Trouvez dans la dictée sur l'Ecriture toutes les idées que le *subjonctif* peut exprimer ?
10. Quel est le *mode* qui exprime le *commandement* ?
11. Quel est le *mode* que l'on emploie pour *commander à la troisième personne* ?
12. Quelle différence y a-t-il entre le *subjonctif* et l'*impératif* pour la signification ?
13. Quel est le rôle du *pronom* dans ces deux *modes* ?
14. Que veut dire le mot *conditionnel* ?
15. A quoi le *participe* semble-t-il être destiné ?
16. Le *participe* ajoute-t-il à l'*idée* de l'*état* et de la *qualification* une idée de *personne* ?
17. Ajoute-t-il une *idée* de *genre* et de *nombre* ?
18. Citez-en des exemples pris dans la dictée ?
19. Quels sont les deux *modes* qui ne donnent aucune *idée* de la *personne* ?
20. Quels sont ceux qui expriment toujours cette *idée* ?
21. Comment divise-t-on les *modes* en raison de cette différence ?

DU TEMPS.

MOTS À EXPLIQUER.

Persuader — imaginer — important — déchiffrer — conséquence — belle main — opération — commerce — correspondance — tenir des livres — facture — rebuter — clientèle — maison de commerce — direction — extérieur — forme — fond — recommander — pensée — mise — chances — accueillir — efforts — acquérir — conseil.

DU TEMPS.

18ᵉ Dictée. — LE PARESSEUX.

But de la dictée.

Cette dictée présente les *temps* à étudier. L'*idée* qu'il faut développer d'abord dans l'esprit c'est la division des temps en *trois époques* bien déterminées. Les élèves donneront des exemples sans les tirer de la dictée, et reconnaîtront ensuite ceux qui s'y trouvent. Mais ils doivent se borner d'abord aux trois grandes divisions. Il ne faut aborder les subdivisions que lorsque le *passé*, le *présent* et le *futur* seront bien saisis par l'esprit, ce qui ne présente pas une grande difficulté. On peut faire réciter ou faire écrire le *présent indicatif*, le *futur*, le *parfait indéfini* comme modèles des *temps principaux*, puis on attaque les nuances qui servent de subdivisions en restant dans le *mode indicatif* puisqu'il les contient toutes. On doit se borner à constater dans ce *mode* la présence de *temps* qui représentent l'*idée* exprimée par les *temps principaux*, avec une *autre idée accessoire* qui leur a fait donner le nom de *temps secondaires*.

Grammaire : Paragraphes 102-222.

QUESTIONNAIRE.

1. Comment vous rendez-vous compte du *temps* appelé *présent* ?
2. Le présent est-il un *temps* de longue durée ?
3. A quoi se réduit-il en réalité ?
4. Citez-moi des exemples du *temps présent* en les prenant dans la dictée sur le paresseux ?
5. Quel est celui des trois temps qui vient après les deux autres ?
6. Pourquoi appelle-t-on *principaux* les trois temps du *passé*, du *présent*, du *futur* ?

7. Qu'appelle-t-on *temps secondaires*?
8. En combien de *temps secondaires* se divise le *passé*?
9. Quels sont les *deux temps principaux* que l'*imparfait* rappelle à l'esprit?
10. Est-ce un *temps* qui indique bien réellement le *passé*?
11. Combien y a-t-il de *temps secondaires* appelés du nom de *parfait*?
12. Expliquez la différence qui existe entre le *parfait défini* et le *parfait indéfini*?
13. Quel est le sens du mot *indéfini*?
14. Qu'entendez-vous par le mot *parfait antérieur*?
15. Quel est le sens du mot *plus-que-parfait*?
16. Redites les *temps* du *passé* avec toutes leurs nuances?
17. Trouvez-en des exemples soit dans la dictée, soit en dehors?
18. Le *présent* a-t-il plusieurs degrés?
19. Pourquoi n'admet-il pas de subdivisions?
20. Le *futur* a-t-il plusieurs degrés?
21. Qu'entend-on par *futur antérieur*?
22. L'idée de *futur* peut-elle exister avec l'idée du *passé*?
23. Par rapport à quel *temps* le *futur* peut-il être *antérieur*?
24. Donnez des exemples de *futur* et de *futur antérieur*?

MOTS A EXPLIQUER.

Supplice — humeur — traits — coûter — piteux — étude — accoudé — clos — répliquer — fixe — hébété — corvée — griffonner — plaindre.

TEMPS ET MODES.

19ᵉ Dictée. — CHARLEMAGNE.

But de la dictée.

Il y a dans cette dictée des modèles de l'emploi des divers *temps* et des divers *modes*. Il importe de faire comprendre aux élèves que les *temps* et les *modes* sont deux choses bien différentes, mais qu'il n'y a aucune forme de verbe qui ne se rapporte en même temps à *un mode* et à *un temps*. On insistera par le moyen des exemples sur l'idée que chaque *mode* contient *différentes nuances de temps*. On opposera sans cesse les formes différentes du même *mode* suivant que le *temps* varie. On devra dire en combien de *temps* se divise le *mode indicatif* et ensuite les autres modes. Ce sera aussi à propos de cette dictée que l'on pourra

DU TEMPS.

faire remarquer qu'il y a dans les verbes des *temps simples* et des *temps composés*. On aura soin à cette occasion de ne pas laisser confondre cette dernière division de *temps simples* et de *temps composés* avec la division des *temps principaux* et des *temps secondaires*. Ces idées ne sont pas toujours nettes dans l'esprit des enfants. On dira un mot des nombreuses espèces de verbes, pour mémoire seulement ; les définitions viendront ensuite.

Grammaire : Paragraphes 201-232.

QUESTIONNAIRE.

1. Combien y a-t-il de *temps principaux* ?
2. Combien y a-t-il de *temps secondaires* ?
3. En combien de *temps* se subdivise le *passé* ?
4. Combien y a-t-il de *modes* ?
5. Quelle différence y a-t-il entre les *modes* et les *temps* ?
6. Les *modes* peuvent-ils se subdiviser comme les *temps* ?
7. Quels sont les *modes* que l'on appelle *impersonnels* ?
8. Combien y en a-t-il ?
9. Combien le *mode indicatif* contient-il de *temps*, soit *principaux*, soit *secondaires* ?
10. Indiquez ces *temps* par leurs noms ?
11. Montrez chacun d'eux dans la dictée sur Charlemagne ?
12. Le *conditionnel* est-il un *temps* ou un *mode* ?
13. Combien le *conditionnel* a-t-il de *temps* ?
14. Dites si l'*impératif* a plusieurs *temps* ?
15. Donnez quelque exemple du *passé* dans l'*impératif* ?
16. Quels sont les *temps* contenus dans le *mode* appelé *subjonctif* ?
17. Quels sont les temps que l'*indicatif* a de plus que le *subjonctif* ?
18. Quel est le mot qui précède toujours le nom ou le pronom sujet du verbe dans le *mode subjonctif* ?
19. Quelle est la signification du mot *que* dans l'emploi de ce *mode* ?
20. Quels sont les temps de l'*infinitif* ?
21. Quels sont ceux du *participe* ?
22. Le *participe* est-il employé dans les différents *temps* des verbes ?
23. Comment appelle-t-on les *temps* des verbes où le *participe* est employé ?
24. Comment appelle-t-on les *temps* des verbes où le *participe* n'est pas employé ?
25. Quelle différence y a-t-il entre les *temps simples* et les *temps principaux* ?

26. Quelle différence y a-t-il entre les *temps composés* et les *temps secondaires*?
27. Faites comprendre cette différence par des exemples ?
28. Tous les verbes sont-ils de la même catégorie, ou bien existe-t-il plusieurs *espèces* de verbes comme il y a plusieurs espèces de noms, d'adjectifs et de pronoms ?
29. Citez les noms de quelques *espèces* de verbes ?
30. Quels sont les verbes que vous devez étudier d'abord, comme servant à former les autres ?

MOTS A EXPLIQUER.

Charlemagne — remarquable — époque — Pepin le Bref — régner — roi — Empereur — Occident — monarque — mœurs — modèle — fondateur — empire — moderne — se borner à — portion — Espagne — Ebre — Italie — Vulturne — Germanie — Oder — Est — Danube — législateur — civiliser — études tombées — succès — grammaire — protéger l'Eglise — saint — patron — université.

VERBE AUXILIAIRE *AVOIR*.

20ᵉ Dictée. — LES PARENTS.

But de la dictée.

Le verbe *avoir* est pris ici comme le premier modèle de la conjugaison complète. Ce verbe étant en même temps verbe *actif* et verbe *auxiliaire* présente l'occasion d'étudier tous les détails de la *conjugaison* sur lesquels on pourra du reste revenir constamment tant que les dictées auront les verbes pour objet. Il faut d'abord faire voir aux élèves toutes les *modifications* qui peuvent affecter le verbe, la *personne*, le *nombre*, le *genre*, le *mode*, le *temps*.

Il sera utile de faire remarquer aussi la disposition de la conjugaison afin que la mémoire conserve plus facilement un ordre qui aura été expliqué. On s'occupera des verbes *auxiliaires* en général. Le verbe *avoir* sera considéré particulièrement comme verbe *auxiliaire*. Il faudra donner des explications sur son emploi en qualité d'*auxiliaire* et sur son emploi comme verbe signifiant *posséder*. On trouvera au surplus dans la dictée presque toutes les formes du verbe *avoir*, ce qui peut servir à l'analyser complétement.

Grammaire : Paragraphes 230-235.

VERBE AUXILIAIRE *AVOIR*.

QUESTIONNAIRE.

1. Que veut dire le mot *conjuguer*?
2. Quelles sont les différentes *modifications* ou changements qu'un verbe peut subir?
3. Quelle est la forme sous laquelle se présente le verbe sans aucune modification?
4. Qu'est-ce que la *personne* dans un verbe?
5. Qu'est-ce que le *nombre*?
6. Quel est le *mode* où paraît le *genre*?
7. Qu'est-ce qu'un *mode*?
8. Qu'est-ce qu'un *temps*?
9. Trouvez dans la dictée des formes pour justifier ce que vous dites des *personnes*, du *nombre*, du *genre*, du *mode*, du *temps*?
10. Comment dispose-t-on la *conjugaison* d'un verbe?
11. Quel est le premier *mode* conjugué dans le verbe *avoir* après l'indication de l'*infinitif*?
12. En combien de temps se divise l'*indicatif*?
13. Montrez dans l'*indicatif* du verbe *avoir* les *temps principaux*, les *temps secondaires*, les *temps simples*, les *temps composés*?
14. Dites quel *mode* suit l'*indicatif*?
15. Indiquez ainsi la suite des *modes* et la subdivision des *temps* dans chaque *mode*?
16. Pourquoi avons-nous commencé par l'*infinitif*?
17. Quel est le mode dont on se sert pour désigner chaque verbe?
18. Que veut dire le mot *auxiliaire*?
19. N'avez-vous pas remarqué qu'il y a des *temps composés* dans le verbe *avoir*?
20. Quel est l'*auxiliaire* dont on se sert pour les *temps composés* du verbe *avoir*?
21. L'*infinitif* a-t-il des *temps composés*?
22. Et le *participe*?
23. Peut-on employer le verbe *avoir* dans un sens où il n'est pas *auxiliaire*?
24. Donnez un exemple d'*avoir* employé comme *auxiliaire* d'un autre verbe?
25. Puis, un exemple d'*avoir* employé comme verbe ordinaire?
26. Indiquez-nous le *plus-que-parfait de l'infinitif*, puis du *subjonctif*, puis le *passé* du *futur* et du *conditionnel* du verbe *avoir*?

MOTS A EXPLIQUER.

Tendresse — affection — satisfaire — avoir pitié de — faiblesse première — soins — dette — preuve — avenir — cruauté —

réussir — mérite — tenter quelque chose — mollesse — venir à bout — filial — dernièrement — cœur — esprit — connaissances.

VERBE AUXILIAIRE *ÊTRE*.

21ᵉ Dictée. — L'ANGLETERRE.

But de la dictée.

Tous les exercices sur la conjugaison en général peuvent être renouvelés à propos de cette dictée qui a pour objet le verbe *auxiliaire être*. On ne manquera pas de faire remarquer que ce verbe a aussi deux significations, mais que la première signification diffère de celle du verbe *Avoir*.

On devra examiner l'emploi du verbe *être* comme *auxiliaire*, et on pourra dès lors établir que ce verbe sert d'*auxiliaire* aux verbes qui marquent principalement l'*état*, la *manière d'être*. Le verbe *substantif* et le verbe *attributif* seront étudiés à l'occasion du verbe *Être*, de manière à faire comprendre plus tard les rôles tout à fait différents du verbe *Avoir* dans les verbes *actifs*, du verbe *être* dans les verbes *passifs*.

Grammaire : Paragraphes 235-239.

QUESTIONNAIRE.

1. Dans quels temps les verbes *avoir* et *être* peuvent-ils jouer le rôle de verbes *auxiliaires* ?
2. Énumérez les *temps composés* du mode *indicatif* et ceux du mode *conditionnel*, en prenant pour modèle le verbe *être*.
3. Quel est l'*auxiliaire* auquel le verbe *être* a recours pour former ses *temps composés* ?
4. Le verbe *être* a-t-il deux noms différents ?
5. Que veut dire le nom de *verbe substantif* ?
6. Quel est le sens du mot *être* employé comme *nom* ou *substantif* ?
7. Comment appelle-t-on le mot *malade* dans cette phrase : Je suis *malade* ?
8. Donnez des exemples du verbe *être* employé comme *verbe substantif*, en prenant ces exemples dans la dictée sur l'Angleterre ?
9. Indiquez dans ces exemples quel est le mot qui sert d'*attribut* ?

VERBE AUXILIAIRE ÊTRE. 31

10. Comment appelle-t-on tous les autres verbes par rapport au verbe *être* ?

11. Quelle est la signification particulière du verbe *être* quand il est suivi d'un attribut ?

12. Que forme ordinairement le verbe *être* avec le *participe passé* d'un autre verbe ?

13. Que forme ordinairement le verbe *avoir* avec le *participe passé* d'un autre verbe ?

14. Indiquez les temps composés dans le verbe auxiliaire *être*.

15. Conjuguez le verbe *être* au *subjonctif* dans ses temps simples.

MOTS A EXPLIQUER.

L'Angleterre — île — liée — continent — Europe — détroit — Pas-de-Calais — César — descente — Bretons — soumis — affranchis — Romains — Empire — discorde — Saxons — Pictes — Angles — peuplade — Guillaume le Conquérant — invasion — possessions — globe — modéré — colonies — Amérique — Ecosse — Irlande — populaire — rivalité — vivace — entreprises — flotte.

VERBE ACTIF.

22ᵉ Dictée. — LE CHIEN.

But de la dictée.

Cette dictée présente à l'étude un grand nombre de verbes *actifs* ; ils sont particulièrement de la première conjugaison. Quoique les désinences des quatre conjugaisons ne soient pas particulières aux verbes *actifs*, il a paru utile de diviser dans la grammaire, dès l'étude des verbes *actifs*, tous les verbes en quatre conjugaisons. On fera chercher, dans la dictée, des verbes appartenant aux quatre conjugaisons par la terminaison de l'*infinitif*. Il sera bien établi que toutes les espèces de verbes, et non pas seulement les verbes actifs, rentrent dans ces quatre catégories.

Le verbe *actif* devra être défini ; on demandera quels sont les caractères de ses deux *compléments*. Les élèves feront voir par les exemples de la dictée quel est le *complément* qui donne au verbe sa qualité de verbe *actif* et qui empêche de le confondre avec tout autre verbe. On fera remarquer les nombreux exemples de verbes *actifs* que renferme la dictée en les ramenant à l'*infinitif*. Enfin dans toutes les dictées qui suivent et qui sont consacrées aux verbes, on se préoccupera de faire remarquer tout ce que la *conjugaison* des verbes peut offrir d'important, pour les modifications des *personnes,* du *nombre,* du *mode,* du *temps*. On ne doit quitter les dictées sur les verbes qu'après y avoir acquis l'habitude nécessaire pour analyser parfaitement toute forme de verbe donnée.

Grammaire : Paragraphes 239-244.

QUESTIONNAIRE.

1. Combien y a-t-il de *conjugaisons*?
2. Dites-nous les terminaisons des différentes conjugaisons à l'*infinitif présent*?
3. Quel mot indique le *temps*, quel mot indique le *mode* dans le terme *infinitif présent*?
4. Quels sont les verbes que l'on doit étudier après les verbes *auxiliaires*?
5. Que veut dire le mot *actif*?
6. Sur quoi tombe *l'action* exprimée par le verbe?
7. Comment appelle-t-on le nom de *personne* ou de *chose* qui subit *l'action directe* du verbe *actif*?
8. Que veut dire le mot *transitif* employé quelquefois au lieu du mot *actif*?
9. Quel est le verbe *auxiliaire* qui forme les *temps composés* du verbe *actif*?
10. Donnez dans la dictée des exemples de verbes *actifs*?
11. Montrez les mots qui sont *compléments directs*?
12. Montrez des *compléments indirects*?
13. Quels sont les intermédiaires entre le verbe *actif* et le mot qui est *complément indirect*?
14. Donnez-nous quelques exemples du *parfait indéfini*?
15. Y a-t-il deux formes du parfait *indéfini*?
16. Présentez la seconde forme dans un verbe de la dictée qui est déjà au *parfait indéfini*.
17. Comment appelle-t-on ce temps particulier ou cette seconde forme de *parfait indéfini*?
18. Quel est le *mode* qui sert à déterminer à quelle conjugaison appartient un verbe?
19. Comment la première conjugaison se termine-t-elle à l'*infinitif*?
20. Donnez-nous un exemple de l'*imparfait du subjonctif* dans la première conjugaison.
21. Faites remarquer la ressemblance qui existe entre le *parfait antérieur* et le *plus-que-parfait* du *subjonctif* à la *troisième personne* du *singulier*?

VERBE ACTIF.

22. Comment peut-on distinguer ces deux temps?
23. Quel signe porte le mot *eût* dans le *plus-que-parfait du subjonctif?*
24. De quel mot est précédé ce *plus-que-parfait* ainsi que tous les *temps du subjonctif?*
25. Quels sont les verbes de la dictée qui appartiennent à une autre conjugaison que la première?

MOTS A EXPLIQUER.

Esclave — maitre — but — proie — inférieur — supérieur — citer — particulier — garder — propriété — attaques — exécuter — épargner — odorat — dépister — forcer — gibier — docilité — tirer de — sauvetage — proverbial — exemple — chagrin — survivre à —

REMARQUES
SUR LES VERBES DE LA PREMIÈRE CONJUGAISON.

23ᵉ Dictée. — LES FLEURS.

But de la dictée.

Après la première conjugaison, il est bon de s'arrêter sur les particularités qu'offrent quelques-uns des verbes. On ne perdra pas de vue cependant l'étude de la première conjugaison dans ceux de ces verbes qui n'ont rien de particulier.

A propos des verbes en *cer* et en *ger*, on fera chercher s'il y en a des exemples dans la dictée. On fera citer des exemples, puis tous les verbes que les élèves connaissent pour avoir la même terminaison. On aura soin, à propos des verbes en *yer*, de faire observer que l'usage tolère l'*y* dans bien des verbes et que c'est l'ancienne orthographe régulière.

Les terminaisons en *eler*, *eter*, sont d'une étude plus difficile, elles présentent un très-grand nombre de verbes. On aura soin de bien diviser ces verbes en deux catégories : 1° ceux qui redoublent la consonne finale ; 2° ceux qui affectent le premier *e* d'un accent grave.

Le redoublement de l'*i* dans les verbes en *ier* sera considéré comme une chose fort régulière, à propos de laquelle on pourra faire une petite étude sur le *radical* et les *terminaisons*.

Grammaire : Paragraphes 244-250.

DICTÉES NOUVELLES.

QUESTIONNAIRE.

1. Que remarque-t-on dans les verbes de la *première conjugaison* terminés en *cer* ?
2. Quelle modification y a-t-il dans la prononciation du mot *força*, grâce à l'emploi de la *cédille* ?
3. Quelles sont les lettres devant lesquelles la *cédille* est employée ?
4. Quelles sont les lettres devant lesquelles on n'emploie jamais la *cédille* ?
5. Comment arrive-t-on à conserver au *g* le son doux devant *a* et *o* dans les verbes en *ger* ?
6. Citez des exemples des modifications subies par les verbes en *cer* et en *ger*.
7. Quelle est la valeur de l'*y* dans certains mots ?
8. Quelle est sa valeur dans l'*infinitif* des verbes en *yer* ?
9. Prenez pour exemple le verbe *essayer*.
10. Décomposez-en les syllabes.
11. Que vaut l'*y* devant l'*e* muet ?
12. Devant quelles lettres redouble-t-on *l* et *t* dans les verbes terminés en *eler* et en *eter* ?
13. Devant quelles lettres *l* et *t* restent-ils simples ?
14. Tous les verbes en *eler* et en *eter* prennent-ils ce redoublement ?
15. Que fait-on dans les verbes qui ne redoublent pas *l* ou *t* ?
16. A quoi sert l'accent grave que l'on met sur l'*e* qui précède *l* ou *t* ?
17. Citez quelques-uns de ces verbes.
18. Qu'arriverait-il si on ne mettait pas d'accent grave ?
19. Qu'est-ce que le *radical* ?
20. Qu'est-ce que la *terminaison* ?
21. Dites le radical du verbe *prier*.
22. Dites le radical du verbe *aimer*.
23. Dites la *terminaison* du verbe *aimer* à la *première personne pluriel* de l'*imparfait* de l'*indicatif*.
24. Dites la *terminaison* du verbe *prier* à la même personne.
25. Citez d'autres exemples.
26. Le redoublement de l'*i*, dans ces verbes, est-il une règle particulière ?
27. Dites à quel *temps* et à quel *mode* se retrouvent encore ces deux *i*.

MOTS A EXPLIQUER.

Ranger — délicat — jeter les yeux — parterre — éblouir — richesse des couleurs — charmé — parfum — recéler — payer la peine — largement — horticulteur — mille fois — prix —

amateur — tige — combler un vide — privilége — breuvages — efficaces — calice — suc — abeille — becqueter — cire — miel — vertu — emblème — symbole.

DEUXIÈME CONJUGAISON.

24ᵉ Dictée. — DAVID.

But de la dictée.

Cette dictée présente un assez grand nombre de verbes de la *deuxième conjugaison*. On a eu soin d'y faire entrer les verbes *haïr* et *bénir* dont les quelques particularités sont signalées dans toutes les grammaires après la conjugaison des verbes en *ir*. Quant aux verbes qui sont proprement irréguliers ou neutres, quoiqu'il y en ait plusieurs compris dans la dictée, on peut, à leur occasion, ne pas pousser les élèves plus loin qu'il ne faut sur leurs temps et leurs modes, puisque l'on n'a pas encore étudié les verbes de ces différentes catégories. Les exercices que l'on peut faire ici sont, comme précédemment et comme presque toujours, des exercices d'analyse. Les *temps*, les *modes* sont à dessein variés dans la dictée pour fournir l'occasion de ces analyses auxquelles il faut que les écoliers soient rompus de bonne heure ; nous ne saurions trop le répéter.

Il sera bon de faire remarquer la différence entre les *terminaisons* de la *deuxième* et de la *première conjugaison*. Cette constante comparaison des conjugaisons entre elles est d'une grande utilité.

Grammaire : Paragraphes 250-253.

QUESTIONNAIRE.

1. Comment se termine la deuxième conjugaison au *présent de l'infinitif* ?
2. Comment se termine-t-elle au *présent de l'indicatif* ?
3. Comparez entre elles toutes les terminaisons du *présent de l'indicatif* du verbe *aimer* et toutes les terminaisons du même *temps* du verbe *fournir*.
4. Quelle est la lettre finale qui caractérise les *trois personnes* du *singulier* dans les verbes en *er* ?
5. Et dans les verbes en *ir* ?
6. Quel est le radical du verbe *fournir* ?
7. Qu'ajoute-t-on au *radical*, aux *trois personnes* du *pluriel* du *présent de l'indicatif* du même verbe ?

8. Quel est le *radical* du verbe *aimer ?*
9. Quelles sont les *terminaisons* des *trois personnes du pluriel* au *présent de l'indicatif* du même verbe ?
10. A quelle conjugaison appartient le verbe *souffrir ?*
11. Présentez ses terminaisons au *présent de l'indicatif.*
12. Sont-elles d'accord avec celles du verbe *fournir ?*
13. Comment appelle-t-on les verbes qui ne peuvent se conjuguer sur le modèle de la grammaire ?
14. Comment appelle-t-on l'*h* du verbe *haïr ?*
15. Que remarquez-vous sur l'*i* de l'infinitif dans ce verbe ?
16. Ce signe se conserve-t-il dans toutes les formes du verbe ?
17. Citez les *trois personnes du singulier* du *présent de l'indicatif.*
18. Comment écrit-on le *participe passé* du verbe *bénir* s'accordant avec le mot *peuple ?*
19. Comment écrit-on le *participe passé* du même verbe s'accordant avec le mot *cierge ?*
20. Citez-nous l'*imparfait de l'indicatif* et du *subjonctif* des verbes *vieillir, embellir, punir, bâtir.*
21. Dites le *participe présent* des mêmes verbes.
22. Dites le *présent du subjonctif* des mêmes verbes.
23. Que remarquez-vous dans le rapprochement de ces deux derniers *temps ?*
24. Quelle est la personne qui diffère ?

MOTS A EXPLIQUER.

David — fournir un modèle — les gloires — Samuel — consacrer — le Seigneur — Goliath — remplir les bouches — Israël — Saül — harpe — dans sa personne — bannir — persécuteur — l'histoire — Jérusalem — bénir — Absalon — se révolter — préserver.

TROISIÈME CONJUGAISON.

25ᵉ Dictée. — LONDRES.

But de la dictée.

On s'y occupe des verbes de la troisième conjugaison. Les verbes de cette conjugaison sont peu nombreux, et il n'y en a que quelques-uns qui suivent entièrement le modèle de la troisième conjugaison, *recevoir.* Ceux-là sont tous terminés à l'infinitif en *cevoir*, quoique la désinence *oir* soit considérée comme celle de la troisième conjugaison. On reconnaîtra, en effet, que pour trou-

TROISIÈME CONJUGAISON.

ver le *radical* et la *terminaison* de ces verbes, il faut tantôt allonger, tantôt raccourcir le *radical*. Si la terminaison de l'infinitif est *oir*, le radical sera *recev*. L'étude de cette singularité devra se faire à l'aide d'exercices sur les verbes très-usités qui se conjuguent d'après ce modèle.

Grammaire : Paragraphes 253-255.

QUESTIONNAIRE.

1. Quelle est la *terminaison* des verbes de la *troisième conjugaison* au *présent de l'indicatif* dans les *trois personnes du singulier*?

2. Dites la *terminaison* de la *première* et de la *seconde personne* du *pluriel*.

3. Quel *radical* trouvez-vous pour les *trois personnes* du singulier?

4. Quel *radical* trouvez-vous pour les *deux premières personnes* du *pluriel*?

5. Que dit la Grammaire à propos de la *terminaison de l'infinitif* des verbes de la *troisième conjugaison*?

6. A quelle partie du mot faut-il donc rapporter les deux lettres qui précèdent *oir* dans l'infinitif de *recevoir*; est-ce au *radical* ou à la *terminaison*?

7. Citez-nous le *radical* du verbe *devoir*.

8. Trouvez ce *radical* dans l'*indicatif présent*, à la *première personne* du *singulier*.

9. Quel est le *participe passé* du verbe *devoir*?

10. Séparez-en le *radical* et la *terminaison*.

11. Quelle est la *terminaison* du *présent du subjonctif* des verbes de la *troisième conjugaison* aux *personnes du singulier*, et aux *deux premières personnes* du *pluriel*?

12. Que remarquez-vous dans la *troisième personne* du *pluriel* au *présent de l'indicatif* et au *présent du subjonctif*?

13. Quel est le signe particulier qui affecte le *participe passé* du verbe *devoir*?

14. Ce signe se trouve-t-il au *féminin*?

15. Pourquoi le met-on au *masculin*?

16. Quel est le signe dont est marqué le *c* devant les voyelles *o* et *u* dans tous les verbes en *cevoir*?

17. Pensez-vous que les verbes *avoir* et *voir* soient des verbes *réguliers*?

18. Citez quelques-unes de leurs formes qui s'éloignent du modèle *recevoir*.

MOTS A EXPLIQUER.

Londres — capitale — située — comté — Tamise — kilomètre

— fleuve — considérable — concevoir un plan — incendie — se hasarder — ami sûr — guide — désert — langue — monde — circuler — piétons — tonne — tunnel — lit d'un fleuve — dock — entrepôt — superficie — hectare.

QUATRIÈME CONJUGAISON.

26ᵉ Dictée. — LE REMORDS.

But de la dictée.

Cette dictée fait étudier un certain nombre de verbes de la quatrième conjugaison. Il y a lieu de faire quelques exercices qui donneront l'occasion de remarquer la variété des désinences différentes d'un grand nombre de ces verbes. En effet, quoique la terminaison de l'infinitif à la quatrième conjugaison soit *re*, cette syllabe peut être précédée de radicaux plus ou moins changés et appartenant à des catégories bien distinctes. Ainsi la catégorie des verbes terminés par *endre*, dont *rendre* est particulièrement le modèle, diffère de celles où les verbes sont terminés par *aindre, eindre, soudre, mettre, battre, uire, oire.* Sans attendre les exercices sur les verbes *irréguliers*, il est bon de faire remarquer aux élèves, dès maintenant, les particularités de ces différentes formes d'une même conjugaison.

Grammaire : Paragraphes 255-260.

QUESTIONNAIRE.

1. Quelle est la *terminaison* de l'*indicatif présent* aux *trois personnes* du *singulier* dans le verbe *rendre* ?
2. Quel est le *radical* d'après la *terminaison* connue de l'*infinitif* ?
3. Comment se termine la *troisième personne* du *singulier* du *présent* de l'*indicatif* dans les verbes dont le radical ne se termine pas par un *d* ?
4. Citez la *troisième personne* du *présent* de l'*indicatif* de tous les verbes de la *quatrième conjugaison* que vous trouverez dans la dictée.
5. Comment se termine le *participe passé* des verbes de la *quatrième conjugaison* en *endre, andre* ?
6. Cette terminaison se trouve-t-elle dans tous les verbes de la quatrième conjugaison ?
7. Citez le participe *passé* de *prendre*, de *soustraire*, de *produire*.

REMARQUES SUR LES TERMINAISONS.

8. Comment se termine le *présent du subjonctif* à la quatrième conjugaison ?

9. Quelle est la lettre que vous trouvez aux *trois personnes* du *singulier* du *présent du subjonctif* dans toutes les *conjugaisons* ?

10. Quelle remarque faites-vous sur *l'imparfait du subjonctif* dans la quatrième et dans la deuxième conjugaison ?

11. Que remarquez-vous dans le *futur* et dans le *conditionnel* des quatre conjugaisons ?

12. En quoi diffère le *futur* du *conditionnel* à la *première personne du singulier* ?

13. A la deuxième personne du singulier ?

14. Que remarquez-vous dans *l'imparfait de l'indicatif* des quatre conjugaisons ?

15. Redites la terminaison de l'*infinitif* des quatre conjugaisons.

16. A quelle conjugaison appartient le verbe auxiliaire *être* ?

MOTS A EXPLIQUER.

Remords — suspendre sa colère — criminel — repentir — fer rouge — plaie — châtiment — Caïn — Abel — meurtre — accent — trouble — confondre — impunément — outrager — lois divines et humaines — conscience — réclamer — infraction — grave — cri de la conscience — manquement — dès le principe — notion — gaspiller — envieux — correspondre — reproche — se soustraire.

REMARQUES SUR LES TERMINAISONS.

27ᵉ Dictée. — L'EAU.

But de la dictée.

On se propose dans cette dictée d'attirer particulièrement l'attention sur les *terminaisons* des différentes formes que présentent les verbes dans les quatre conjugaisons. Après en avoir étudié quelques-unes dans les leçons ou dictées précédentes, il y a ici une récapitulation de ces terminaisons.

Les exercices à faire peuvent consister en interrogations sur les *personnes*, *temps* et *modes* auxquels appartiennent les mots de la dictée, ou bien sur les *terminaisons* affectées à ces *personnes*, à ces *modes*, à ces *temps*. On peut aussi faire former et faire écrire soit comme devoir sur copie, soit comme exercices au tableau des mots qui présentent toute la variété des terminaisons, d'autant plus que dans les exercices précédents l'attention a été déjà appelée sur ces différentes variétés.

Grammaire : Paragraphes 260-266.

QUESTIONNAIRE.

1. Combien y a-t-il de *personnes* représentées dans les verbes ?
2. Qu'appelez-vous *personnes du singulier* ?
3. Qu'appelez-vous *personnes du pluriel* ?
4. Quelle est la manière dont on distingue les *personnes* entre elles ?
5. Y a-t-il toujours une différence de *terminaison* entre les *personnes* ?
6. Dites-nous les *trois personnes* du singulier du *présent de l'indicatif* du verbe *demander*.
7. De ces trois personnes quelles sont celles qui se ressemblent ?
8. Quelle est celle qui diffère des autres; en quoi diffère-t-elle ?
9. Quelles sont les trois *personnes du singulier* du verbe *finir* à l'*indicatif présent* ?
10. De ces trois personnes, quelles sont les deux personnes qui se ressemblent ?
11. Quelle est celle qui diffère des deux autres ?
12. En quoi diffère-t-elle ?
13. Quelle différence y a-t-il entre les *deux premières personnes* du *pluriel* de l'*imparfait* et celles du *présent de l'indicatif* ?
14. Comment formez-vous la *troisième personne du pluriel* du *présent de l'indicatif* dans la première conjugaison ?
15. Comment reconnaît-on qu'un verbe est à une des trois personnes du pluriel ?
16. Comment se termine la *première personne* du *singulier du parfait défini* dans les quatre conjugaisons ?
17. Dites les *trois personnes du singulier* du *parfait défini* de la première conjugaison.
18. Quel est le temps auquel on peut rapporter ces terminaisons *ai, as, a* ?
19. Dites les *trois personnes du pluriel* du *parfait défini* de la première conjugaison.
20. Que remarquez-vous dans la première et la deuxième personne ?
21. Retrouve-t-on ces terminaisons au *pluriel du futur* ?
22. En quoi la *troisième personne du pluriel du futur* diffère-t-elle des autres troisièmes personnes du pluriel des verbes réguliers ?

23. Dites-nous les *terminaisons* des *participes passés* des quatre conjugaisons.

24. En quoi le *participe passé* de la première conjugaison diffère-t-il de l'*infinitif*?

25. Quelle est la terminaison des *trois personnes du singulier* du *présent du subjonctif* dans les quatre conjugaisons?

26. En quoi les *deux personnes du pluriel* du *présent du subjonctif* diffèrent-elles des deux mêmes personnes du *présent de l'indicatif*?

27. Quels sont les deux *temps* et *modes* qui se terminent par *ais*, à la *première personne du singulier*?

28. En quoi les trois *personnes du pluriel* du *conditionnel* diffèrent-elles des mêmes personnes du *futur*?

29. Que remarquez-vous aux deux *premières personnes* du *parfait défini* et à la *troisième personne du singulier* de l'*imparfait du subjonctif*?

MOTS A EXPLIQUER.

Décomposer — hydrogène — oxygène — fils — caractère — pureté — dépendre — répandu — les anciens — éléments — l'air — redouter — par conséquent — conformation — se tenir — pente — catastrophe — inondation — besoin — impérieux — au sein des eaux — apaiser — domestique — réparation.

TEMPS PRIMITIFS ET DÉRIVÉS.

28ᵉ Dictée. — L'ÉTÉ.

But de la dictée.

Les dictées précédentes nous ont mis en possession des différentes *terminaisons*; l'élève qui a jeté un regard sur les *terminaisons* des différentes personnes, des différents *temps* et des différents *modes* pourra saisir plus facilement les ressemblances qui ont fait donner à quelques *temps* le nom de *primitifs*, à d'autres celui de *dérivés*.

Les verbes nombreux, réguliers ou irréguliers qui se trouvent dans la dictée fourniront des mots sur lesquels on s'exercera à chercher et à retrouver les traces de *dérivation*. On demandera aux élèves de citer celles de ces formes qui accusent des *temps primitifs*, celles qui accusent des *temps dérivés*. Les interrogations peuvent se multiplier à l'infini comme les exemples.

Grammaire: Paragraphes 266-276.

QUESTIONNAIRE.

1. Quelle différence y a-t-il entre les temps *primitifs* et les temps *dérivés*?
2. Dans les temps *primitifs* et dans les temps *dérivés* ne voit-on que des *temps*, n'y a-t-il pas des *modes*?
3. Quels sont les temps *primitifs*?
4. D'où se forme le *futur*?
5. Le *futur* sert-il lui-même à former quelque *dérivé*?
6. La deuxième personne du *conditionnel* ressemble-t-elle à celle du *futur*?
7. D'où se forme l'*impératif*?
8. Quelle différence y a-t-il entre la deuxième personne de l'*impératif* et celle de l'*indicatif présent* dans la première conjugaison?
9. Comment tire-t-on le *présent du subjonctif* du *présent de l'indicatif*?
10. Que remarquez-vous au *subjonctif présent* dans les deux premières personnes du pluriel?
11. Quel mot place-t-on avant chaque pronom dans les *temps du subjonctif*?
12. A quoi sert ce *que* du subjonctif?
13. Quel est le *temps* qui forme le *parfait défini*?
14. Montrez cette formation dans les quatre conjugaisons.
15. Quel est le temps que forme le *participe présent*?
16. A quoi sert le *participe passé*?
17. Quelle différence y a-t-il entre les *temps simples* et les *temps composés*?
18. Quelle différence y a-t-il entre un *temps primitif* et un *temps simple*?
19. Quelle différence y a-t-il entre un *temps composé* et un *temps dérivé*?
20. Les *temps composés* sont-ils *primitifs* ou *simples*?
21. Donnez-nous l'exemple d'un *temps simple dérivé*.
22. Donnez-nous l'exemple d'un *temps simple primitif*.
23. Quel est le *mode* qui prend la marque du genre?
24. De quelle espèce de mot se rapproche-t-il en prenant la marque du *genre* et du *nombre*, et en s'accordant avec les substantifs ou avec les pronoms?

MOTS A EXPLIQUER.

Eté — réaliser — activer — végétation — maturité — année classique — ouvrir une perspective — magistrature — annuel — procès — cultivateur — prospérer — inconvénient — moisson — insectes — précautions — prudence — se tenir sur ses gardes — abuser.

CONJUGAISON INTERROGATIVE ET NÉGATIVE.

29ᵉ Dictée. — LE DIMANCHE.

But de la dictée.

La conjugaison des quatre verbes servant de modèle à tous les autres ne s'est présentée jusqu'ici que sous la forme *affirmative*. Cette dictée nous montre l'emploi de l'*interrogation*, de la *négation* et des règles à observer. L'habitude du questionnaire rend aux enfants la forme interrogative assez familière, pour qu'ils en remarquent facilement les particularités. La forme *négative* n'a pas de difficultés sérieuses; l'*interrogation* jointe à la *négation* peut seule embarrasser. Il faudra leur donner des mots choisis exprès parmi ceux dont l'emploi *interrogatif* donne lieu à des observations. On essaiera l'*interrogation* sur des verbes des quatre conjugaisons et à des temps différents. On jugera de l'effet produit, et on dira ce qu'il convient de faire quand cet effet n'est pas satisfaisant. Exercices sur l'emploi du t *euphonique*, et de la circonlocution *est-ce que*. Enfin, on étudiera la place de la négation dans ses différents emplois.

Grammaire : Paragraphes 276-280.

QUESTIONNAIRE.

1. Y a-t-il une *interrogation* quand je dis *réponds-moi* ?
2. Quel est le *mode* du verbe dans cette phrase ?
3. Que trouve-t-on à la fin d'une phrase *interrogative* ?
4. Quel rôle joue le *pronom* dans l'*interrogation* ?
5. Quelle est la *personne* dont l'emploi est le plus difficile dans l'*interrogation* ?
6. Interrogez à la *première personne du singulier* du présent de l'indicatif avec le verbe *demander*.
7. *Interrogez* à la même personne avec le verbe *courir*.
8. Que faut-il faire dans le cas où la forme *interrogative* donne un *son* désagréable ?
9. Pourquoi n'emploie-t-on pas plus souvent la forme *est-ce que* ?
10. Interrogez avec la forme régulière en employant les verbes *apercevoir*, *vivre*, *pouvoir*, *entendre* à la première personne du singulier du présent de l'indicatif.
11. Trouve-t-on les mêmes difficultés dans l'emploi des autres personnes soit du *singulier*, soit du *pluriel* ?

12. Que fait-on quand la *troisième personne du singulier* ne se termine pas par un *t* devant *il, elle* ?

13. A l'aide de quel signe joint-on le *t* aux mots entre lesquels il se place ?

14. Où met-on le *pronom*, quand on interroge, dans les *temps composés* des verbes ?

15. Donnez-en un exemple avec le verbe *travailler*.

16. Quels sont les mots qui se joignent aux verbes pour *nier* ?

17. Où place-t-on le mot *ne* et le mot *pas* ou *point* dans l'emploi d'un verbe accompagné de négation, dans les *temps simples* ?

18. Et dans les *temps composés* ?

19. Donnez-en un exemple avec le verbe *répondre*.

20. Que se passe-t-il dans une phrase en même temps *négative* et *interrogative* ?

21. Quel mot marche le premier ?

22. Où se place le pronom dans les *temps simples* et dans les *temps composés* ?

23. Donnez-en un exemple avec le verbe *aimer* à la première et à la deuxième personne du singulier du présent de l'indicatif ?

24. Peut-on *interroger* sans placer les pronoms après le verbe ?

25. Que faut-il faire pour qu'il y ait alors une *véritable interrogation* ?

MOTS A EXPLIQUER.

Toilette — la messe — les vêpres — côté sérieux — distraction — la création.

VERBE PASSIF.

30ᵉ Dictée. — LA BELGIQUE.

But de la dictée.

Le verbe *passif* montre dans cette dictée ses formes et son emploi. Il sera bon de retourner avec la forme *active* les propositions présentées avec la forme *passive*, afin de bien habituer les élèves à comprendre le rôle du *sujet* et du *complément* dans ces deux formes différentes. On prendra un verbe *actif* quelconque dont on demandera les différents *temps* ou les différents *modes* avec la conjugaison *passive*. On se servira tour à tour des *participes* des quatre conjugaisons, et on remarquera l'accord du participe avec le *sujet* dans tous les emplois du verbe passif.

Grammaire : Paragraphes 280-283.

VERBE PASSIF.

QUESTIONNAIRE.

1. Indiquez la *personne*, le *temps* et le *mode* du verbe *a été compté* dans la première phrase de la dictée.
2. Peut-on exprimer la même idée en tournant le verbe *compter* par la forme active?
3. A-t-on changé ainsi le *temps* et le *mode*?
4. Qu'est devenu le *sujet (petit Etat)* dans la phrase tournée par la forme *active*?
5. Faites subir le même changement à la phrase : *le nom de Belges*, etc.
6. Que deviendra dans cette phrase le *complément indirect (par les Romains)*?
7. Comment ferez-vous pour que *César* devienne le *sujet* de la phrase suivante : *leur pays avait été*, etc.?
8. Donnez-nous l'*imparfait passif* du verbe *administrer*, à la première personne du pluriel.
9. Donnez-nous l'*imparfait du subjonctif* du même verbe en prenant pour sujet *les nations*.
10. Quelle remarque faites-vous sur le *participe passé* dans cette phrase?
11. Quel est l'*auxiliaire* employé dans les *temps composés* du verbe *actif*?
12. Quel est l'*auxiliaire* employé dans les *temps simples* du verbe *passif*?
13. Les *temps composés* du verbe *passif* n'emploient-ils qu'un *auxiliaire*?
14. Quel est le verbe qui existe tout entier dans le verbe *passif*?
15. Qu'ajoute-t-on au *verbe auxiliaire être* pour former un *verbe passif*?
16. Mettez à l'*infinitif présent passif* les verbes *travailler, chérir, recevoir, répandre*?
17. Mettez ces mêmes verbes à la *troisième personne du pluriel* du *présent du subjonctif passif*, avec *ils*, puis avec *elles* pour sujet.
18. Quelle est la signification du mot *actif*?
19. Quelle est la signification du mot *passif*?

MOTS A EXPLIQUER.

Nord — Etat — département — Belgique — Gaulois — Napoléon Ier — Hollande — administrer — jouir de la tranquillité — voisinage — au besoin — nation — agresseur — mine — houille — centre charbonnier — Mons, Marimont, Liége, Charleroi — voie de l'industrie.

VERBE NEUTRE.

31ᵉ Dictée. — SAINT LOUIS.

But de la dictée.

L'étude des verbes *neutres* est l'objet de cette dictée. Les points importants à considérer sont : la nature particulière des verbes *neutres*; ce qu'ils ont de remarquable au point de vue du *complément*, soit *direct*, soit *indirect*. On les fait reconnaître par l'emploi de ces différents compléments. Explication des deux noms que l'on donne à ces verbes; de quelle manière se conjuguent-ils avec les *deux auxiliaires* dans les temps composés? On peut faire citer à propos des verbes employés dans la dictée ceux qui se conjuguent avec *avoir*, ceux qui se conjuguent avec *être*. On peut en chercher d'autres qui se conjuguent tantôt avec *avoir* et tantôt avec *être*. Enfin il ne sera pas inutile de remarquer (et on en a l'occasion par les verbes de la dictée), que bien des verbes *actifs* peuvent s'employer dans un sens *neutre*, c'est-à-dire n'avoir pas de régime *direct*, et que quelques verbes *neutres* prennent parfois ce régime *direct* et deviennent *actifs* dans ce sens.

Grammaire : Paragraphes 286-293.

QUESTIONNAIRE.

1. Que signifie le mot *neutre* en parlant des verbes?
2. En quoi le verbe *neutre* diffère-t-il du verbe *actif*?
3. En quoi diffère-t-il du verbe *passif*?
4. Pourquoi l'appelle-t-on aussi *intransitif*?
5. Le verbe neutre peut-il avoir un *passif*?
6. Quels sont les *temps* du verbe *passif* où se trouvent employés l'auxiliaire *avoir* et l'auxiliaire *être*?
7. Peut-on employer ces deux auxiliaires de la même façon avec un verbe *neutre*?
8. L'action du verbe *neutre* peut-elle tomber sur *quelqu'un* ou sur *quelque chose*?
9. Peut-elle y tomber *directement*?
10. Par l'emploi de quels mots se marquent le *régime* ou *complément* des verbes *neutres*?
11. Cherchez dans la dictée les verbes *neutres* qui se conjuguent avec *avoir*.

12. Citez-en quelques-uns qui se conjuguent avec *être*.
13. Connaissez-vous quelques verbes qui se conjuguent tantôt avec *avoir*, tantôt avec *être*?
14. Y a-t-il quelque différence dans leur signification?
15. A quoi ressemblent les verbes *actifs* employés sans régime *direct*?
16. Que devient un verbe *neutre* employé avec régime *direct*?
17. Connaissez-vous quelques verbes neutres qui puissent s'employer ainsi?
18. Montrez-nous dans la dictée les régimes *indirects* des verbes *neutres*.

MOTS A EXPLIQUER.

Castille — minorité — les seigneurs — alliés — réputation — arbitre — Palestine — Musulmans — Orient — croisade — administration — équitable — réformes — Naples — Anjou — Tunis — résignation — trône — loyauté — politique.

VERBES PRONOMINAUX.

32° Dictée. — LE CHAT.

But de la dictée.

Nous étudions ici les verbes *pronominaux*. Les exercices que l'on peut faire à propos de ces verbes tendront à les faire distinguer d'abord des verbes *actifs*, des verbes *passifs* et des verbes *neutres*. L'explication de leur nom et de leur emploi ne permettra pas de les confondre avec les autres espèces de verbes. On devra établir avec soin par des exemples et des interrogations, soit sur le texte de la dictée, soit en dehors, les différentes espèces de verbes *pronominaux*. Le rôle du *régime* sera ici d'une importance égale au rôle qu'il joue dans les verbes que nous avons déjà étudiés. Le verbe *pronominal essentiel*, le verbe *pronominal accidentel*, le verbe *pronominal* employé pour le verbe *passif*; le verbe *pronominal accidentel actif*, le verbe pronominal *accidentel passif*, ce sont autant de variétés que le *régime* fera facilement reconnaître.

Grammaire : Paragraphes 293-302.

QUESTIONNAIRE.

1. D'où vient le mot *pronominal*?
2. Quelle est sa signification quand on le joint au mot *verbe*?
3. Un verbe *pronominal* a-t-il toujours pour sujet un pronom?
4. De quoi le *premier pronom* tient-il la place?
5. Le *second pronom* est-il toujours exprimé dans le verbe pronominal?
6. A quelle personne appartient ce *second pronom*?
7. Combien de rôles peut remplir le *second pronom* du verbe *pronominal*?
8. Les verbes *pronominaux* ont-ils un autre *nom*?
9. Que signifie le mot *réfléchi*?
10. Sur quel mot tombe l'action marquée par le verbe *pronominal*?
11. Que représente le *second pronom* d'un verbe *pronominal*?
12. Combien y a-t-il d'espèces de verbes *pronominaux*?
13. Tout verbe *actif* peut-il devenir *pronominal*?
14. Quel nom lui donne-t-on alors?
15. En quoi le verbe *pronominal essentiel* diffère-t-il du verbe *pronominal accidentel*?
16. Un verbe *neutre* peut-il devenir verbe *pronominal*?
17. Quelle espèce de *complément* présente le *second pronom* dans un verbe *pronominal* formé d'un verbe *neutre*?
18. Le *second pronom* d'un verbe *pronominal* formé d'un verbe *actif* peut-il être un *complément indirect*?
19. Comment expliquez-vous le sens pronominal dans cette phrase : cela *se dit* souvent?
20. A quoi équivaut l'emploi *pronominal* de ce verbe?
21. Est-il *pronominal accidentel*?
22. Est-il *pronominal accidentel actif* ou *passif*?
23. Résumez l'emploi des verbes *pronominaux* et leurs diverses origines.
24. Rangez dans ces différentes catégories les verbes *pronominaux* de la dictée.

MOTS A EXPLIQUER.

Allures — gâté — se rebuter — ténacité — égoïsme — à l'excès — quiétude — être sur son terrain — mine — hypocrite — patelin — emblème — flatteur — patte de velours — finesse.

VERBES IMPERSONNELS.

85ᵉ Dictée. — LES FRUITS.

But de la dictée.

Les verbes *impersonnels*, qui ne sont pas très-nombreux dans notre langue, font ici l'objet de notre étude. On expliquera et on fera répéter aux élèves le sens du mot *impersonnel*. On pourra leur dire que ces verbes ont été appelés aussi *unipersonnels*, comme n'étant jamais employés qu'à la troisième personne du singulier. Cette dénomination est moins régulière que l'autre. C'est pour ainsi dire l'*impersonnalité* qui est le caractère de ces verbes. A côté des verbes réellement *impersonnels*, il sera bon de remarquer quelques tournures où l'on emploie *impersonnellement* des verbes qui ont dans la langue un autre rôle et qui peuvent être des verbes *auxiliaires*, des verbes *actifs*, des verbes *neutres*. Il sera bon de faire comprendre alors le rôle que joue le sujet *il* dans ces façons de parler et comment on trouve le sujet réel du verbe. On pourra voir ces variétés dans la dictée.

Grammaire : paragraphes 302-305.

QUESTIONNAIRE.

1. Comment appelez-vous les verbes qui commencent par *il* au singulier et qui ne peuvent pas avoir d'autre sujet, comme *il pleut* ?
2. Quelle différence y a-t-il entre le mot *impersonnel* et le mot *unipersonnel* ?
3. Quel est en général l'emploi des verbes *impersonnels* ?
4. A propos de quels faits sont-ils le plus en usage ?
5. Cherchez cet emploi dans la dictée qui précède.
6. N'existe-t-il pas des verbes *impersonnels* avec une autre signification ?
7. Quelle différence y a-t-il entre le verbe il *faut* et le verbe il *convient* ?
8. Sont-ils *impersonnels* de la même façon ?
9. Montrez-nous que le verbe *être* peut être employé *impersonnellement*.
10. Dites-nous si le verbe *avoir* est employé *impersonnellement*.
11. Citez-nous la tournure où on l'emploie ainsi à chaque instant ?

12. Pouvez-vous expliquer ce que c'est qu'un verbe *impersonnel pronominal*?
13. Qu'est-ce qu'un verbe *pronominal*?
14. Que faudra-t-il donc pour qu'il soit en même temps *impersonnel* et *pronominal*?
15. Quel est le rôle du pronom *il* dans l'emploi *impersonnel* des verbes *auxiliaires*, *neutres* ou *pronominaux*?
16. Est-il le véritable ou le seul sujet?
17. Les verbes *impersonnels* ont-ils d'autres formes que la troisième personne du singulier?
18. Dites les formes qu'ils peuvent avoir en outre.

MOTS A EXPLIQUER.

Consoler — se flétrir — rôle — agrément — produit — teintes — accuser — circonstances — la floraison — se nouer — préparés — faire défaut — réfléchir — indispensable — récolte — attribuer.

VERBES DÉFECTIFS ET VERBES IRRÉGULIERS DE LA PREMIÈRE CONJUGAISON.

34ᵉ Dictée. — SALOMON.

But de la dictée.

Cette leçon aura pour but principal de faire bien comprendre aux écoliers que les verbes *défectifs* ou *irréguliers* ne forment pas une espèce de verbe particulière, quant à l'emploi et quant à la signification, comme les espèces que nous avons déjà remarquées. Tous les verbes possibles peuvent être réguliers ou irréguliers, qu'ils soient *auxiliaires*, *actifs*, *neutres* ou *autres*. C'est cela qu'il faut bien faire comprendre par des interrogations et des exemples. Ainsi, dans ces verbes, les questions de *sujet*, de *complément direct* ou *indirect* qui jouent un grand rôle dans les espèces déjà étudiées, sont ici tout à fait indifférentes. Quand on aura bien saisi la différence qu'il y a entre les mots *défectifs* et *irréguliers*, on comprendra qu'on les confonde dans la pratique et dans la grammaire en une seule catégorie. Il sera peut-être bon de dire sur-le-champ ce que c'est qu'un *verbe composé*, les irrégularités des *verbes simples* et des *verbes composés* n'étant pas toujours les mêmes.

Grammaire : paragraphes 305-310.

PREMIÈRE CONJUGAISON.

QUESTIONNAIRE.

1. Qu'appelle-t-on verbe *régulier ?*
2. Qu'appelle-t-on verbe *défectif ?*
3. Qu'appelle-t-on verbe *irrégulier ?*
4. Faites bien comprendre par des exemples la subdivision de tous les verbes en ces trois catégories.
5. Le verbe *impersonnel* est-il un verbe *régulier, irrégulier* ou *défectif ?*
6. Les verbes *auxiliaires* sont-ils *réguliers ?*
7. Citez-nous un exemple de verbe *actif irrégulier*, un exemple de verbe *neutre irrégulier ?*
8. Quelle est la division naturelle à suivre pour classer les verbes *irréguliers* ou *défectifs ?*
9. Citez les verbes irréguliers de la *première conjugaison ?*
10. Que remarquez-vous en comparant le *présent de l'indicatif* au *singulier* et le *présent de l'indicatif* au *pluriel* dans le verbe *aller ?*
11. Rapprochez de ces formes celles du *futur ;* à quelle espèce de verbes appartient le verbe *aller ?*
12. Quel est l'*auxiliaire* employé pour la conjugaison de ses *temps composés ?*
13. Se sert-on quelquefois d'un autre verbe pour rendre la même idée exprimée par *je suis allé ?*
14. Que pensez-vous de l'expression j'y *ai été* au lieu de j'y *suis allé ?*
15. Que signifie le mot *employé familièrement ?*
16. Dites en quoi le verbe *envoyer* est *irrégulier ?*
17. Quel est son *conditionnel ?*
18. Citez les verbes de la dictée qui vous paraîtront être des verbes *défectifs ?*

MOTS À EXPLIQUER.

Écriture Sainte — don — échoir — ouïr — faillir — gésir — restituer — clore — débat — luire — conseiller — sentence — flotter — mer Rouge — Méditerranée — Saba — Arabie — merveilles — éblouir — culte — survivre.

DEUXIÈME CONJUGAISON.

35ᵉ Dictée. — BRUXELLES.

But de la dictée.

Nous allons parcourir toute la liste des verbes *défectifs* ou *irréguliers* qu'il sera possible de citer dans nos dictées. Il va sans dire qu'il serait difficile et fastidieux d'indiquer dans un même morceau toutes les formes de ces verbes. Mais la forme indiquée dans la dictée présentera aux élèves et aux maîtres une occasion suffisante de s'arrêter sur les formes importantes dont la dictée ne peut pas parler. L'esprit de ces exercices étant le même, nous pourrons nous contenter, tant qu'ils dureront, de ne point donner d'autre explication avant le questionnaire de chaque dictée. En général, les questionnaires devront s'appliquer à faire remarquer en quoi consistent, et sur quels *temps* ou *modes* portent les irrégularités des verbes. Je ne conseillerais pas, vu la monotonie de ces exercices, de faire suivre sans désemparer toutes les dictées sur les verbes *irréguliers*. Je pense qu'il vaut mieux en voir quelques-unes de temps à autre, pour ne pas fatiguer l'esprit des élèves.

Grammaire : paragraphes 310-347.

QUESTIONNAIRE.

1. Dites-nous les temps principaux du verbe *finir*.
2. Quels seront les verbes qui pourront être *irréguliers*, si on les compare à *finir* ?
3. Dites-nous l'infinitif présent de tous les verbes irréguliers de la dictée appartenant à la deuxième conjugaison.
4. Les verbes *asservir* et *assortir* sont-ils des verbes *irréguliers* ?
5. Pourquoi les a-t-on fait remarquer ?
6. *Asservir* et *assortir* sont-ils des verbes *simples* ou des verbes *composés* ?
7. Citez les verbes *simples* dont ces deux verbes ont été formés.
8. Dites leur *indicatif* et leur *participe présent*.
9. Quelle lettre trouvez-vous avant l'*e* dans le singulier du présent de l'indicatif d'*acquérir* ?
10. Retrouvez-vous cette même lettre aux *deux premières personnes du pluriel* ?
11. Dans quel mode voyez-vous reparaître l'*i* devant l'*e*, et à quelles *personnes* ?
12. Dites le futur ; qu'y remarquez-vous ?
13. Comment *finir* fait-il à la *première personne* de l'*indicatif présent*, et comment fait *assaillir* ?
14. A quelle conjugaison paraît-il appartenir ?
15. A quel mode reprend-il les terminaisons de la *deuxième conjugaison* ?
16. A quelle espèce de verbes appartient le verbe *bouillir* ?
17. Que trouvez-vous dans l'*indicatif présent* ?
18. Quelles sont les formes qui se conjuguent sur *finir* ?

DEUXIÈME CONJUGAISON.

19. Que remarquez-vous aux *deux premières personnes du pluriel* du *subjonctif présent ?*
20. A quelle conjugaison semble appartenir le *parfait défini* du verbe *courir ?*
21. Comment serait le *futur* s'il était régulier ?
22. Dites-nous le *subjonctif* de ce verbe ?
23. *Courir* est-il un verbe *actif ?*
24. Et *parcourir ?*
25. A quelle *conjugaison* rapportez-vous l'*indicatif présent*, le *futur* et le *participe présent* du verbe *cueillir ?*
26. Citez quelques-uns de ses *composés ?*
27. A quelle espèce de verbes appartient s'*endormir ?*
28. De quoi est-il composé ?
29. Quel rapport voyez-vous entre *dormir* et *sortir ?*
30. En quoi le verbe *fleurir* est-il irrégulier ?

MOTS A EXPLIQUER.

Capitale — acquérir — centre — chemins de fer — résidence — florissant — assaillir — liberté — industrie — assortir — canal — Escaut — Senne — quartier — bouillir — Université — bibliothèque — jardin botanique — moyen âge.

DEUXIÈME CONJUGAISON (Suite).

36ᵉ **Dictée.** — LA CHARITÉ.

But de la dictée.

Etude des verbes *irréguliers* de la deuxième conjugaison (*suite*).
Grammaire : paragraphes 310-347.

QUESTIONNAIRE.

1. D'où vient le mot *gît* que vous trouvez dès le début de la dictée ?
2. Quelle est sa signification ?
3. Dans quelle phrase l'emploie-t-on d'ordinaire ?
4. Ce verbe a-t-il d'autres formes usitées ?
5. Est-il *défectif* ou *irrégulier ?*
6. *Défaillir* est-il *simple* ou *composé ?*
7. Quel est le verbe *simple ?*
8. Dites-nous les formes usitées au *présent de l'indicatif* dans ces deux verbes.
9. Rapprochez maintenant les formes semblables de *faillir* et de *défaillir* aux autres temps.

10. Quel est ce mot *ouï* que l'on écrit avec un tréma sur l'*i* ?

11. Quelle ressemblance trouvez-vous entre le verbe *offrir*, le verbe *ouvrir* et le verbe *souffrir* ?

12. Rapprochez les formes de ces trois verbes.

13. Que présente de particulier le verbe *fuir* à la *première* et à la *deuxième personne du pluriel de l'imparfait de l'indicatif*, et du *présent du subjonctif* ?

14. Quelle différence y a-t-il entre la *première personne du singulier du présent* et celle de l'*imparfait du subjonctif* ?

15. Laquelle est régulière ?

16. Le verbe *haïr* est-il vraiment *irrégulier* ?

17. Quelles sont les trois personnes qui lui donnent une apparence d'*irrégularité* ?

18. Dites l'*infinitif* d'où est tiré le participe *issu* : cet *infinitif* est-il usité ?

19. Y a-t-il beaucoup de formes qui rattachent le verbe *mourir* à la deuxième conjugaison ?

20. Dites le *parfait défini* de *mourir*.

21. Son *participe passé*.

22. Rapprochez les formes de *mentir* et de *sentir*.

23. A quelle conjugaison semble les rattacher leur *indicatif présent* ?

24. Comprenez-vous bien le sens de *sans coup férir* ?

25. Quel est l'*indicatif présent* du verbe *servir* ? — Rapprochez l'*indicatif présent* de son *composé asservir*.

26. Quel est le *futur* du verbe *tenir* ?

27. Quel est son *parfait défini* ?

28. Son *imparfait du subjonctif* ?

29. Quel verbe a exactement les mêmes terminaisons que *tenir* dans toutes ses formes ?

30. A quelle espèce de verbes appartient *tenir* ?

31. A quelle espèce appartient *venir* ?

32. Dites le *parfait défini* de *tenir* et celui de *venir* ? Expliquez le caractère du verbe *mourir* dans l'expression : Il *se meurt* ?

MOTS A EXPLIQUER.

Désespoir — mission — charité — ange — offrir son âme — faire mentir — rendre hommage — sans coup férir — panser une plaie — hideux — épidémie — issir de — inspirer — dévouement — le prochain — souffle.

DEUXIÈME CONJUGAISON (Suite).

87ᵉ Dictée. — LE FEU.

But de la dictée.

Étude des verbes irréguliers de la deuxième conjugaison (suite).

Grammaire : paragraphes 310-347.

QUESTIONNAIRE.

1. Quel est le sens de *saillir* en parlant des ornements de sculpture ?
2. Quel est le sens du verbe *saillir* en parlant d'une source ?
3. Dites en quoi ces deux verbes diffèrent dans leurs temps principaux.
4. Duquel des deux se rapproche *tressaillir* pour la conjugaison ?
5. Comment fait *tressaillir* au futur ?
6. A quelle *conjugaison* appartient le *présent de l'indicatif* ?
7. Et le *futur* en *irai* ?
8. Le mot *repartir* et le mot *répartir* ont-ils deux sens et deux conjugaisons différentes ?
9. *Repartir* ne signifie-t-il que *partir de nouveau* ?
10. Quel est son autre sens ?
11. Expliquez le sens dans lequel *sortir* est employé quand il est régulier au *présent de l'indicatif.*
12. Dites également le sens du mot *ressortir* employé dans la dictée.
13. Comment direz-vous au *présent* pour indiquer que vous *sortez de nouveau* ?
14. Comment direz-vous pour indiquer que vous *appartenez à une catégorie*, à une division ?
15. *Quérir* est-il *défectif* ou *irrégulier* ?
16. Quel est le *présent indicatif* de *vêtir* ; quel est son *participe passé* ?
17. A quelle *conjugaison* ces formes paraissent-elles appartenir ?
18. Par quel temps ce verbe tient-il à la *deuxième conjugaison* ?

MOTS A EXPLIQUER.

Tressaillir — ravage — exercer — fléau — désastreux — répartir — ressortir — physique — chimie — quérir — définition

— température — résultat — consomption — combustion — saillir — navrant — angles — saillir — brasier — çà et là — cri déchirant — les anciens — dompter — aliments.

TROISIÈME CONJUGAISON.

38e Dictée. — LES MINES DE HOUILLE.

But de la dictée.

Étude des verbes irréguliers de la troisième conjugaison
Grammaire : paragraphes 347-368.

QUESTIONNAIRE.

1. Le verbe *asseoir* a-t-il plusieurs formes à *l'indicatif présent* ?
2. En quoi consiste la différence de ces deux formes ?
3. Quelle est la plus *régulière* ?
4. Quelle est la plus employée ?
5. Que remarquez-vous dans *j'assois*, par rapport à l'*infinitif* ?
6. Dites les formes diverses qui existent au *futur*.
7. Quelle est la plus *usitée* ?
8. Est-ce la plus *régulière* ?
9. Citez les deux formes de l'*impératif*.
10. A quelle espèce de verbes appartient *falloir* ?
11. Rapprochez le *présent de l'indicatif* du *subjonctif présent*.
12. Dites le *participe passé*.
13. Dites le *futur*.
14. L'*indicatif présent* de *savoir* semble-t-il formé du *radical* ?
15. Dites son *participe passé*.
16. Citez l'*imparfait de l'indicatif* ; qu'y remarquez-vous ?
17. Citez le *participe présent* ; est-il formé suivant la règle ?
18. De quel *mode* paraît-il dérivé ?
19. Quelles sont les formes usitées du verbe *seoir* ?
20. Dites le *participe présent*.
21. Quel est le sens du mot *seoir* ?
22. Quels sont les *composés* de ce verbe ?
23. Faites ressortir les différences qui existent au *présent* entre *choir, déchoir, échoir* ?
24. Le verbe *simple* est-il fort usité ?

QUATRIÈME CONJUGAISON.

25. Lequel des trois verbes a le *participe présent*?
26. Citez la *troisième personne* du *singulier* au *présent de l'indicatif* des verbes *mouvoir, pleuvoir, pouvoir.*
27. Rapprochez les formes semblables de *pouvoir* et de *mouvoir.*
28. Que remarquez-vous dans les deux *futurs*?
29. Quel est le *mode* du verbe *valoir* où l'on constate deux *l*?
30. Dites les personnes du pluriel du *présent du subjonctif.*
31. Dites le *présent du subjonctif* du verbe *prévaloir.*
32. Citez le *subjonctif présent* du verbe *voir*?
33. Dites son *futur.*
34. Citez le *futur* de *prévoir.*
35. Le *futur* de *pourvoir.*
36. Dites le *parfait défini* de : *voir, prévoir, pourvoir.*
37. De quel verbe se rapproche *vouloir* au *présent de l'indicatif*?
38. Quels sont les verbes qui ont un *d* au futur, comme je *voudrai*?
39. Citez les différentes formes de l'*impératif* et du *subjonctif présent* du verbe *vouloir.*
40. Citez les *participes passés* des verbes de la *troisième conjugaison* qui n'ont qu'une syllabe.

MOTS A EXPLIQUER.

Mètre — entrailles — puits — souterrains — labeur — déchoir — choir — ascension — seoir — explosion — feu grisou — gaz inflammable — tonnerre.

QUATRIÈME CONJUGAISON.

39ᵉ Dictée. — LE MIEL.

But de la dictée.

Etude des verbes irréguliers de la *quatrième conjugaison.*
Grammaire : paragraphes 368-412.

QUESTIONNAIRE.

1. Quels sont les verbes qui se conjuguent comme *atteindre*?
2. Que remarquez-vous à propos de la lettre *g* de la *première personne du pluriel* à l'*indicatif*?
3. Dans quels *temps* et dans quels *modes* se conserve-t-elle?
4. Citez le *futur* du verbe *atteindre.*
5. Est-il *régulier*?

6. Quel est le *participe passé* des verbes **conjugués** sur *absoudre* ?
7. *Absoudre* et *résoudre* ont-ils un *parfait défini* ?
8. Quelles sont les formes *irrégulières* du verbe *mettre* ?
9. Quelles sont celles du verbe *battre* ?
10. Citez-nous quelques verbes terminés en *uire*.
11. Comment fait *instruire* à la *première personne* du *pluriel* du *présent de l'indicatif* ?
12. Par quelle lettre se termine le *participe* de tous les verbes qui se conjuguent comme *instruire* ?
13. Dites le *participe* du verbe *nuire* ?
14. Dites en quoi diffèrent les *temps* principaux de *naître* et de *connaître* ?
15. Quel est le sens du verbe *bruire* ?
16. Dites ses temps usités.
17. Opposez l'*indicatif* présent de *croire* à celui de *croître* ?
18. Quelle est la différence du *parfait défini* et du *participe passé* dans ces deux verbes ?
19. Le verbe *faire* et le verbe *dire* ont-ils une ressemblance dans quelque forme de l'*indicatif présent* ?
20. Se ressemblent-ils au *parfait défini* ?
21. Citez quelques *composés* du verbe *dire* qui s'éloignent de lui à la *deuxième personne du pluriel du présent de l'indicatif*.
22. Quelle est la différence entre le verbe *craindre* et le verbe *atteindre* que nous avons vu plus haut ?
23. De quel verbe vient *extraire* ?
24. Dites le *subjonctif* de *traire*.
25. Qu'y a-t-il de remarquable dans les différentes personnes de l'*indicatif présent* de *boire* ?
26. Dans quelles formes se retrouvent le radical *boi* et le radical *bu* ?
27. Quel est le *parfait défini* du verbe *vivre* ?
28. Dites son *participe présent* et son *participe passé* ?
29. Quelle différence y a-t-il entre *clore* et *éclore* pour la signification ?
30. Ces verbes sont-ils *actifs* ou *neutres* ?
31. Sont-ils *défectifs* ou *irréguliers* ?
32. Sur quel verbe se conjugue *cuire* ?
33. Quel est le *participe passé* de *suivre* ?
34. Quelles sont les différentes terminaisons du *participe passé* dans les verbes de la quatrième conjugaison que vous avez vus jusqu'ici ?

MOTS A EXPLIQUER.

Absoudre — mœurs — abeilles — bruire — aurore — ruche — aromatique — calice — suc — rosée — matière — cire — cel-

QUATRIÈME CONJUGAISON.

lules — larves — alvéoles — cavité — éclore — ver — clore — rayon — résidu — médicament.

QUATRIÈME CONJUGAISON (Suite).

40ᵉ Dictée. — JEANNE D'ARC.

But de la dictée.

Étude des verbes irréguliers de la quatrième conjugaison (*suite*).

Grammaire : paragraphes 368-412.

QUESTIONNAIRE.

1. Quel est le *participe passé* du verbe *plaire* ?
2. Avec quel mot pourrait-on le confondre ?
3. Quels sont les *autres temps* de ce verbe dont la troisième personne du singulier ressemble aussi à celle d'un autre verbe ?
4. Sur quel verbe se conjugue *luire* et comment son participe passé diffère-t-il de celui de *produire*, de *conduire*, etc.
5. Comment *suffire* fait-il au *participe passé* ?
6. Ce verbe a-t-il le *parfait défini* ?
7. Le verbe *paître* a-t-il le *participe passé* ?
8. Le verbe *repaître*, son composé, a-t-il le participe passé ?
9. Citez quelques exemples de l'emploi du verbe *paître*, comme verbe *neutre*, comme verbe *actif*, et de *repaître* comme verbe *actif* et verbe *pronominal* ?
10. Que trouve-t-on d'inusité dans le verbe *vaincre* ?
11. Quelles sont les formes très-souvent employées ?
12. Quel est le rôle le plus ordinaire du verbe *taire* ?
13. En quoi diffère-t-il de *faire* au *présent indicatif* et au *participe passé* ?
14. Quel est le *présent du subjonctif* du verbe *écrire* ?
15. Où paraît le *v* pour la première fois dans la conjugaison de ce verbe ?
16. Comment le verbe *conclure* fait-il au *participe passé* ?
17. Et le verbe *exclure* ?
18. Quels rapports existent entre *bruire* et *plaire*, *traire*, *faire*, *taire* ?
19. Quelles sont les formes usitées de *braire* ?

MOTS A EXPLIQUER.

Domrémi — songes — patriotisme — Orléans — sacrer — croire à — siége — lever le siége — Patay — Reims — martyr

— Compiègne — lâche dépit — sortilége — sa perte était écrite — conclure — Rouen.

QUATRIÈME CONJUGAISON (Suite).

41ᵉ Dictée. — DE L'ALLEMAGNE.

But de la dictée.

Etude des verbes de la quatrième conjugaison (*suite*).
Grammaire : paragraphes 368-412.

QUESTIONNAIRE.

1. Le verbe *joindre* a-t-il toutes les formes ?
2. Quel en est le *parfait défini* ?
3. Que signifie le verbe *oindre* et sur quoi se conjugue-t-il ?
4. Est-il *défectif* ?
5. A quelle espèce de verbes appartient le verbe *poindre* qui veut dire *piquer*, comme dans cette phrase : qui vous meut, qui vous *point* ?
6. Quelles sont les formes de ce verbe qui sont usitées et sur quoi se conjugue-t-il ?
7. A quelle espèce de verbes appartient le verbe *poindre* qui veut dire *commencer à paraître*, comme dans cette phrase : le jour va poindre ?
8. Quelles sont les formes de ce verbe qui sont usitées et sur quoi se conjugue-t-il ?
9. Connaissez-vous quelques *verbes composés* formés du verbe *rompre* ?
10. Citez-les ?
11. Comment se terminent les personnes de l'*indicatif présent* dans *rompre* ?
12. Quel est le *parfait défini* ?
13. Quel rapport saisissez-vous entre les verbes *coudre* et *moudre* ?
14. Quelle lettre établit une différence dès le *pluriel du présent de l'indicatif* entre la terminaison de ces deux verbes ?
15. Comment font-ils au *parfait défini* et à l'*imparfait du subjonctif* ?
16. Citez les composés de *coudre* ?
17. Quelles sont les formes usitées du verbe *frire* ?
18. Quelles sont celles du verbe *confire* ?
19. Que remarquez-vous au *pluriel de l'indicatif présent* du verbe *maudire* ?

20. A quelle conjugaison semble se rapporter le *pluriel de l'indicatif présent* du verbe *rire* ?
21. Quelles autres formes de ce verbe rappellent les formes de la première conjugaison ?
22. Rapprochez les deux verbes *rire* et *prier* à l'*imparfait de l'indicatif* et au *présent du subjonctif* ?
23. Quelle est la conjugaison qui présente le plus de verbes *irréguliers* ?
24. Quelle est la lettre qui termine les *trois premières conjugaisons* à *l'infinitif* ?
25. Quelle est la lettre qui termine la quatrième conjugaison à l'infinitif ?

MOTS A EXPLIQUER.

Strasbourg — kilomètre — Rhin — rive droite, rive gauche — Allemagne — harmonie — susceptibilité — ombrageux — poindre — honnête — commode — avancé — confédération — Etat souverain — liens faibles, décousus — combinaison — prééminence — Prusse — Autriche.

DU PARTICIPE.

42ᵉ Dictée. — LE SINGE.

But de la dictée.

Nous étudions ici le *participe* comme une des dix parties du discours. Le double rôle du *participe* dans la langue doit surtout être expliqué. Il faut que les élèves retrouvent dans ce mot, d'abord le *mode* du verbe; c'est l'origine du *participe*, et il reste bien *verbe* à condition qu'il *fait* l'action, comme le *participe présent* dans le verbe *actif*, ou qu'il la *subit*, comme le *participe passé*, dans le verbe *passif*. Il faut bien distinguer d'abord ces deux formes du *participe*, puis passer à l'emploi de l'un et de l'autre comme *qualificatifs* : indiquer seulement, car on y reviendra dans la syntaxe, le nom d'*adjectif verbal* donné au *participe présent* devenu *qualificatif*. On insistera également sur l'emploi du *participe* uni à l'*auxiliaire* pour la conjugaison des verbes *actifs* ou *passifs* et sur l'*accord* du *participe* dans certains cas.

Grammaire : paragraphes 412-416.

DICTÉES NOUVELLES.

QUESTIONNAIRE.

1. Quel est le sens du mot *participe* ?
2. Que signifie le mot *participe* quand je dis : le renard *participe* du loup et du chien ?
3. Comment peut-on appliquer le même mot au *participe* ?
4. Qu'est-ce que le *verbe* ?
5. Qu'est-ce que l'*adjectif* ?
6. Cherchez dans la dictée sur le singe un *participe* qui joue le rôle de verbe.
7. Cherchez un *participe* qui y joue le rôle d'*adjectif*.
8. Combien y a-t-il de *participes* ?
9. Quelle est la différence qui existe entre le participe *présent* et le participe *passé* ?
10. N'est-ce qu'une différence de *temps* ?
11. Quel est celui des deux qui paraît *actif* ?
12. Le *participe présent* peut-il servir de *qualificatif* ?
13. Cherchez-en un exemple dans la dictée.
14. Que remarquez-vous dans le mot que vous avez choisi comme exemple ?
15. Quel nom peut prendre alors le participe présent pour se distinguer dans l'emploi de *qualificatif* ?
16. Montrez-nous un exemple du *participe passé* devenu *qualificatif*.
17. Quel est l'avant-dernier *participe* employé dans la dictée ?
18. Pourquoi est-il au *pluriel* ?
19. Quel est l'emploi du *participe passé* dans les verbes ?
20. Quel rapport ce *participe passé* a-t-il avec le sujet, suivant qu'on le combine avec l'auxiliaire *avoir* ou avec l'auxiliaire *être* ?
21. Trouvez dans la dictée des preuves de ces différents rapports.

MOTS A EXPLIQUER.

Conformation extérieure — espèces — prêter — humilier — disposer de — penchant — malicieux — désobligeant — expressions — langage familier — rendre compte — aptitude — confondre — savants — tenté de — perfectionné — état sauvage — émettre une opinion — concluant — faculté intellectuelle — responsable — abîme.

DE L'ADVERBE.

43° Dictée. — LES GRAINES.

But de la dictée.

C'est l'*adverbe* qui est l'objet de cette leçon. Il faut que les élèves remarquent bien le nom de ce mot pour reconnaître en lui un compagnon ordinaire du *verbe*, mais qu'ils soient exercés aussi à voir modifier les *adjectifs* et même les *adverbes* à l'aide de l'*adverbe* lui-même. L'étude de la classification des *adverbes* ne présente pas de difficultés. Il y a cependant un point délicat, c'est la manière de reconnaître le rôle de certains mots, tantôt *adverbes*, tantôt *conjonctions*. Ainsi les mots *quand, comment, comme*, qui indiquent bien des modifications de *temps*, de *manière*, servent de liens à des propositions et deviennent des *conjonctions* véritables sans cesser d'être *adverbes*. Remarquons aussi la formation des *degrés de signification* dans les *adverbes* et l'emploi des *locutions adverbiales*.

Grammaire : paragraphes 416-420.

QUESTIONNAIRE.

1. Que veut dire le mot *adverbe* ?
2. La *modification* apportée par l'*adverbe* ne tombe-t-elle que sur des *verbes* ?
3. Quels sont les autres mots qui peuvent être *modifiés* par l'*adverbe* ?
4. Montrez dans la dictée des *adjectifs modifiés* par l'*adverbe* ?
5. Montrez des *adverbes* modifiés par l'*adverbe* ?
6. Donnez-nous quelques *adverbes* de *temps* ?
7. A quelle classe d'*adverbes* appartiennent les mots *ici, là* ?
8. Que trouvez-vous dans le mot celui-*là* ?
9. Citez-nous les *adverbes* de *quantité* les plus usités ?
10. Comment appelle-t-on d'ordinaire les *adverbes* qui servent à *nier* ?
11. Citez-en quelques-uns.
12. Citez quelques *adverbes* d'affirmation.
13. Comment appelle-t-on ces deux mots *à propos* ?
14. A quelle classe d'*adverbes* appartiennent les mots terminés comme *généralement, fortement* ?
15. A quelle classe appartiennent *si, presque*, employés dans la dictée devant *soudain* et devant *grands* ?

16. Rappelez-nous les *degrés* de *signification* que vous avez vus dans les *adjectifs*.
17. Montrez-nous les mêmes degrés dans les *adverbes*.
18. A quelle classe d'*adverbes* appartient le mot *peut-être* ?
19. Quels sont les *adverbes* d'ordre ?

MOTS A EXPLIQUER.

Sort — but — succession — concourir à — animal et végétal — entretien des êtres — germes — frapper la raison — soudain — disproportion — gigantesque — disette.

DE LA PRÉPOSITION.

44ᵉ Dictée. — L'ENFANCE.

But de la dictée.

La *préposition*, qui est l'objet de cette dictée, ne donne pas lieu à des développements bien considérables. La subdivision des *rapports* qu'expriment les différentes *prépositions*, la distinction des *régimes*, l'emploi des *prépositions sans régime*, et jouant alors le rôle d'adverbes, l'étude des *prépositions composées* et des *locutions* qui jouent le rôle de véritables *prépositions*, voilà les points sur lesquels il faut insister. Il ne sera pas inutile de faire remarquer aux élèves que les *prépositions de* et *à* sont contenues dans l'*article* que l'on appelle *article composé* et que l'on a appris à décomposer au chapitre II (§§ 102-105). On montrera aussi qu'une même *préposition* peut marquer des rapports différents ; *dans*, par exemple, peut marquer un *rapport* de *lieu* et un rapport de *temps*.

Grammaire : paragraphes 420-427.

QUESTIONNAIRE.

1. Qu'est-ce que la *préposition* ?
2. Que signifie à proprement parler le mot *préposition* ?
3. Comment appelle-t-on le mot qui suit la *préposition* et sur lequel tombe le *rapport* qu'elle exprime ?
4. Montrez-nous dans la dictée quelques mots qui soient les *régimes* ou *compléments* d'une *préposition* ?
5. Quels sont les principaux *rapports* exprimés par les *prépositions* ?
6. Quel est le *rapport* exprimé par la préposition *pour* ?

7. Par la préposition *dans* ?
8. Par la préposition *à* ?
9. Quelle est la *préposition* la plus employée dans notre langue ?
10. Quels sont les *rapports* qu'exprime la préposition *de* ?
11. Donnez-nous d'après la dictée des exemples nombreux de ces rapports.
12. Citez-nous quelques prépositions exprimant le rapport de *but*, d'*opposition*.
13. Quelles sont les principales prépositions exprimant les rapports de la *manière*, du *moyen* ?
14. Dans quel cas une préposition semble-t-elle jouer le rôle d'*adverbe* ?
15. Qu'appelle-t-on *préposition composée* ?
16. Quelle est la préposition qui entre le plus souvent dans la composition de ces *doubles prépositions* ?
17. Quelles sont les espèces de mots qui servent quelquefois de *préposition* ?
18. Citez quelques-uns des *adjectifs* les plus usités comme *prépositions*.
19. Dites-nous les différentes formes de l'*article* ?
20. Quelles sont les formes de l'article qui contiennent des *prépositions* ?
21. Comment nomme-t-on d'ordinaire l'*article* qui contient une *préposition* ?
22. Montrez-nous-en des exemples pris dans la dictée.

MOTS A EXPLIQUER.

Age — mûr — développement physique — éveil des sens — direction des yeux — jeu des yeux — physionomie — éducation de l'âme — préoccupation — maternité — dévouement.

DE LA CONJONCTION.

45ᵉ Dictée. — BERLIN ET VIENNE.

But de la dictée.

Ce sont les *conjonctions* que nous devons faire connaître dans cette dictée, et il convient de bien établir la différence qui existe entre les *conjonctions*, les *prépositions* et les *adverbes*. L'emploi du *régime* détermine assez les *prépositions*, et on pourra faire remarquer que pour devenir *conjonctions* les *adverbes* ont besoin d'être suivis du mot *que*, ou de relier deux propositions entre elles. On distinguera les deux caractères principaux de la *conjonction*, la *liaison*, et l'idée qu'elle peut exprimer en même temps qu'elle sert de lien. Liaison de mots, liaison de membres de phrase ou de phrases entre elles, il faut se rendre de tout cela un compte exact. On étudiera les *conjonctions simples*, les *conjonctions composées* ; enfin on s'habituera à reconnaître les différents ordres d'idées exprimées par les *conjonctions*, ce qui demande un exercice long et une attention soutenue.

Grammaire : Paragraphes 427-430.

QUESTIONNAIRE.

1. Quelle est la signification du mot *conjonction* ?
2. Citez-nous la *conjonction* la plus simple qui unit ordinairement deux mots ?
3. Citez-nous quelques *prépositions* ? montrez qu'elles ont un *complément*.
4. Citez-nous quelques *adverbes*, montrez qu'ils n'ont pas de *complément* ?
5. Que deviennent les adverbes *autant, aussi, moins, plus*, suivis de *que* ?
6. Donnez-en des exemples.
7. Montrez-nous dans la dictée des *conjonctions* reliant deux mots entre eux ?
8. Montrez-nous-en qui relient des membres de phrase.
9. Montrez-nous des phrases rattachées aux phrases précédentes par une *conjonction*.
10. Quelle est la *conjonction* la plus employée après la conjonction *et* ?
11. Qu'est-ce qu'une *conjonction composée* ?
12. Citez-en des exemples.
13. Quelle est la *conjonction* qui sert à en composer beaucoup d'autres ?
14. Cherchez dans la dictée les *conjonctions* qui indiquent la *condition* ?
15. Quelle est l'idée marquée par les conjonctions *quand, alors que* ?
16. Trouvez des exemples de *conjonctions* exprimant l'idée de *comparaison* ?
17. Quelle est l'idée exprimée par la conjonction *mais* ?
18. Citez-nous quelques *conjonctions* qui servent de *transition* ?
19. Quel est le sens des conjonctions *parce que, puisque, afin que* ?
20. Résumez toutes les idées ou *rapports* exprimés par les *conjonctions*.

DE LA CONJONCTION.   67

21. Trouvez-vous une *conjonction* dans cette phrase : il ne sortira pas, vu qu'il est malade ?
22. De quoi se compose cette *conjonction* ?

MOTS A EXPLIQUER.

Importance — 20,000 âmes — remonter au temps — Auguste — faubourg — d'autres âges — traité — rival — ville impériale — seconder les espérances — confirmer des conquêtes — raideur — bonhomie — idée — tempérament.

DE L'INTERJECTION.

46ᵉ Dictée. — LA TEMPÉRANCE.

But de la dictée.

La nature de l'*interjection* a besoin d'être bien expliquée, et les plus simples d'entre les *interjections* peuvent seules être comprises par les enfants. On insistera donc sur celles qu'ils peuvent employer à leur âge. Ils comprendront plus tard celles qui conviennent à un langage et à des compositions d'un caractère plus élevé. Les principaux *sentiments* qui sont exprimés dans la dictée suffiront pour établir les différentes classes dans lesquelles on peut ranger les *interjections*. C'est seulement dans la syntaxe que l'on pourra remarquer avec fruit comment elles sont séparées des autres mots de la phrase, et comment elles représentent par elles-mêmes une phrase complète.
Grammaire : Paragraphes 430-433.

QUESTIONNAIRE.

1. Qu'est-ce que l'*interjection* ?
2. Quel est le sens du mot *fi* ? *fi donc* ?
3. Quel *sentiment* exprime-t-il ?
4. Quelles sont les *interjections* que l'on emploie pour exprimer la *douleur* que l'on ressent ?
5. Que veut dire *chut* ?
6. Quels sont les deux sentiments opposés que l'on rend par l'emploi du mot *ah !*
7. Que signifie *ah !* quand on y ajoute *quel bonheur !*
8. Quelle est l'*interjection* dont s'était servi Jules, pour repousser les conseils de sa bonne ?

9. Quel est le mot qu'il emploie pour exprimer sa *répugnance*?
10. Quel est le sens du mot *hélas!*
11. Quelles *interjections* servent à *encourager*?
12. Que signifie le mot *hein*?
13. Quelles *interjections* emploie-t-on quand on trouve que quelque chose est *beau*; ou quand on est *étonné*?

MOTS A EXPLIQUER.

Estomac — thé — sucre — écouter — résolution — excès — tempérance — modérer — régler — avis — ivres — bienfaits de l'éducation — niveau.

RÉCAPITULATION.

47ᵉ Dictée. — LES LIVRES.

But de la dictée.

Cette dictée commence une récapitulation générale des *dix parties du discours*. On y trouve les éléments nécessaires pour faire des essais d'*analyse grammaticale*. En se bornant à indiquer à *quelle espèce de mot* appartient chacun de ceux qui sont employés ici, en faisant remarquer si ces mots sont *variables* ou *invariables*, en signalant le *genre*, le *nombre* dans les *articles*, les *noms*, les *adjectifs*, les *pronoms*, les *participes*, en précisant les *personnes*, le *nombre*, les *modes*, les *temps* dans les *verbes*, on montrera que l'on a compris l'enseignement de la première partie de la grammaire et que l'on est bien préparé pour l'étude de la deuxième partie qui est la *syntaxe*.

Grammaire : Paragraphes des chapitres du *nom*, de l'*article*, de l'*adjectif*, du *pronom*, de la *préposition*, 74, 97, 105, 152, 420.

QUESTIONNAIRE.

1. A quelle espèce de mot appartient le mot *les*?
2. Dites-en le *genre* et le *nombre*?
3. A quoi reconnaissez-vous le nombre de *les*?
4. A quoi en reconnaissez-vous le *genre*?
5. Qu'est-ce que le mot *livres*?
6. Est-il *substantif commun* ou *substantif propre*?

RÉCAPITULATION.

7. Qu'est-ce que le mot *pour* ?
8. Quel *rapport* marque-t-il ?
9. Comment appelle-t-on le signe placé entre *l* et *écolier* ?
10. Quelle est la lettre supprimée par ce signe ?
11. A quelle espèce de mot appartient *studieux* ?
12. Qu'est-ce que le mot *des* qui précède *moyens* ?
13. A-t-il un nom particulier ?
14. Qu'est-ce que le mot *de* qui précède *s'instruire* ?
15. Qu'est-ce que le mot *s'* avec son apostrophe ?
16. Quelle est la lettre supprimée ?
17. De quoi *se* tient-il la place ?
18. Qu'est-ce que le mot *soi* ?
19. A quelle *personne* appartient-il ?
20. Comment appelle-t-on cette espèce de *pronom* ?
21. Est-il au *singulier* ou au *pluriel* ?
22. Quel est le *substantif* qu'il représente ?
23. Dites tout ce que vous savez sur le mot *ils*.
24. Qu'est-ce que le mot *son* ?
25. Dans quelle classe d'*adjectifs* le rangez-vous ?
26. Citez-nous des *adjectifs qualificatifs* au *masculin singulier*.
27. Citez-en d'autres au *féminin singulier*.
28. Citez-en au *pluriel*.
29. Citez-nous des *pronoms relatifs* au *singulier*.
30. Au *pluriel*.
31. Qu'est-ce que le mot *quelque* devant *feuillet* ?
32. Qu'est-ce que le mot *sur* ?
33. Le mot *sous* ?
34. Quels mots ont-ils pour *régime* ?
35. Relevez les *pronoms personnels* dans la phrase qui commence par : *ce n'est pas lui*.

MOTS A EXPLIQUER.

Instrument de supplice — ranger — tourmenter — bonhomme — repoussant — accuser bien haut — rangé — (rapprocher le premier sens du second) — caveau — volume.

RÉCAPITULATION (suite).

48ᵉ **Dictée.** — L'AUTOMNE.

But de la dictée.

La récapitulation continue : elle porte ici dans le questionnaire sur les cinq espèces de mots dont nous n'avons pas fait mention dans le précédent exercice, c'est-à-dire sur les *verbes*, les *participes*, les *adverbes*, les *conjonctions* et les *interjections*. On prépare par des questions faites dans un certain sens les enfants à analyser très-régulièrement les *espèces de mots*, et conformément aux principes de l'*analyse grammaticale*. On leur fera plus tard rendre compte de l'*analyse* elle-même et du procédé qu'ils emploient. Il n'est pas inutile de remarquer que la méthode employée par le moyen du questionnaire est essentiellement *analytique*, et aura appris très-facilement aux élèves à se rendre compte de la nature et de la valeur des mots.

Grammaire : Paragraphes 186, 412, 416, 427, 430.

QUESTIONNAIRE.

1. Qu'est-ce que le mot *est*?
2. Comment appelle-t-on les *verbes* qui servent à former les *temps composés* des autres verbes ?
3. A quel *mode* est le mot *permet* ?
4. A quel *temps* est le mot *récolter* ?
5. A quelle espèce de mot appartient le petit mot *et*?
6. Que marque-t-il ?
7. A quel *temps* et à quel *mode* appartient le mot *ont* ?
8. Qu'est-ce que le mot *fait* qui le suit ?
9. A quelle *conjugaison* appartient-il ?
10. Que forme-t-il avec le mot *ont* qui le précède ?
11. Le verbe *faire* est-il un verbe régulier ?
12. A quelle conjugaison appartient le mot *paie*?
13. Qu'est-ce que le mot *si* ?
14. A quelle *conjugaison* appartient le verbe *pouvoir* ?
15. A quelle espèce de *verbe* appartient la forme *il faut* ?
16. Comment appelle-t-on les verbes qui se conjuguent avec *deux pronoms* ?
17. Trouvez-en des exemples dans la dictée.
18. Quel est le nom que l'on donne aux mots *ne*, *ne pas* ?
19. A quelle classe d'*adverbes* appartient *rapidement* ?
20. Trouvez dans la dictée un exemple d'*adverbe* de *lieu*.
21. *Accourir, venir* sont-ils des verbes *actifs* ?
22. Donnez-nous un exemple de verbe *actif*.
23. Un de verbe *passif*.
24. Comment appelle-t-on les mots *lorsque, quand* ?
25. Que représente le mot *que*, quand il est *pronom relatif*?
26. A quoi sert-il quand il est *conjonction*?
27. Donnez des exemples de ces deux emplois.
28. Qu'est-ce que le mot *hélas!*
29. Quel *sentiment* indique-t-il ?

ANALYSE GRAMMATICALE.

30. Dites la *personne*, le *nombre*, le *temps* et le *mode* du mot *voyez*, dans la phrase : *Voyez de toutes parts ?*
31. Comment appelez-vous ces mots : *de toutes parts ?*

MOTS A EXPLIQUER.

Assurer le produit — altérer — vendanger — les vins se préparent — citadins — assistance — le raisin donne — la qualité — salutaire — adieu.

ANALYSE GRAMMATICALE.

49ᵉ Dictée. — LA JEUNESSE.

But de la dictée.

Il faut maintenant que les élèves puissent bien expliquer ce que l'on entend par *analyse* en général, et en particulier par *analyse grammaticale*. On leur posera donc des questions qu'ils devront résoudre, sur la manière dont chaque espèce de mot doit s'analyser *grammaticalement*. On leur fera remarquer et dire ce que comporte l'analyse d'un *verbe*, d'un *nom*, d'un *pronom*, etc. — Ils devront aussi indiquer l'ordre dans lequel on place les différentes notions que l'analyse donne sur chacune de ces espèces de mots. On choisira ensuite quelques mots de la dictée qu'on leur fera analyser complètement d'après la méthode qu'ils auront eux-mêmes déterminée. Dans la pratique il faut se garder de donner en devoir des analyses trop longues. L'important est que le maître les corrige avec soin.

Grammaire : Paragraphes 433-440.

QUESTIONNAIRE.

1. Dites-nous ce que veut dire le mot *analyser*.
2. Quel genre d'*analyse* peut-on faire après avoir appris la première partie de la grammaire ?
3. Que doit-on expliquer dans l'analyse *grammaticale* d'un *nom*, d'un *article*, d'un *adjectif* ?
4. Que doit-on ajouter quand il s'agit d'un *pronom personnel* ?
5. Quel est le mot le plus long à analyser *grammaticalement* ?
6. Quels sont les *modes* du *verbe* pour lesquels on ne peut indiquer *la personne* ?
7. Quelles sont les espèces de mots où il n'y a pas lieu d'indiquer le *genre* ni le *nombre* ?

8. Que faut-il indiquer dans l'*analyse grammaticale* de l'*adverbe*, de la *préposition*, de la *conjonction* et de l'*interjection*?
9. Quel ordre peut-on suivre dans l'analyse du *verbe*?
10. Par quoi doit-on débuter, par où doit-on finir?
11. Analysez un *nom* pris dans la dictée.
12. Analysez un *article singulier*.
13. Analysez un *adjectif qualificatif*.
14. Analysez un *pronom personnel*.
15. Analysez un *verbe* à un *mode personnel*.
16. Analysez un *verbe* à un *mode impersonnel*.
17. Analysez un *adverbe de temps*.
18. Une *préposition* indiquant le *lieu*.
19. Analysez une *conjonction* marquant la *comparaison*.
20. Analysez une *interjection*.

MOTS A EXPLIQUER.

Trésors de l'éducation — la sève — circuler — déborder — tirer parti — les facultés sont en mouvement — mémoire — imagination — souplesse — efforts généreux — par excellence — funeste — fougue — passions — ardeur du sang — présomption — inexpérience — éclairer — lumière — secouer — le joug — gênant — courir après l'ombre.

PONCTUATION.

50ᵉ **Dictée.** — FRANÇOIS Iᵉʳ.

But de la dictée.

Après avoir étudié la nature des mots dans la première partie de la grammaire et les avoir fait connaître à l'aide d'exercices de toute sorte, il ne faut pas attendre la syntaxe pour bien se rendre compte des *signes orthographiques* et de *ponctuation* que la pratique a déjà dû nous faire connaître. On les trouvera dans l'*introduction* de la grammaire, mais on ne pouvait en faire l'objet d'une étude particulière avant la connaissance des dix espèces de mots et avant d'avoir pris l'habitude d'écrire des morceaux d'une certaine étendue. La ponctuation étant d'ordinaire indiquée par le maître qui dicte, l'élève ne l'ignore pas entièrement. Il est nécessaire cependant qu'il apprenne dès maintenant à en appliquer les règles avec discernement.

Grammaire : Paragraphes 9, 12, 29.

PONCTUATION.

QUESTIONNAIRE.

1. Où se placent le *point*, les *deux points* et le *point et virgule* ?
2. Qu'indique la *virgule* ?
3. Quelle différence y a-t-il entre le *point d'interrogation* et le *point d'exclamation* ?
4. Dites la forme et la valeur du *tréma*.
5. Donnez dans la dictée un exemple de l'emploi de la *cédille*.
6. Qu'appelle-t-on *ouvrir une parenthèse* ?
7. A quoi servent les *guillemets* ?
8. Combien y a-t-il de sortes d'*accents* ?
9. Citez des exemples d'*accent aigu*, d'*accent grave*.
10. L'*accent grave* ne se met-il que sur la lettre *e* ?
11. A quoi sert l'*accent circonflexe* ?
12. Donnez des exemples de l'*accent circonflexe* dans la dictée.
13. Qu'appelle-t-on *trait d'union* ?
14. A quoi sert le *tiret* ?
15. Quelle différence y a-t-il entre la lettre *é* marquée d'un accent *aigu* ou marquée d'un accent *grave* ?
16. Quelle différence y a-t-il entre le mot *a* sans accent ou marqué d'un accent *grave* ?
17. Quelle différence y a-t-il entre le mot *ou* sans accent ou marqué d'un accent *grave* ?
18. Qu'est-ce que l'*apostrophe* ?
19. Qu'est-ce que la *ponctuation* ?
20. Pourquoi les signes de *ponctuation* sont-ils nécessaires ?

MOTS A EXPLIQUER.

Montrer du goût — les beaux-arts — cultiver les arts — François Ier — artistes — Italie — époque — renaissance — essais naïfs — succéder — éclat — de sa personne — génie puissant — Charles-Quint — étrange — monastère — horlogerie — grande leçon — vanité — légèreté — ambition — fors l'honneur — restaurateur.

ANALYSE LOGIQUE DE LA PROPOSITION.

51ᵉ **Dictée**. — LE LION.

But de la dictée.

Il est difficile de faire une dictée qui ne roule que sur la *proposition simple* dépouillée de tout complément. Il faut cependant que l'étude de la syntaxe débute par des notions claires et méthodiques sur la *composition des propositions*. Les élèves devront d'abord se rendre bien compte du but de cette deuxième partie de la grammaire. Ils ont déjà par la pratique une idée des *règles d'accord* les plus simples entre les noms et les adjectifs, entre les noms, les pronoms et les verbes. On les habituera à déterminer les *trois termes* de la *proposition la plus simple* où se trouvent seulement un *sujet*, un *verbe*, un *attribut*. Ils chercheront ensuite le *verbe* et l'*attribut* dans un *verbe attributif*, et on ne se bornera pas pour cette recherche à une seule leçon. Les premières dictées de la syntaxe seront toujours l'occasion d'une semblable étude. C'est la plus grande difficulté de la grammaire. Si les enfants, après plusieurs épreuves, ne la comprennent pas bien, il vaut mieux passer outre, et y revenir plus tard quand leur esprit sera plus capable de réflexion.

Grammaire : Paragraphes 440-450.

QUESTIONNAIRE.

1. De quoi s'est-on occupé dans la *première partie* de la grammaire ?
2. Comment s'appelle la *seconde partie* de la grammaire ?
3. Quel est le sens du mot *syntaxe* ?
4. A quoi servent les *règles de la syntaxe* ?
5. Qu'est-ce qu'une *proposition* ?
6. Combien une *proposition* a-t-elle de *termes* ?
7. Prenons la proposition qui commence la dictée : *Le lion est beau*.
8. Quel est dans cette proposition le mot qui indique une *qualité* ?
9. Quel est le *substantif* auquel se rapporte cette *qualité* ?
10. Comment appelle-t-on dans la proposition le mot qui indique la *qualité* ?
11. Comment appelle-t-on le mot auquel cette *qualité* est *attribuée* ?
12. A quoi sert le mot *est* dans cette proposition ?
13. Comment appelle-t-on le mot qui sert *à affirmer* que la *qualité* est *attribuée* au *sujet* ?
14. Prenez maintenant la proposition suivante : *il est fort* et trouvez dans cette proposition le *sujet*, le *verbe*, l'*attribut*.
15. Cherchez dans la dictée d'autres propositions aussi courtes, et indiquez le *sujet*, le *verbe*, l'*attribut* dont elles se composent.
16. Trouvez le *sujet*, le *verbe* et l'*attribut* dans la proposition : *il bondit*.

COMPLÉMENT DE LA PROPOSITION.

17. Comment appelle-t-on les verbes qui contiennent le *verbe* et l'*attribut*?
18. Quel nom prend le verbe *être* dans une proposition?
19. Le mot suivant : *Partons* contient-il à lui seul les *trois termes* d'une proposition?
20. Trouvez ces *trois termes*.
21. Dites de nouveau le rôle du *sujet*, celui du *verbe*, celui de l'*attribut* dans la proposition.

MOTS À EXPLIQUER.

Titre — approche — glacer de terreur — proie — affamé — armé d'ongles puissants — victimes — éléphant — bondir — cirques — Afrique — Atlas — décimé — guère — s'immortaliser — repaire — affût — Arabe.

COMPLÉMENT DE LA PROPOSITION.

52ᵉ Dictée. — L'ESPAGNE.

But de la dictée.

Il s'agit ici de faire connaître en quoi consistent les *compléments* de la proposition, de montrer que les compléments peuvent se rattacher à chacun des *trois termes*, et que sans eux la phrase ne serait quelquefois composée que de propositions inintelligibles. On prendra donc pour les étudier quelques-unes des propositions de la dictée ; on fera reconnaître les *trois termes*, puis les mots qui *expliquent, déterminent* ou *complètent* le sens de chacun de ces termes. On fera voir qu'il peut y avoir pour un seul de ces *termes* plusieurs compléments.

Grammaire : Paragraphe 450.

QUESTIONNAIRE.

1. Comment appelle-t-on les mots qui dans une proposition ne sont ni le sujet, ni le verbe, ni l'attribut?
2. Prenez cette phrase de la dictée : *l'Histoire de la nation espagnole est un grand enseignement pour les princes et pour les peuples*.
3. Quel est le *sujet*, quel est le *verbe*, quel est l'*attribut*?
4. Le sujet réduit au mot l'*histoire* a-t-il ici un sens assez déterminé?

5. Que faut-il y ajouter pour que l'on comprenne bien qu'il s'agit ici de l'Espagne?

6. Quel rôle joue le mot *grand* qui précède l'attribut *enseignement*?

7. Enfin le verbe *est* a-t-il aussi un *complément*?

8. Si nous supprimons tous les *compléments* des *trois termes* que restera-t-il?

9. La pensée réduite à ces trois termes : l'*histoire est un enseignement* est-elle la même?

10. S'agit-il de l'*histoire* en général?

11. Quelle est la qualité de cet *enseignement*?

12. Pour qui cette histoire est-elle un *enseignement*?

13. Rendez compte des *termes* de la proposition suivante : *elle doit guérir les uns d'une ambition démesurée.*

14. Faites connaître les *compléments* de *l'attribut* dans cette proposition.

15. Décomposez de la même manière la dernière phrase de la dictée qui commence par *Et cependant.*

MOTS A EXPLIQUER.

Sud-ouest — Pyrénées — misérable — ciel pur — minéraux — plaine fertile — baigner les côtes — défendre l'entrée — territoire — siècle — un grand enseignement — démesurée — entêtement — Philippe II — le Milanais — la Franche-Comté — nouveau monde — influence politique — irrésistible — trésor public — marine — exploité — séditions militaires — le pouvoir — mendicité — sobre — proverbial.

DIFFÉRENTES SORTES DE PROPOSITIONS.

53ᵉ Dictée. — LE BLÉ.

But de la dictée.

On remarquera que l'on a borné à *trois* le nombre des *propositions*, et on apprendra à les distinguer les unes des autres : la proposition *indépendante* et la proposition *principale* n'offrent aucune difficulté, et l'esprit le plus simple peut en saisir le caractère. C'est donc la proposition *dépendante* qui demande le plus d'attention. Il importe de la reconnaître soit qu'elle se trouve reliée à la *proposition principale* au moyen d'une *conjonction* ou d'un *pronom relatif*, ce qui est le cas le plus simple, soit qu'elle se trouve rattachée par un *infinitif* ou un *participe* pouvant se

DIFFÉRENTES SORTES DE PROPOSITIONS. 77

tourner par une conjonction, ce qui est le cas le moins aisé à déterminer. Il faut que les élèves s'habituent à trouver la conjonction équivalente à ces deux tournures. C'est peut-être la seule véritable difficulté que présente l'étude des *propositions*, comme nous le verrons dans l'analyse logique, paragr. 918 et suiv.

Grammaire: Paragraphes 451-462.

QUESTIONNAIRE.

1. Combien y a-t-il de sortes de *propositions*?
2. Qu'est-ce qu'une proposition *indépendante*?
3. Prenez un exemple de proposition *indépendante*.
4. Prenez un exemple de proposition *indépendante* dans la première phrase de la dictée.
5. Combien y a-t-il de propositions dans ces mots : *La farine mise en pâte à l'aide de l'eau et cuite au four donne du pain*?
6. Quels sont les *compléments* que l'on trouve dans cette phrase et à quel *terme* se rattachent-ils?
7. Qu'est-ce qu'une proposition *principale*?
8. Quelle espèce de proposition trouvez-vous dans ces mots : *ce pain est l'objet*?
9. Cette proposition a-t-elle un sens intelligible si elle n'est suivie d'aucune autre?
10. Quel est dans les mots qui suivent cette proposition celui qui y rattache la proposition suivante?
11. Comment appelle-t-on la proposition qui commence par *que nous devons respecter*?
12. Quelle espèce de mot est le *que* qui précède *nous devons*?
13. Quels sont les mots qui, d'ordinaire, rattachent les propositions *dépendantes* à la proposition *principale*?
14. Peut-il y avoir plus d'une proposition *principale* dans une phrase?
15. Peut-il y avoir dans une phrase plusieurs propositions *dépendantes*?
16. Dites combien il y a de *propositions* dans ces mots : *bien des gens meurent pour n'avoir pas eu à leur disposition cette petite quantité de nourriture*?
17. Comment faut-il tourner les mots *pour n'avoir pas eu*, si on veut y trouver la *conjonction* servant de lien entre les deux propositions?
18. Prenons la phrase suivante : *habitués à jouir de tous les bienfaits, sans nous donner la peine de les mériter, nous ne songeons pas*, etc., si je tourne ainsi par l'emploi des conjonctions : *comme nous sommes habitués à jouir de tous les bienfaits, quoique nous ne nous donnions pas la peine de les mériter, nous ne songeons pas*, etc., combien avons-nous de *propositions*?

19. Quelles seront dans cette phrase les propositions *dépendantes*? Quelle sera la proposition *principale*?

MOTS A EXPLIQUER.

Gaspiller — représenter — divinités — labour profond — fumer — moissonner — enfouir.

DU GENRE DANS LES NOMS.

54ᵉ Dictée. — LE MENSONGE.

But de la dictée.

Cette dictée offre quelques exemples de *substantifs* qui varient dans leur *genre* suivant le sens dans lequel on les emploie. On comprend qu'il n'est guère possible de les faire entrer tous dans un sujet quelconque, à moins de rendre fatigante la lecture de ce morceau; il n'y a guère que dans les phrases détachées que l'on peut en faire une énumération complète. On se servira donc des mots qui sont indiqués dans la dictée, et on provoquera l'attention des élèves sur ces mots en leur faisant dire les sens différents qu'ils peuvent avoir. On pourra par comparaison citer quelques autres mots dont il n'est pas question ici, et dont on parle dans la grammaire. L'âge et l'intelligence des enfants serviront de guide à cet égard.

Grammaire : Paragraphes 462-490.

QUESTIONNAIRE.

1. Quel est le genre du mot *chose*?
2. *Quelque chose* est-il du *féminin*?
3. Quelle différence y a-t-il entre le genre du mot *personne* substantif, et *personne* pronom?
4. Quels sont les différents *genres* du mot *aide*?
5. Quand le mot *gens* est-il *féminin*?
6. Que veut dire *un manœuvre*?
7. Quel est le *genre* du mot *voile* de navire?
8. Quels sont les sens du mot *office*?
9. Quand met-on *enfant* au *féminin*?
10. *Exemple* est-il toujours du *masculin*?
11. Quel est le *genre* de *mémoire* quand il signifie la note d'un marchand?
12. Quand le mot *amour* est-il du *féminin*?

DU NOMBRE.

13. Quels sont les différents *genres* du mot *aigle* ?
14. Quand le mot *solde* est-il du *masculin* ?
15. Quand est-il du *féminin* ?
16. Le mot *garde* est-il toujours du *féminin* ?
17. Que veut dire *parallèle* au *féminin* ?
18. Quel est le *genre* de *délices* au *pluriel* ?
19. Que veut dire un *couple* au *masculin* ?
20. Quel est le sens de *un trompette* ?
21. Quelle différence y a-t-il entre *fourbe* au *masculin* et *fourbe* au *féminin* ?
22. Quel est le *genre* du mot *automne* ?
23. *Enseigne* est-il toujours du *féminin* ?
24. Quels sont les différents sens du mot *mode* ?
25. Quels sont les différents sens des mots *poste*, *greffe*, *foudre* ?
26. Quand écrit-on *orge* au féminin ?

MOTS A EXPLIQUER.

Quelque chose de bas — répugner — appeler à son aide — manœuvre — couvrir d'un voile — bon office — mémoire sûre — faire bonne garde — confondre quelqu'un — parallèle — franchise — faire les délices — odieux — couple de fois — la renommée — publier — méfait — la fourbe.

DU NOMBRE.

55ᵉ Dictée. — DE L'ORTHOGRAPHE.

But de la dictée.

Il y a dans cette dictée un aperçu des difficultés principales que présente l'emploi du *pluriel* dans certains noms. Nous avons déjà remarqué, à propos du *genre* dans les *substantifs*, combien il est difficile de réunir tous les mots qui peuvent être les objets de cette étude. Il importe donc seulement d'attirer l'attention des élèves sur ce genre d'exercices dans une dictée particulière, et on trouvera dans les autres dictées l'emploi isolé de ces mêmes mots.

Grammaire : Paragraphes 490-512.

QUESTIONNAIRE.

1. Quelle différence y a-t-il entre les deux pluriels *aïeux* et *aïeuls* ?

2. Comment fait le mot *œil* au *pluriel* quand il s'agit des *ronds* que forme la graisse à la surface de la soupe ?

3. Comment s'écrit *œil* au *pluriel*, quand il s'agit d'une petite fenêtre ronde appelée œil-de-bœuf ?

4. Qu'est-ce qu'un *ciel* de lit, et comment fait ce mot au *pluriel* ?

5. Dans quel cas le mot *travail* prend-il un *s* au *pluriel* ?

6. Les mots d'origine latine prennent-ils en général la marque du *pluriel* ?

7. Citez quelques mots qu'on ne trouve jamais employés qu'au *pluriel*.

8. Citez-en quelques-uns qui ne s'emploient jamais qu'au *singulier*.

9. Comment s'écrit Raphaël au *pluriel* quand il signifie *les tableaux de ce peintre* ?

10. Dans quelle occasion les noms des grands hommes peuvent-ils prendre la marque du *pluriel* ?

11. Faites une phrase où vous pourrez employer au *pluriel* les noms César, Napoléon.

12. Qu'appelle-t-on *nom composé* ?

13. Quels sont ceux des *noms composés* qui ne prennent jamais la marque du *pluriel* ?

14. Quelles espèces de mots entrent dans les noms *composés* qui peuvent recevoir la marque du pluriel ?

15. Donnez quelques exemples de *noms composés* toujours *invariables*.

16. Donnez-nous le *pluriel* de *vice-amiral*, *demi-boîte*, *loup-garou*.

MOTS A EXPLIQUER.

Orthographe — examen — aïeul — alleluia — in-octavo — post-scriptum — orthographe usuelle.

ROLE DU NOM DANS LA PROPOSITION.

56ᵉ Dictée. — MADRID.

But de la dictée.

Les différents exercices que nous ferons dans la syntaxe nous apprendront peu à peu l'usage de l'analyse logique et sa valeur avant que nous arrivions à en donner les règles particulières. Nous devons voir à propos de chaque espèce de mot *son rôle* et *sa place* dans la proposition. Nous trouvons ici le substantif *su-*

jet, *attribut* et *complément* dans l'*apposition* dont la grammaire donne les règles. A mesure que l'esprit des élèves se forme aux exercices grammaticaux, les explications qui précèdent le questionnaire deviendront nécessairement plus courtes.

Grammaire : Paragraphes 512-520.

QUESTIONNAIRE.

1. Donnez des exemples du *substantif* employé comme *sujet* ?
2. Montrez le *substantif* employé comme *attribut* ?
3. Comment le *substantif attribut* s'accorde-t-il avec le *substantif sujet* ?
4. Cet *accord* doit-il toujours avoir lieu ?
5. Cherchez dans la dictée une phrase où le substantif *sujet* est au *masculin pluriel*, et où le *substantif attribut* est au *féminin singulier*.
6. Comment explique-t-on ce *désaccord* ?
7. Quand le *sujet* se compose de *plusieurs substantifs au singulier*, quelle règle générale suit l'*attribut* ?
8. Quand deux *substantifs sujets* sont *l'un au masculin, l'autre au féminin*, à quel genre se met le *substantif attribut* qui possède les deux *genres* ?
9. Donnez-nous un exemple de *substantif* n'ayant que le genre *masculin* et servant d'*attribut* à des *substantifs féminins* ?
10. Qu'entend-on par *apposition* ?
11. Le *substantif* servant d'*apposition* s'accorde-t-il toujours en *nombre* et en *genre* avec le *substantif* auquel il sert de *complément* ?
12. Donnez des exemples d'*apposition* où il n'y a d'*accord* entre ces *substantifs* ni pour le *genre* ni pour le *nombre* ?
13. Faites-nous trois phrases où une apposition servira de complément 1° à *un substantif sujet*; 2° *à un substantif attribut*; 3° *à un substantif complément* ?

MOTS A EXPLIQUER.

Le Tage — réédifié — Philippe V — Louis XIV — bataille sanglante — Joseph Bonaparte — acharnement — caractère fortement trempé — sépulture des rois — bizarre — gril — Saint Laurent — Flamands — expédition militaire — couvents — morceaux d'un grand prix.

NOM CONSIDÉRÉ COMME COMPLÉMENT.

57ᵉ Dictée. — L'AGE MUR.

But de la dictée.

Le nom est considéré ici comme *complément*. Il sera facile aux élèves de déterminer de quels mots les différents *substantifs* employés dans la dictée peuvent dépendre, s'ils sont compléments d'un autre *nom*, d'un *adjectif*, d'un *verbe*, d'une *préposition*, s'ils sont *compléments directs* ou *indirects*.

Grammaire : Paragraphes 520-526.

QUESTIONNAIRE.

1. Qu'est-ce qu'un *complément* ?
2. Le nom peut-il être *complément d'un autre nom* ?
3. Prenez dans la première phrase de la dictée un *nom complément* d'un *autre nom*.
4. Quel est le mot qui sert à lier le *nom complément* au *substantif complété* ?
5. Expliquez-nous comment la *préposition* rattache le *nom complément* au *nom complété* dans cette phrase : Le *corps* dont le *développement* est complet.
6. Trouvez là une *préposition*.
7. Indiquez-nous un *substantif complément* d'une *préposition*.
8. A quel nombre doit-on mettre le *nom rattaché* par *de* au nom qui précède ?
9. Donnez-nous des exemples du *substantif complément* de *l'adjectif*.
10. Montrez-nous le substantif employé comme *complément direct*, et comme *complément indirect des verbes* ?
11. Dites le rôle de tous les *substantifs* qui se trouvent dans la phrase : *il s'agit alors*, etc.

MOTS A EXPLIQUER.

L'imagination s'est calmée — expérience de la vie — sensible aux plaisirs — devoirs sociaux — période — la bonne voie — vertus domestiques — l'avenir — dévouement réfléchi — en retour de — l'usage des facultés — les plus chers intérêts — ferme appui — devoirs compensés — pleine jouissance de l'intelligence — conscience de la valeur — sécurité.

SYNTAXE DE L'ARTICLE.

58ᵉ Dictée. — LA PIÉTÉ.

But de la dictée.

L'emploi de l'*article* devant les *substantifs* et devant les mots employés *substantivement*, devant les *noms communs* et les *noms propres*, devant les *adjectifs* qui précèdent les *noms* est l'objet de cette dictée. On y voit quand il faut le répéter, et quand on peut l'omettre. Son rôle dans la proposition où il accompagne le *sujet*, l'*attribut*, le *complément* est facile à déterminer.

Grammaire : Paragraphes 526-538.

QUESTIONNAIRE.

1. Quels sont les mots devant lesquels se place *l'article* ?
2. Quel est le service que rend *l'article* par rapport au *genre* des substantifs ?
3. Dans quel cas *l'article* peut-il s'employer devant *l'infinitif* ?
4. De quel *genre* est *l'article* employé devant *l'infinitif* ?
5. Y a-t-il des expressions qui unissent *deux substantifs* sans que *l'article* soit employé *deux fois* ?
6. Quand *plusieurs adjectifs* sont placés devant un *substantif*, doit-on mettre *l'article* devant *chacun* de ces *adjectifs* ?
7. Trouvez des exemples d'*un seul article* ou de *plusieurs articles* dans le cas dont on vient de parler.
8. Pourquoi ne met-on pas d'*article* dans cette phrase : *Noblesse oblige* ?
9. Quel est le *genre* de *l'article* devant *l'adjectif* employé *substantivement* ?
10. Donnez-en des exemples.
11. Quel est l'effet de la *suppression de l'article* quand on énumère plusieurs substantifs ?
12. Dites-nous si les *noms propres* peuvent être précédés de *l'article* ?
13. Dans quels cas les *noms propres d'hommes* peuvent-ils être précédés de *l'article* ?
14. Quel rôle joue *l'article* devant les *noms propres de pays* ?
15. Montrez-nous *l'article* précédant un substantif employé comme *sujet*, un substantif employé comme *attribut*, enfin un substantif employé comme *complément*.

16. Que veut-on exprimer quand on dit que *l'article* est employé dans un sens *partitif*?
17. Prenez dans la dictée des exemples de cet emploi?

MOTS A EXPLIQUER.

Pratiques — habiter le fond du cœur — la foi — l'espérance — piété sincère — Fénelon — éloquent — élévation d'esprit — dévouement à l'État — évêque — Vincent de Paul — Pascal — Racine — Bossuet — illustre — fervents — le Tasse — Michel-Ange — le Titien — sentiment désintéressé — honorer l'humanité.

SYNTAXE DE L'ADJECTIF.

59ᵉ Dictée. — JOUR ET NUIT.

But de la dictée.

La syntaxe des *adjectifs* commence par l'étude des adjectifs *qualificatifs* qui sont plus nombreux, mais qui présentent moins de difficultés que les adjectifs *déterminatifs*. Aussi a-t-on pu dans une seule dictée toucher les points principaux de la syntaxe des *qualificatifs*, et donner des exemples sur les règles *d'accord*, de *position*, et sur *le rôle du qualificatif* dans la proposition.
Grammaire : Paragraphes 538-561.

QUESTIONNAIRE.

1. Quelle est la règle générale de l'accord de *l'adjectif* avec le *substantif*?
2. Qu'arrive-t-il quand *deux* ou *plusieurs substantifs* sont qualifiés par *un même adjectif*?
3. S'il y a une énumération de *substantifs*, l'*adjectif* peut-il s'accorder seulement avec le dernier?
4. Quand des *substantifs* de *différent genre* sont qualifiés par *un* seul *adjectif*, à quel *genre* se met l'*adjectif*?
5. A quel *genre* met-on l'*adjectif* qui qualifie le pronom indéfini *on*?
6. L'*adjectif* employé *adverbialement* prend-il quelque accord?
7. Cherchez dans la dictée un *adjectif* employé *adverbialement*.
8. Comment s'écrit l'*adjectif demi* dans les places différentes qu'il occupe eu égard au *substantif*?

ADJECTIF DÉTERMINATIF.

9. Quelle est la règle des *adjectifs* indiquant la *couleur*?
10. Donnez la règle des *adjectifs nu, nue, feu, feue*.
11. Cherchez des exemples à opposer aux exemples de la dictée sur les mots *nu* et *demi*.
12. Pourquoi l'adjectif *endormi* est-il au féminin après *avoir l'air* dans la dictée?
13. Quelle est la place de l'*adjectif* dans la phrase relativement au *subjonctif*?
14. Quelle influence la *place* de l'*adjectif* exerce-t-elle dans certains cas?
15. Quelle différence y a-t-il entre les deux expressions *certaines heures* et *heures certaines*; entre l'*honnête homme* et l'*homme honnête*?
16. Quand l'*adjectif* peut-il être déterminé par l'*article*?
17. Quel est le rôle de l'*adjectif* dans la *proposition*?
18. Donnez dans la dictée l'exemple d'*adjectifs* pris comme *attributs*.
19. Cherchez un exemple d'*adjectif* servant d'*attribut* à un *infinitif*.
20. Montrez l'*adjectif* qualifiant le pronom *il* pris dans un sens *impersonnel*.

MOTS À EXPLIQUER.

Le globe terrestre — alternatives régulières — pourvoir à — intense — voûte du ciel — œil nu — activité — poindre — combinaison — méconnaître les lois de la nature — se conformer — les desseins du Créateur.

ADJECTIF DÉTERMINATIF.

60ᵉ **Dictée**. — LA SOCIÉTÉ.

But de la dictée.

Les *adjectifs déterminatifs* seront successivement étudiés. Ils obéissent d'abord aux règles générales de l'*adjectif*, et présentent ensuite dans leur emploi certaines particularités. Cette dictée est consacrée aux *adjectifs possessifs*.

Grammaire : Paragraphes 561-569.

QUESTIONNAIRE.

1. Que suppose l'emploi de l'adjectif possessif *notre* de la part de celui qui parle?

2. Doit-on supposer de même que l'on n'emploie *votre* que quand on parle à plusieurs personnes?

3. Dans quel cas emploie-t-on le pronom *en* à la place de *son, sa, ses*?

4. Dans quel cas l'emploi de *son, sa, ses* mis au lieu de *en* est-il obligatoire?

5. Les adjectifs *possessifs* peuvent-ils être remplacés par l'article?

6. Donnez-en des exemples.

7. Quand le sujet *possesseur* est au pluriel, peut-on mettre au singulier l'objet *possédé* et l'adjectif *possessif* qui détermine cet objet?

8. Dans quel cas l'objet *possédé* et l'adjectif *possessif* se mettent-ils au pluriel?

9. Citez dans la dictée l'exemple qui se rapporte à cette règle.

10. Le mot *leur* est-il toujours adjectif *possessif*?

11. Dites ce qu'il peut être encore.

12. L'adjectif *possessif* se répète-t-il devant chaque substantif?

13. Quand l'adjectif *possessif* se rapporte à un substantif qualifié par plusieurs adjectifs, peut-on ne l'exprimer qu'une fois?

14. Montrez le rôle que jouent les adjectifs *possessifs* à titre de *sujet*, d'*attribut* ou de *complément* dans la proposition?

MOTS A EXPLIQUER.

Condition du travail — tribut — goût — aptitude — réciprocité — fonder.

ADJECTIFS DÉMONSTRATIFS.

61° Dictée. — L'ITALIE, ROME.

But de la dictée.

Cette dictée est consacrée aux adjectifs *démonstratifs*. On devra bien établir la différence qu'il y a entre l'*adjectif démonstratif* et le *pronom démonstratif*, ce qui n'empêchera pas de revenir sur cette distinction quand on s'occupera du pronom. Une des fautes les plus fréquentes chez les écoliers est d'écrire *se* au lieu de *ce* et réciproquement. Il faudra prémunir les élèves contre cette faute. Il n'y a pas de difficultés dans l'emploi des adjectifs *démonstratifs*, si ce n'est devant *h* aspiré. La dictée a pour objet aussi les *adjectifs cardinaux* et les adjectifs *ordinaux*. C'est une nouvelle occasion de les bien distinguer entre eux. *Un, vingt, cent, mille* sont ceux sur lesquels doit le plus s'arrêter l'attention.

Grammaire : Paragraphes 569-585.

ADJECTIFS DÉMONSTRATIFS.

QUESTIONNAIRE.

1. Le mot *ce* est-il toujours *adjectif*?
2. De quel mot est-il le plus souvent suivi quand il est *pronom*?
3. Met-on également *ce* devant tous les substantifs masculins?
4. Quand on énumère plusieurs substantifs, peut-on n'exprimer qu'une seule fois l'adjectif démonstratif?
5. Qu'est-ce que le mot *se* écrit par un *s* quand on le compare au mot *ce* écrit par un *c*?
6. Quelle différence y a-t-il entre les adjectifs *cardinaux* et les adjectifs *ordinaux*?
7. Connaissez-vous quelque expression où l'adjectif *cardinal* remplace l'adjectif *ordinal*?
8. Quels sont les adjectifs *cardinaux* qui prennent la marque du pluriel?
9. Prenez dans la dictée un exemple de *vingt* et *cent* prenant la marque du pluriel?
10. Dites dans quel cas ils doivent rester au singulier.
11. Les adjectifs cardinaux peuvent-ils devenir de véritables substantifs?
12. Quelle est la nature des mots *huit* et *neuf* quand je dis : mettez *un huit* à la place d'*un neuf*?
13. *Cent* et *mille* sont-ils des adjectifs ou des substantifs dans cette phrase : Vous m'en enverrez *un cent*, puis ensuite *un mille*?
14. Et dans cette phrase : Les Anglais ne comptent pas par lieues ni par kilomètres, mais par *milles*?
15. Peut-on écrire *mille* au lieu de *mil* quand on indique une date?
16. Citez un exemple pris dans la dictée.

MOTS A EXPLIQUER.

Rempart — limpide — torrent — azuré — volcan — parler aux yeux — par excellence — les beaux-arts — ancêtres — ville éternelle — l'univers — le monde chrétien — basilique — saint Pierre — pontificat.

ADJECTIFS NUMÉRAUX.

62ᵉ **Dictée.** — LA PAPAUTÉ.

But de la dictée.

Continuation des adjectifs cardinaux et ordinaux.
Grammaire : Paragraphes 573-585.

QUESTIONNAIRE.

1. Quelle est la règle d'accord pour les adjectifs *ordinaux*?
2. Donnez-en des exemples?
3. Quelle est la nature des mots *double, triple, quadruple*?
4. Sont-ils toujours *adjectifs*?
5. De quel mot sont-ils précédés quand ils deviennent *substantifs*?
6. Dans quel cas emploie-t-on la préposition *de* et le pronom relatif *en* avec les adjectifs *cardinaux*?
7. Citez un exemple pris dans la dictée.
8. Quel est l'adjectif *cardinal* qui peut recevoir la marque du genre *féminin*?
9. Quel nom prennent souvent les adjectifs *cardinaux*?
10. Quel est le rôle des adjectifs *cardinaux* dans la proposition?

MOTS A EXPLIQUER.

Apôtres — pape — crucifié — Néron — l'Eglise — martyr — dignitaire — cardinal — assembler en conseil — Savoisien — Portugais — temporel — décider librement — auguste.

ADJECTIFS INDÉFINIS.

63ᵉ Dictée. — L'ÉLÉPHANT.

But de la dictée.

L'emploi des adjectifs *indéfinis* est l'objet de cette dictée, où les mots *aucun, autre, l'un et l'autre, chaque, même, nul, plusieurs, quel, quelconque, quelques*, paraissent dans différentes acceptions. Il y a lieu de remarquer le double caractère de ces mots tantôt *adjectifs*, tantôt *pronoms*. Les exercices indiqués par le questionnaire feront ressortir ces distinctions.

Grammaire : Paragraphes 585-604.

QUESTIONNAIRE.

1. Quel est le sens du mot *indéfini* qui caractérise certains adjectifs *déterminatifs*?
2. Quelle est la condition indispensable pour que ces *adjectifs* ne deviennent pas pronoms?
3. Prenez un exemple dans la dictée, et faites devenir *pronom* un de ces *adjectifs indéfinis* qui sont cités.
4. Dans quel cas *aucun* peut-il s'employer au pluriel?

ADJECTIFS INDÉFINIS.

5. Quelle est la place d'*aucun* ?
6. Le mot *autre* peut-il être *qualificatif*?
7. Donnez un exemple de *autre, adjectif indéfini,* et de *autre, adjectif qualificatif* ?
8. Quelle est la place du mot *certain* quand il est *adjectif indéfini* ?
9. Quelle est sa place quand il est adjectif *qualificatif*?
10. Le mot *chaque* peut-il être autre chose qu'*adjectif indéfini*?
11. Peut-il varier en genre et en nombre?
12. En quoi diffère-t-il du mot *chacun* ?
13. Quel est le sens du mot *même* quand il est *adjectif* ?
14. Comment s'emploie-t-il avec le *pronom* ?
15. Quel est le sens du mot *nul* adjectif *indéfini* ?
16. Peut-il être adjectif *qualificatif*?
17. Donnez-en un exemple pris dans la dictée.
18. Quand le mot *plusieurs* est-il pronom?
19. Prend-il la marque de genre?
20. Le mot *quel* peut-il être autre chose qu'*adjectif*?
21. Dites comment il varie pour le genre et le nombre?
22. Montrez-le suivi de *que* et s'accordant avec le substantif qu'il détermine.
23. Quel emploi fait-on de *lequel* adjectif?
24. Le mot *quelconque* varie-t-il au féminin ?
25. Quelle différence y a-t-il entre le mot *quelconque* et le mot *quiconque* ?
26. Comment emploie-t-on *quelque* quand il signifie *un certain, une certaine* ?
27. Comment l'emploie-t-on quand il signifie *un certain nombre de* ?
28. Quand *quelque* signifie *malgré tout, malgré toute*, avec quoi le fait-on accorder ?
29. Si un adjectif suit immédiatement *quelque* et le sépare du substantif déterminé par *quelque*, doit-on conserver l'accord de *quelque* avec le substantif?
30. Montrez-en des exemples dans la dictée.
31. Cherchez dans la dictée un exemple de *quelque* employé comme adverbe, et montrez qu'il a alors le sens de *quoique*.

MOTS A EXPLIQUER.

La plupart — proportions — bête curieuse — les pompes — Inde — Macédoine — tour — trait — armes à feu — projectile — poudre — boulet — canon — pointé — avoir raison de — bête de somme — état sauvage — état domestique — vindicatif — grief — docile — Siamois — civilisation — superstitions.

ADJECTIFS INDÉFINIS (Suite).

64ᵉ Dictée. — LA VIGNE.

But de la dictée.

C'est la suite des adjectifs indéfinis ; les mots *tout*, *un*, *tel*, y sont étudiés dans les variétés de leurs formes. On remarque qu'ils peuvent être, comme la plupart des mots de la dictée précédente, employés comme adjectifs *indéfinis*, adjectifs *qualificatifs* ou *pronoms* et même quelquefois comme *substantifs*. Leur syntaxe et leur rôle dans la proposition n'offrent pas de difficultés sérieuses.
Grammaire : Paragraphes 604-619.

QUESTIONNAIRE.

1. Quelle est la condition nécessaire pour que le mot *tout* soit un adjectif *indéfini* ?
2. Dans quel sens est-il employé quand on dit : *toutes* les denrées, *tous* les peuples ?
3. Dans quel sens est-il employé quand on dit *toute* l'année ?
4. Est-il *adjectif* ou *pronom* dans cette phrase : *tout* m'est égal ?
5. Quel est le sens de *tout* dans cette phrase de la dictée : *tout* sol n'est pas propre à cette culture ?
6. Quel est le sens général du mot *tel* ?
7. Est-il *qualificatif* ou *indéfini* quand on dit : il est *tel* qu'il doit être ?
8. Quelle est sa nature quand il est suivi de *qui* ?
10. Donnez un exemple pris dans la dictée ?
11. Avec quel mot s'accorde le mot *tel*, quand il est adjectif indéfini ?
12. Donnez un exemple des mots *tout* et *tel* employés *substantivement* ?
13. Quelle différence y a-t-il entre le mot *un* adjectif numéral et le mot *un* adjectif indéfini ?
14. Peut-il être dans les deux cas suivi d'un substantif ?
15. Donnez-en des exemples.
16. Le mot *un* peut-il se mettre au pluriel ?
17. Est-il *adjectif* ou *pronom* quand il se met au pluriel ?
18. Mettez au pluriel cette phrase : c'est *un* enfant charmant.
19. Comment ferez-vous pour exprimer le pluriel en mettant l'adjectif *charmant* avant le substantif *enfant* ?
20. Quel est le rôle du mot *un* dans cette phrase : ce domaine est *un* et ne saurait se diviser ?

PRONOMS PERSONNELS.

21. Montrez les adjectifs *indéfinis* employés comme compléments du sujet et de l'attribut.

MOTS A EXPLIQUER.

Denrée — le tout — superflu — le centre — le Midi — Bourgogne — Gascogne — Champagne — impôts — départements — méthode — opération — compromettre — pratique.

PRONOMS PERSONNELS.

65ᵉ **Dictée.** — LA JUSTICE.

But de la dictée.

Etude des pronoms *personnels*. Ces *pronoms*, qui sont d'un usage constant dans le discours, doivent être étudiés avec soin. Il sera bon de répéter ici les notions sur les différentes *personnes*. Remarquez l'emploi du *genre* et du *nombre*, la place du pronom, son rôle dans la proposition où il est tour à tour sujet, complément, attribut. Remarquez aussi les différentes formes du même pronom et leurs différentes acceptions. Les *deux premières personnes* sont principalement étudiées dans la dictée.

Grammaire : Paragraphes 619-639.

QUESTIONNAIRE.

1. Trouvez les pronoms des *deux premières personnes du singulier* qui servent toujours de *sujet* au verbe.
2. Comment ces deux pronoms font-ils au *pluriel*?
3. Qu'entend-on par le mot *tutoyer*?
4. Quel pronom emploie-t-on à la *deuxième personne* du singulier quand on ne tutoie pas?
5. Cherchez dans la dictée des exemples de *tu* et de *vous* employés également pour le singulier?
6. Montrez *vous* réellement employé au pluriel?
7. Quelle différence y a-t-il entre *je* et *moi*, entre *tu* et *toi*?
8. *Moi* et *toi* peuvent-ils s'employer autrement que comme compléments?
9. *Je* et *tu* peuvent-ils être compléments?
10. Quel est le rôle de *nous* et de *vous*?
11. Sont-ils compléments, sont-ils sujets?
12. Dans quel cas *moi, toi, nous, vous* sont-ils compléments indirects sans l'emploi de la préposition?

13. Montrez-en des exemples.
14. Dans quel cas le pronom *personnel* suit-il le verbe dont il est sujet?
15. Donnez-en des exemples.
16. Quand *moi* ou *toi* est sujet avec un autre nom ou pronom, que devient le verbe dont *moi* ou *toi* est le sujet et quel nouveau pronom vient compléter le sujet?
17. Quel est le rôle de *me* et de *te* en les comparant d'abord à *je* et à *tu*, puis à *moi* et à *toi*?
18. Donnez des exemples de *me* et *te* employés comme compléments directs et comme compléments indirects?
19. Quelle est leur place?
20. Quand est-on obligé de répéter le pronom *nous* et le pronom *vous* sujet ou complément du verbe?
21. Dans quel cas *nous* reçoit-il un attribut au singulier?
22. Quelles sont les personnes qui emploient *nous* au singulier?

MOTS A EXPLIQUER.

Juste — héritage — droit — autrui — pénétrer — par violence — par fraude — famille — détruire la réputation — respecter la réputation — porter atteinte — maux qui dévorent.

PRONOMS DE LA TROISIÈME PERSONNE.

66ᵉ Dictée. — DE L'OR.

But de la dictée.

Nous trouvons ici les *pronoms* de la *troisième personne*. Nous remarquons qu'ils sont plus nombreux dans leurs formes que ceux des *deux premières personnes*, et qu'ils donnent non-seulement l'idée du *nombre*, mais aussi celle du *genre*. Ils sont aussi d'un emploi plus difficile et donnent lieu à des règles plus nombreuses. *Il* est pris impersonnellement; *il, elle, eux, elles, le, la, les*, représentent non-seulement des personnes, mais aussi des objets inanimés; ce qui les fait intervenir bien plus souvent dans le langage.

Grammaire : Paragraphes 639-656.

QUESTIONNAIRE.

1. Quel est le pronom *masculin singulier* de la *troisième personne*?

PRONOMS DE LA TROISIÈME PERSONNE.

2. *Il* peut-il représenter également les *personnes* et les *choses*?
3. Que représente-t-il dans ces phrases : *il* faut, *il* est certain?
4. *Il* est-il sujet ou complément du verbe?
5. Quand peut-il se placer après le verbe?
6. Quel est le féminin de *il*?
7. Comment forme-t-on le pluriel de *il*, de *elle*?
8. Qu'est-ce que le mot *lui*?
9. Peut-il faire partie du sujet d'une phrase?
10. Est-il employé comme complément direct?
11. Comme complément indirect?
12. Comment *lui* fait-il au pluriel?
13. *Lui* représente-t-il toujours un *nom masculin*?
14. Faites une phrase dans laquelle *lui* sera complément indirect représentant un *nom féminin*.
15. Montrez-nous *lui*, *elle*, *eux*, compléments des *prépositions*.
16. Quel est le féminin de *eux*?
17. Quel est l'emploi de *leur*, pronom personnel?
18. Peut-il être complément direct?
19. Montrez la différence qu'il y a entre *leur*, *adjectif possessif*, *leur*, *pronom possessif*, et *leur*, *pronom personnel*.
20. *Leur*, *pronom personnel*, représente-t-il le *masculin* ou le *féminin*?
21. Dites à quel pronom personnel correspondent *le*, *la*, *les*?
22. Quel rôle jouent-ils dans la proposition?
23. Ne peuvent-ils jamais être placés après le verbe dont ils sont les compléments?
24. Quel est le genre du nom représenté par *les*?
25. Dites le rôle des deux pronoms dans cette phrase de la dictée : refusez *la lui*.
26. Quel est le rôle de *lui*, *elle*, *eux* dans cette phrase : c'est *lui*, ce n'est pas *elle*, ce sont bien *eux*?
27. Quel est leur rôle dans cette autre phrase : il sait bien *lui* à quoi s'en tenir, mais *elle* ne le sait pas *elle*?

MOTS A EXPLIQUER.

Monnaie — félicité — cupide — imprudent — ici-bas — la fortune — de jour en jour — Californie — Australie — Océanie — émigration — population — convertir en — dorure — ciselure — fonte — acheter l'estime — envier à.

PRONOMS DE LA TROISIÈME PERSONNE.

67ᵉ Dictée. — L'HIVER.

But de la dictée.

Les pronoms de la *troisième personne* n'ont pu être épuisés dans la dictée précédente. On trouve dans celle-ci particulièrement les règles sur l'emploi de *le, la, se, soi, en, y* dont l'usage est fréquent et donne lieu à des remarques importantes. *Le, la, les*, représentant un *adjectif* ou *un nom* attribut ont toujours été assez difficiles à employer. Il faut bien se rendre compte de ce que dit la grammaire au paragraphe 659. Pour qu'on puisse donner au pronom *le, la, les* le genre du substantif qui précède, il est nécessaire que ce *substantif* soit précédé de l'article et ne tienne pas lieu de qualificatif. Autrement il serait considéré comme *adjectif* et on ne pourrait le représenter qu'en employant *le* sans distinction de *genre* ni de *nombre*. Ainsi on dira : Etes-vous *la* reine? — Oui, je *la* suis. — Etes-vous *reine*? — Oui, je *le* suis. On comprend la différence de ces deux sens. Il en serait de même si l'article précédant un adjectif lui donnait la valeur d'un substantif. Etes-vous *la petite*? — Je *la* suis. — Etes-vous petite? — Je *le* suis.

Grammaire : Paragraphes 656-666.

QUESTIONNAIRE.

1. Donnez-nous des exemples de *le* employé pour *cela* et de *le* tenant la place d'un verbe à l'infinitif.
2. Comment répondra-t-on à cette question : Etes-vous souvent *la première* de votre classe?
3. Et à cette autre question : êtes-vous souvent *première* dans votre classe?
4. Quel est le pronom de la troisième personne que l'on appelle pronom réfléchi?
5. Quelles sont ses différentes formes?
6. Quelle différence y a-t-il entre *se* et *soi*?
7. *Se* peut-il servir de complément direct et de complément indirect?
8. Donnez des exemples de ces deux emplois.
9. Quelle est la place ordinaire du pronom *se* par rapport au verbe?

PRONOMS POSSESSIFS ET DÉMONSTRATIFS.

10. Quand le pronom *soi* peut-il être complément direct?
11. Donnez-en des exemples.
12. Quel est le pronom *réfléchi* que l'on emploie comme complément des *prépositions*?
13. Montrez-nous les mots *en* et *y* tenant la place d'un pronom de la *troisième personne*.
14. *En* et *y* peuvent-ils remplacer un pronom représentant une personne?

MOTS A EXPLIQUER.

Épuiser la terre — éléments — principe de fécondité — courir la campagne — Laponie — Suède — Russie — les rigueurs de l'hiver — amateur de — patinage — veillées.

PRONOMS POSSESSIFS ET DÉMONSTRATIFS.

68ᵉ Dictée. — LA VIEILLESSE.

But de la dictée.

Elle roule sur les *pronoms possessifs*. On peut revenir à cette occasion sur la différence qu'il y a entre les *pronoms possessifs* et les *adjectifs possessifs*, faire remarquer que adjectifs ou pronoms, ces déterminatifs sont tirés des pronoms personnels; que *moi* a formé *mon*, le mien; *toi*, *ton*, le tien; *soi*, *son*, le sien, etc. L'emploi de *mien*, *tien*, *sien*, etc. comme pronom ou comme substantif est bien régulier. La seconde partie s'occupe du pronom démonstratif *ce*. On fera quelques exercices pour montrer qu'il sert à composer les autres, on verra qu'il a toujours un sens indéterminé correspondant à *cela*.

Grammaire : Paragraphes 666-676.

QUESTIONNAIRE.

1. Quel est le mot qui sert à distinguer le *pronom possessif* de l'*adjectif possessif*?
2. Quel est le signe qui établit la différence entre *notre*, *votre*, *adjectifs possessifs*, et les *pronoms possessifs* correspondants?
3. Quel est le féminin de *mien*, *tien*, *sien*?
4. Quel est celui de *nôtre*, *vôtre*?
5. Quel est le sens du mot *sien* quand il est employé comme *substantif* au singulier?

6. Quel est son sens employé comme *substantif* au *pluriel?*
7. Montrez-nous les mots *mien, tien,* employés comme *adjectifs.*
8. Comment s'écrit *leur* au *féminin?*
9. Quels sont les *pronoms démonstratifs* formés de *ce?*
10. Qu'est-ce que les mots *ici* et *là* qui servent à former certains pronoms démonstratifs?
11. Quel est le rôle de *ce,* quel est le rôle de *lui* dans *c'est lui?*
12. Comment expliquez-vous le verbe au pluriel dans cette phrase : *ce sont eux?*
13. Quel est le sujet dans *ce sont eux,* et *c'est eux?*
14. Quel est l'attribut?
15. Quel est le rôle de *ce qui* dans cette phrase : il m'a dit *ce qui* le chagrine?
16. Quand *ce qui* est à la tête d'une phrase comme *sujet* de la *proposition,* qu'arrive-t-il dans la proposition suivante?

MOTS A EXPLIQUER.

Destinée — lucidité — sur la fin de — sénat.

PRONOMS DÉMONSTRATIFS (suite).

69ᵉ Dictée. — LA BALEINE.

But de la dictée.

Fin des *pronoms démonstratifs.* Ces pronoms sont d'un usage si fréquent qu'il n'est pas nécessaire de s'y arrêter longtemps. Ils offrent peu de difficultés réelles.

Grammaire : Paragraphes 677-690.

QUESTIONNAIRE.

1. Quels sont les mots qui suivent d'ordinaire les pronoms *celui, celle, ceux, celles?*
2. Comment appelle-t-on ces *pronoms* par rapport au pronom conjonctif *qui, que?*
3. Quelle est la différence qu'il y a entre *celle-ci* et *celle-là, ceux-ci, ceux-là?*
4. Quelle est la forme abrégée de *cela* que l'on emploie familièrement?
5. Quel est le rôle de *celui-là* suivi de *qui?*

PRONOMS RELATIFS.

MOTS A EXPLIQUER.

A côté de — mœurs féroces — requin — carnivore — embarcation — explorer.

PRONOMS RELATIFS.

70ᵉ Dictée. — LA SUISSE.

But de la dictée.

Les pronoms que l'on appelle *relatifs* ou *conjonctifs* sont étudiés dans cette dictée. Il importe de faire ressortir le double caractère de *relation* et de *conjonction* qui leur est particulier. On établira la *relation* d'abord en précisant ce que c'est que *l'antécédent* du *relatif*, et la *conjonction* sera démontrée par ce fait, que le pronom *conjonctif* sert de lien entre une proposition à laquelle appartient *l'antécédent*, et une autre proposition qui dépend de la première. Il faut bien remarquer le rôle que joue le *conjonctif* devenu *sujet* par rapport au verbe dont il est le sujet et sur lequel il transporte pour ainsi dire la personne qu'il représente. Une des fautes que l'on fait le plus souvent, c'est de considérer *qui* comme représentant alors la troisième personne, tandis qu'il peut représenter la première ou la deuxième personne, tant au singulier qu'au pluriel. Quand le pronom relatif est complément, il n'offre pas de difficultés dans son emploi.

Grammaire : Paragraphes 690-699.

QUESTIONNAIRE.

1. Quels sont les mots qui servent d'*antécédent* au *relatif*?
2. Prenez une des phrases de la dictée et montrez que le pronom *relatif* sert de *lien* entre deux propositions.
3. Montrez-nous qu'il y a deux propositions, quand même l'antécédent est sous-entendu.
4. Prenez pour le faire voir la phrase : « *qui* veut savoir doit apprendre » et montrez-en les deux propositions.
5. *Qui* peut-il représenter les *trois* personnes du *singulier* et du *pluriel*?
6. Prend-il par lui-même la marque du pluriel?
7. Montrez-nous le verbe dont *qui* est sujet dans cette phrase : c'est *nous qui* sommes trompés.

8. Pourquoi le verbe est-il à la première personne du pluriel ?
9. Mettez *toi* au lieu de *nous* et exprimez le verbe.
10. Dans quel cas se sert-on du pronom *lequel, laquelle*, en quoi diffère-t-il essentiellement du pronom *qui* ?
11. De quoi le mot *dont* tient-il la place ?
12. Qu'y a-t-il à remarquer dans l'emploi de *dont, de qui, duquel* ?
13. Montrez comment ils peuvent être en même temps *compléments* de l'*antécédent* et du *substantif* qui *suit*.
14. Quel est le rôle de *que* pronom relatif ?
15. Peut-il représenter les deux genres et les deux nombres ?
16. Montrez-le par des exemples.
17. Quel peut être l'antécédent du mot *quoi* ?
18. De quelle espèce de mot est-il *complément* quand il est complément *indirect* ?
19. Donnez-nous des exemples du mot *où* employé à la place du pronom *relatif* précédé d'une préposition ?

MOTS A EXPLIQUER.

Suisse — Ain — Jura — Doubs — Haut-Rhin — géographie — touriste — agreste — majestueux — Alpes — glaciers — lacs — Guillaume Tell — libérateur — république — helvétique — canton — protestants — catholiques — l'unité — gorges des montagnes — compter sur — garantir la liberté — Genève — Léman — le Rhône.

PRONOMS INTERROGATIFS.

71ᵉ Dictée. — LA PAUVRETÉ ET LA RICHESSE.

But de la dictée.

Les pronoms *interrogatifs* qui ne sont autre chose que les pronoms *relatifs* ou *conjonctifs* employés avec interrogation sont l'objet de cette dictée. On remarquera dans ces pronoms ce triple caractère. Ainsi quand je dis : *qui* a parlé, *qui* tient lieu de (*quel est celui qui*) a parlé ? — *Que* dites-vous ? *Que* tient lieu de (*quelle est la chose que*) vous dites ? *Qui* et *que* sont relatifs puisqu'ils ont pour antécédents *celui* et *la chose*. Ils sont *conjonctifs* en ce qu'ils relient la proposition dont ils font partie à une proposition précédente sous-entendue. Si je dis : *qui* vous chagrine ? la réponse peut aussi bien être *rien* que *personne*, et *qui* pronom interro-

PRONOMS INDÉFINIS.

gatif peut être également pour *quelle est la personne qui?* ou *quelle est la chose qui?*.

Grammaire : Paragraphes 699-707.

QUESTIONNAIRE.

1. Quel est l'antécédent de *qui*, quand il est sujet dans la phrase interrogative ?
2. *Qui* interrogatif peut-il représenter un *complément direct* ?
3. Quel est son rôle dans cette phrase : *qui* blâmez-vous ?
4. *Qui* interrogatif peut-il être précédé d'une préposition ?
5. Quel est alors son rôle dans la phrase ?
6. *Qui interrogatif* précédé d'une préposition représente-t-il *une personne* ou une *chose* ?
7. Quel est l'emploi du pronom *relatif lequel* ?
8. Peut-il être *sujet* ou *complément* ?
9. Donnez des exemples de son emploi comme *complément*.
10. Quelle est l'idée qui accompagne l'emploi de *lequel* ?
11. Montrez-nous que le pronom *interrogatif que* peut servir de sujet ou de complément.
12. Quel est le pronom *interrogatif* qui remplace *que*, quand on veut le faire précéder d'une préposition ?
13. Que représente *quoi interrogatif* précédé d'une préposition ?
14. Est-il alors *sujet* ou *complément* ?
15. *Quoi* suivi de la préposition *de* peut-il être sujet ?
16. Donnez-en un exemple ?
17. Quel est le rôle de *qui, lequel, quoi*, etc., quand ils sont immédiatement suivis d'un point d'interrogation ?
18. Montrez-les ainsi employés dans la dernière partie de la dictée ?

MOTS A EXPLIQUER.

Considérable — tirer vanité de — transmettre à — condition — accabler — vivre au jour le jour — l'abondance — inconstance de la fortune — outrager — ternir la réputation — entreprise — bonne conscience.

PRONOMS INDÉFINIS.

72ᵉ Dictée. — LE SOLDAT.

But de la dictée.

Quelques-uns des pronoms *indéfinis* sont employés dans cette dictée. Remarquons d'abord que certains de ces mots comme l'*un*, *l'autre*, etc., ne sont *pronoms* qu'à condition de n'être accompagnés d'aucun *substantif*. L'usage de ces pronoms est tellement fréquent qu'il importe de les étudier avec soin. Remarquons surtout l'emploi de l'*un*, l'*autre*, de *chacun*, puis de *leur* et de *on*.

Grammaire : Paragraphes 707-721.

QUESTIONNAIRE.

1. Décomposez les mots l'*un*, l'*autre*, *d'autres*.
2. Qu'entendez-vous par l'action *réciproque* que peuvent exercer l'*un*, l'*autre* ?
3. Trouvez-en un exemple dans la dictée.
4. Montrez-nous l'*un*, l'*autre* employés séparément et opposés entre eux.
5. Quels sont les différents rôles de l'*un*, l'*autre* dans la propoition ?
6. Faites-les voir successivement *sujets* ou *compléments*.
7. Quel est le sens de *l'un et l'autre* ?
8. Quel est le sens de *l'un ou l'autre* ?
9. S'ils sont employés comme *sujets*, le verbe se met-il *au singulier* ou *au pluriel* ?
10. Donnez-en l'explication.
11. Quel est l'usage que l'on fait du mot *autrui* ?
12. Quel est le sens propre de ce mot ?
13. S'emploie-t-il comme *sujet* ou comme *complément direct* ?
14. De quelle espèce de mot est-il ordinairement précédé ?
15. Peut-il représenter le *genre*, le *nombre* ?
16. Quel est le sens du mot *chacun* ?
17. Dans quel cas peut-il prendre la terminaison du *féminin* ?
18. Peut-il recevoir la marque du *pluriel* ?
19. Montrez-nous *chacun* employé comme apposition à un *nom* ou à un *pronom* au pluriel.
20. Dans quel cas *chacun* employé comme apposition est-il suivi de *son*, dans quel cas est-il suivi de *leur* ?
21. Quel est le caractère du pronom *on* ?
22. Peut-il désigner autre chose que des personnes ?
23. Quelle est la modification qu'il subit après certains mots, comme *si*, *où*, etc. ?
24. Peut-il servir de *sujet* à plusieurs verbes sans être répété ?
25. De quoi doit-il être accompagné quand il est suivi de *pas* ou de *point* ?
26. L'attribut de *on* peut-il prendre le genre féminin ?
27. Donnez-en des exemples.

MOTS A EXPLIQUER.

Avoir un mauvais numéro — dépité — forfanterie — désigné

PRONOMS INDÉFINIS.

— chance — langage — maintenir l'ordre — se jalouser — guerre ouverte — soutenir son droit — bravoure — bonne volonté — sang-froid — avoir derrière soi — affronter.

PRONOMS INDÉFINIS (suite).

73ᵉ Dictée. — LE CAFÉ ET LE THÉ.

But de la dictée.

C'est la suite des *pronoms indéfinis*, *personne*, *rien*, *plusieurs*, *quelqu'un*, *quelques-uns*, *quiconque*, *rien*, *tel*, *un tel*. Les remarques à faire sont les mêmes que précédemment.

Grammaire : Paragraphes 721-731.

QUESTIONNAIRE.

1. Quels sont les différents sens du mot *personne* ?
2. Est-il toujours accompagné d'une *négation* ?
3. De quoi tient-il la place, quand il sert de réponse à une proposition précédente ?
4. Montrez-nous dans la dictée *personne* employé sans *négation*.
5. Quand *plusieurs* est suivi d'un substantif, à quelle espèce de mot appartient-il ?
6. Peut-on rapprocher pour le sens les mots *plusieurs* et *quelques-uns* ?
7. Se disent-ils également des *personnes* et des *choses* ?
8. Que signifie le mot *quelqu'un* employé sans désignation de *genre* ni de *nombre* ?
9. Quand peut-on dire que *quelqu'un*, *quelqu'une*, *quelques-uns*, *quelques-unes* ont un sens *partitif* ?
10. Expliquez bien la signification du mot *partitif*, donnez dans la dictée un exemple de cet emploi.
11. Quel est le sens du mot *quiconque* ?
12. Qu'a-t-il de remarquable dans son rôle de *sujet* ?
13. Quelle différence y a-t-il entre *quiconque* et *quelconque* ?
14. En quoi le mot *rien* peut-il se comparer avec le mot *personne* ?
15. Quelle différence y a-t-il entre les termes qu'ils représentent ?
16. Montrez *rien* employé avec ou sans *négation* ?
17. *Personne* et *rien* peuvent-ils être suivis de la préposition *de* ?

18. Quel est le sens du mot *tel*, adjectif?
19. Quel est le sens du mot *tel*, pronom indéfini?
20. Peut-on donner à ce dernier la marque du *genre* et du *nombre* suivant le substantif qu'il représente?
21. Peut-on employer *tel*, pronom indéfini, sans le faire suivre du pronom relatif?
22. Quel est le sens des mots *un tel, une telle*?
23. Quelle différence trouvez-vous entre les mots *un tel* dans ces deux phrases : *un tel* est venu ; et : Jamais on a vu *un tel* courage?

MOTS A EXPLIQUER.

Alimentation — consommation générale — pâtre — brouter — arome — le cerveau — circulation du sang — pesant d'esprit — originaire — la Chine — grands mangeurs — absorber — digérer — exception.

ACCORD DU VERBE AVEC SON SUJET.

74ᵉ Dictée. — LOUIS XIV.

But de la dictée.

Nous entrons dans la syntaxe du verbe, et cette dictée offre les différents cas de l'*accord du verbe* avec *son sujet*. Le sujet peut être *simple* ou *composé*. Il peut dans ce dernier cas rester au *singulier* suivant que l'esprit est frappé de l'*idée d'unité* ou de l'idée de *pluralité*. Cette différence est assez délicate à établir, et elle demande de l'intelligence et de l'attention. L'emploi des conjonctions *et*, *ou*, de *ainsi que*, de *l'un et l'autre*, *l'un ou l'autre*, des *noms collectifs* et des *infinitifs* présente les principales difficultés.

Grammaire : Paragraphes 531-543.

QUESTIONNAIRE.

1. Quelle est la règle *générale* de l'*accord* du *verbe* avec son *sujet*?
2. Le *verbe* doit-il être au *singulier* ou au *pluriel*, quand il a *plusieurs sujets* au singulier?
3. Quelle condition est nécessaire pour que le *verbe* s'accorde avec son dernier *sujet* au singulier dans une *énumération*?
4. Quand les *pronoms sujets* du verbe sont de *différentes* personnes, avec quelle *personne* s'accorde le verbe?

5. Dans quel cas *deux sujets* unis par *ou* permettent-ils de laisser le verbe au *singulier*?

6. Quand exigent-ils le verbe au *pluriel*?

7. L'*accord* du verbe se fait-il avec *tout* et *rien* ou avec les sujets *énumérés* avant ces deux expressions collectives?

8. Quand deux substantifs au singulier sont reliés par *ainsi que*, *de même que*, le verbe s'accorde-t-il avec le premier substantif seulement?

9. Quel est l'accord du verbe quand il a pour sujet *l'un et l'autre*, *l'un ou l'autre*, *ni l'un ni l'autre*?

10. Doit-on mettre le verbe au singulier ou au pluriel quand il a pour sujet un *nom collectif*?

11. Quand *plusieurs infinitifs* sont *sujets* du verbe, celui-ci se met-il au *singulier* ou au *pluriel*?

12. Que faudrait-il pour que le verbe, dans ce cas, pût conserver le *singulier*?

MOTS A EXPLIQUER.

Souverains — prépondérance — gloire militaire — l'éclat des lettres — recommander — l'empire sur soi-même — sacrifier à l'amour de la gloire — fleurir — signaler à l'attention — le clergé — la noblesse — représentants — bourgeoisie — homme de guerre — courtisan — troupe des flatteurs — l'opinion publique qui s'égare — obstacles — le commun des mortels.

PLACE DU SUJET. — COMPLÉMENT.

75ᵉ Dictée. — LA TURQUIE D'EUROPE.

But de la dictée.

On voit ici la *place* que doit occuper le *verbe* par rapport à son *sujet*, et comment le verbe régit un *complément*, soit *direct*, soit *indirect*. Les différentes occasions où le sujet se place après le verbe sont déterminées par l'usage. Il suffit de les constater dans les auteurs et de se conformer à la coutume. Quant à l'action du verbe sur le complément *direct* ou *indirect*, cette action a été déjà expliquée aux paragraphes 189-194, 239, 286. On y revient naturellement à propos de la syntaxe du verbe.

Grammaire : Paragraphes 743-754.

QUESTIONNAIRE.

1. Quelle est la *place ordinaire* du *sujet* dans la proposition ?
2. Dans les phrases interrogatives quelle est la place du *sujet pronom* ?
3. Quand on cite les paroles de quelqu'un, où se place le *sujet*, soit *nom*, soit *pronom* ?
4. Donnez-en des exemples.
5. Quelles sont les circonstances où le *sujet* se place encore *après* le verbe ?
6. Donnez un exemple du verbe précédant le *sujet* quand on exprime un vœu ?
7. Trouvez dans la dictée un exemple du *sujet* suivant le verbe après l'emploi du mot *ainsi* ?
8. Cherchez une phrase où le *complément du sujet* oblige par sa *longueur* à placer le *sujet après* le verbe ?
9. Qu'est-ce que le *complément direct* d'un verbe ?
10. Qu'est-ce que son *complément indirect* ?
11. Quels sont les mots qui servent de *compléments au verbe* ?
12. Quelle est la *place* naturelle du *complément direct* du verbe ?
13. Quand plusieurs verbes se suivent, quelle est la condition nécessaire pour qu'ils n'aient qu'un seul *complément* ?
14. Si l'un de ces verbes exige un complément *direct*, l'autre un complément *indirect*, que faut-il faire ?
15. Quels sont les *pronoms* qui se placent entre le *sujet* et le *verbe* ?
16. Donnez un exemple de ces pronoms servant de complément *direct* et de *complément indirect* et précédant le verbe.

MOTS A EXPLIQUER.

La Turquie d'Europe — Constantinople — seconde capitale — se maintenir — la politique — être empêché de — se perpétuer — mosquée — reconquérir — Moldavie — Valachie — l'Epire.

76ᵉ Dictée. — LES SERPENTS ET LA VIPÈRE.

But de la dictée.

Nous voyons ici que les verbes à l'*infinitif* servent de *compléments* de la même façon que peuvent le faire le substantif et le pronom. Quand on dit : je veux *partir*, l'infinitif *partir* répond bien à la question *quoi* que l'on fait d'ordinaire pour trouver le

ACCORD DU VERBE AVEC SON SUJET.

complément direct. Quand on dit : il songe *à s'en aller*, l'infinitif *à s'en aller* répond bien à la question *à quoi*, que l'on fait pour trouver le complément *indirect* du verbe *songer*. La syntaxe n'offre ici aucune difficulté; la seule règle est de connaître l'usage de ces compléments et de s'y conformer en faisant de l'infinitif un complément *direct*, ou en le faisant précéder de la préposition qu'il réclame pour devenir complément *indirect*.

Grammaire : Paragraphes 754-761.

QUESTIONNAIRE.

1. Quelle est l'espèce de mot qui relie à un *verbe* un autre verbe à l'*infinitif*, à titre de complément *indirect* ?
2. Citez les *prépositions* qui peuvent remplir cet office ?
3. Quand l'*infinitif* qui suit le verbe n'est précédé d'aucune préposition, quelle est la nature du *complément* ?
4. Donnez-en des exemples.
5. En combien de catégories peut-on diviser les verbes qui ont un *infinitif* pour *complément* ?
6. Citez quelques verbes qui sont suivis de l'*infinitif* sans préposition ?
7. Ces verbes sont-ils tous des verbes *actifs* ?
8. Montrez-nous des verbes *neutres*, des verbes *pronominaux* suivis de l'infinitif sans préposition ?
9. Quelle différence y a-t-il entre le rapport que marquent généralement les prépositions *à* et *de* avant l'*infinitif* précédé d'un verbe ?
10. Marquez la différence de ce rapport en prenant pour exemple *chercher à* et *empêcher de*. Expliquez quelques-unes des nuances qui existent dans le sens des verbes qui sont suivis tantôt de la préposition *à*, et tantôt de la préposition *de*.

MOTS A EXPLIQUER.

Ramper — infliger — tenter — objet d'horreur — venimeux — recéler — taillis — être en méfiance — cautériser — l'ammoniaque — médication — centime.

PROPOSITION SERVANT DE COMPLÉMENT AU VERBE.

77ᵉ **Dictée.** — LE FOIN.

But de la dictée.

C'est encore du *complément* du verbe qu'il s'agit dans cette dictée, mais du complément exprimé par une *proposition*, et relié au verbe qui précède par une *conjonction*, et particulièrement par la conjonction *que*. On sait que nous donnons à ce genre de *proposition* le nom de proposition *dépendante*. Il s'agit de savoir quel est le *mode* auquel doit se mettre le verbe de la proposition *dépendante* qui sert de *complément* à un verbe. Trois modes sont en usage dans ce cas, ce sont l'*indicatif*, le *subjonctif*, le *conditionnel*. La grammaire détermine les circonstances où l'usage commande l'emploi de ces modes.

Grammaire : Paragraphes 761-766.

QUESTIONNAIRE.

1. Dans quel cas doit-on mettre à l'*indicatif* le verbe de la proposition *dépendante* servant de *complément* au verbe qui précède ?

2. Donnez plusieurs exemples de l'emploi de l'*indicatif* ?

3. Quand la conjonction *que* est précédée d'un verbe exprimant une *volonté*, un *désir*, à quel *mode* se met le verbe de la proposition dépendante ?

4. Après les verbes qui expriment *permission* ou *défense*, le verbe de la proposition *dépendante* se met-il à l'*indicatif* ou au *subjonctif* ?

5. Quelle différence y a-t-il entre ces deux phrases : je ne dis pas qu'il *est* malade, ou je ne pense pas qu'il *soit* malade ?

6. Pourquoi met-on le verbe *être* à l'*indicatif* dans l'une et au *subjonctif* dans l'autre ?

7. A quel *mode* met-on le verbe de la proposition *dépendante* après les verbes qui expriment la *nécessité*, la *convenance* ?

8. Donnez-en des exemples pris dans la dictée.

9. Après les verbes qui expriment la *crainte*, le verbe de la proposition *dépendante* se met-il à l'*indicatif* ou au *subjonctif* ?

10. Quelle différence y a-t-il entre ces deux phrases : affirmez-vous qu'il *est* parti, et pensez-vous qu'il *soit* parti ?

11. Pourquoi met-on le *subjonctif* dans la dernière et l'*indicatif* dans la première ?

12. Quand met-on le verbe de la proposition *dépendante* au *conditionnel* ?

MOTS A EXPLIQUER.

Foin — ruminants — pâturages — pré — mauvaise herbe — au préjudice — rigoles — soulager les endroits trop humides — amendes — parquer — bétail — besogne — grandes exploitations.

TEMPS DU VERBE DE LA PROPOSITION DÉPENDANTE.

78ᵉ Dictée. — LA VERTU.
But de la dictée.

Après avoir parlé du *mode* qui affecte le verbe de la proposition *dépendante* relié par *que* au verbe de la proposition *principale*, on a dû chercher à quel *temps* se met d'ordinaire le verbe qui suit la conjonction *que*. La règle générale est d'établir un rapport entre les temps des deux verbes; le *passé* dans le premier verbe appelle naturellement le passé dans le second. Cependant cette règle n'est pas d'un usage absolu. Si l'opinion exprimée indique une vérité *constante*, ou un fait *vrai* dans le moment présent, le second verbe peut très-bien être au *présent*. Il peut être au *futur* quand le premier verbe est au *présent*. Enfin si le lien qui unit les deux verbes est un autre mot que la conjonction *que*, le *temps* du second verbe peut ainsi varier suivant le sens et les circonstances. Le second verbe peut même alors être supprimé, comme on le voit dans les exemples du paragraphe 770.

Grammaire : Paragraphes 766-771.

QUESTIONNAIRE.

1. Dans quel cas le verbe de la proposition *principale* précédé de la conjonction *que* doit-il être au *présent* ?
2. Si le verbe de la proposition principale est au *passé*, le second verbe doit-il toujours être au passé ?
3. Donnez des exemples où le second verbe reste au *présent* quand le premier est au *passé*.
4. Donnez des exemples où le second verbe est au *futur*.
5. Indiquez quelques-uns des mots qui servent de lien entre la proposition principale et la proposition *dépendante*.
6. Montrez qu'après ces mots on peut mettre le second verbe au *présent*, au *passé*, au *futur*.
7. Faites voir que certaines *conjonctions* et certains *pronoms conjonctifs* peuvent remplacer une *proposition* tout entière servant de *complément direct* à la proposition *principale*.
8. A quel *temps* se trouve alors le verbe de la proposition non exprimée ?

MOTS A EXPLIQUER.

Être de ce monde — ce que l'on entend par — la pratique du bien — les événements — ravir — être sur la terre — projets d'avenir — attester — trouble de l'âme — être dupe

EMPLOI DES TEMPS ET DES MODES.

79ᵉ Dictée. — LES OISEAUX.

But de la dictée.

Les *temps* et les *modes* ont leur valeur déterminée, et s'emploient le plus souvent conformément aux définitions qui en ont été données. Cependant l'usage que l'on fait d'eux dans certains cas, paraît s'éloigner de la règle générale et doit être remarqué. Ainsi le temps *présent* offre à l'esprit tantôt le sens du *passé*, tantôt celui du *futur*. Parmi les modes, on constate aussi que le *conditionnel* peut s'employer, sans qu'on exprime aucune idée de condition; que l'*impératif* au lieu de *commander* pour le moment présent indique souvent aussi une chose qui *devra* ou qui *aurait dû* se faire. Cette dictée présente un assez grand nombre d'exemples où il sera utile de saisir et de déterminer les nuances exprimées par les *temps* et les *modes*.

Grammaire : Paragraphes 771-780.

QUESTIONNAIRE.

1. Le *présent* indique-t-il toujours qu'une action se fait au moment où l'on parle?
2. Donnez-nous des exemples du *présent* exprimant un fait qui a lieu *habituellement*?
3. Quand peut-on employer le *présent* à la place du *futur*?
4. Donnez-en un exemple pris dans la dictée.
5. Emploie-t-on toujours le *passé* dans le récit d'un événement, quoique tous les faits appartiennent au temps *passé*?
6. Pourquoi peut-on alors mettre le *présent* à la place du *passé*?
7. Quel est le sens particulier que l'on peut donner au *futur antérieur*?
8. Trouvez-en un exemple dans la dictée.
9. Comment peut-on employer le *conditionnel* sans exprimer de *condition*?
10. Quel est le sens qu'il peut alors exprimer?
11. Quand on emploie l'*impératif*, indique-t-on toujours que l'action se doit faire *immédiatement*?
12. Quel est le *temps* que l'on emploie souvent à la place de l'*impératif*?

PARTICIPE.

13. Montrez que le *subjonctif* exprime souvent une idée de *futur*.

14. Déterminez les caractères particuliers du *mode infinitif*, et expliquez pourquoi ce *mode* est souvent appelé *mode impersonnel*.

MOTS A EXPLIQUER.

Être attaché au sol — fendre l'air — les espaces — inaccessibles — domaine — frêle — en apparence — peu commun — résider — membres antérieurs — poumons — respirer — chanteurs du printemps — dénicheurs — école buissonnière — couple joyeux — la couvée — cri perçant — meurtrir — manquer — escapade — risée — maraudeurs.

PARTICIPE.

80ᵉ Dictée. — LA DISTRIBUTION DES PRIX.

But de la dictée.

Nous arrivons à la syntaxe du *participe*, qui est considérée comme la partie la plus difficile de la grammaire. Il ne s'agit encore dans cette dictée que de bien établir la différence qui existe entre le *participe présent* et l'*adjectif verbal*, et de montrer l'emploi du *participe passé*. Il est utile de faire remarquer la force *active* du *participe présent* et la valeur *passive* du *participe passé*. On devra constater aussi que l'*adjectif verbal* est tellement en usage comme adjectif ordinaire, que certains de ces *adjectifs* ont perdu leur orthographe primitive, et n'ont pas conservé l'*a* qui est dans la terminaison du *participe présent*.

Grammaire : Paragraphes 780-786.

QUESTIONNAIRE.

1. Qu'est-ce que le *participe* ?
2. Combien y a-t-il d'espèces de *participes* ?
3. Pourquoi dit-on que le *participe présent* a une forme *active*, et le *participe passé* une forme *passive* ?
4. Donnez des exemples qui fassent ressortir cette différence.
5. Le *participe présent* peut-il perdre la force *active* qui est son caractère propre ?

6. Que devient-il alors?
7. L'*adjectif verbal* marque-t-il un *état* ou une *action*?
8. L'*adjectif verbal* peut-il avoir un *complément direct*?
9. Peut-il avoir un *complément indirect*?
10. Pourquoi et en quelle qualité peut-il avoir un *complément indirect*?
11. Quelle est la règle d'*accord* appliquée aux *adjectifs verbaux*?
12. Donnez-nous quelques exemples d'*adjectifs verbaux* pris dans la dictée.
13. Faites une phrase où vous introduirez le même mot à titre de *participe présent* d'abord, puis d'*adjectif verbal*.
14. Donnez quelques exemples de *participes passés*.
15. Expliquez-nous le rôle de l'*adjectif verbal* dans l'expression argent *comptant*.
16. Citez-nous quelques *adjectifs* qui devant leur origine à des *participes présents*, ont perdu leur orthographe primitive.
17. Distinguez les *participes présents* et les *adjectifs verbaux* employés dans la dictée.
18. Montrez-nous quelques *participes passés* employés comme *adjectifs*.

MOTS A EXPLIQUER.

Succès légitimes — triomphe — niaiseries — se soucier de — la palme — cuisant — rayonner — couverts d'applaudissements — argent comptant — actes — estrade.

PARTICIPE PASSÉ.

81ᵉ **Dictée**. — LE CORPS HUMAIN.

But de la dictée.

Nous allons étudier dans quelques dictées les différentes situations du *participe passé* dans la phrase. On peut dire tout d'abord qu'il n'existe que deux règles principales auxquelles on peut toujours ramener tous les cas particuliers. 1° Le *participe passé employé sans auxiliaire* ou avec l'*auxiliaire être* s'accorde comme un *adjectif*. 2° Le *participe passé* employé *avec l'auxiliaire avoir* s'accorde avec son *complément* quand il en est précédé et reste invariable quand il en est suivi ou quand il en est absolument privé. Mais il n'est pas toujours facile de distinguer le rôle de ce *complément*. C'est pour cela qu'il a été nécessaire de préciser tous

PARTICIPE PASSÉ.

les emplois du *participe* et d'établir un assez grand nombre de règles particulières.

Grammaire : Paragraphes 786-794.

QUESTIONNAIRE.

1. Quel est le rôle du *participe passé* employé *sans auxiliaire* ?
2. Quel est le rôle du *participe passé* employé *avec* l'auxiliaire *être* ?
3. Quand le *participe passé* est employé *sans auxiliaire*, la règle peut-elle varier ?
4. Dites la différence du rôle que joue le *participe excepté* dans ces deux phrases : Nous étions tous présents, *excepté* ma mère, ou nous étions tous présents, ma mère *exceptée*.
5. Quelle doit être la place du *complément direct* du *participe passé* employé avec l'auxiliaire *avoir* pour que l'on puisse faire accorder ce *participe* avec le *complément* ?
6. Donnez des exemples du *participe passé* employé avec *avoir* sans *complément direct*.
7. Quelle est la nature du mot *que* dans ces deux phrases : je dis *que* j'ai rendu des services ; il parle des services *que* j'ai rendus.
8. Quels sont les autres mots qui d'ordinaire représentent encore le *complément direct* du *participe passé* employé avec *avoir* ?
9. Si le *participe passé* employé avec *avoir* est précédé de *que*, mais suivi d'un *infinitif*, que faut-il considérer ?
10. Qu'arrive-t-il si l'*infinitif* est le véritable *complément direct* du verbe qui précède ?
11. Dans ce cas quel rôle jouera le pronom *que* ?
12. De quoi sera-t-il *complément direct* ?
13. Quand le pronom *que* est *complément direct* du verbe qui précède l'*infinitif*, par quel mot peut-on raisonnablement remplacer l'*infinitif* sans changer le sens de la phrase ?
14. Montrez-nous l'application de toutes ces règles dans les exemples qu'offre la dictée.

MOTS A EXPLIQUER.

Exercer l'empire — structure — organes — force musculaire — masses — l'ensemble — la proportion — aisance — précision — se perpétuer — domination du monde.

82ᵉ Dictée. — L'AFRIQUE ET SES EXPLORATEURS.

But de la dictée.

C'est la suite du *participe passé.* Le principe du *complément direct* exerce toujours la même influence. Il se présente seulement des circonstances où ce *complément,* dans une même construction de phrase, peut être *avant* ou *après* le *participe,* suivant le sens que l'intention donne à la pensée. Cette appréciation fait souvent la seule difficulté du *participe passé* dans la pratique. Les *participes dû, pu, voulu* suivis d'un *infinitif,* le participe entre deux *que,* le participe précédé de *l',* le participe précédé de *le peu,* de *en,* de *combien,* le *participe* des verbes neutres *valoir, coûter, courir* sont étudiés particulièrement dans cette leçon. Le verbe *peser* pouvant être *actif* ou *neutre,* son participe peut être variable ou invariable.

Grammaire : Paragraphes 794-803.

QUESTIONNAIRE.

1. Quel est le *complément direct* du participe *voulu* dans la première phrase de la dictée?
2. Quelle est la nature des deux *que* dans les phrases où le *participe passé* est placé entre deux *que*?
3. Quel est le rôle du second *que* entre les deux propositions?
4. Dites dans quel cas *l'* précédant un *participe passé* accompagné du verbe *avoir,* ne permet pas de faire accorder le *participe* avec le *substantif* dont il est précédé?
5. Que faut-il que *l'* représente pour que le *participe* s'accorde avec le *substantif* qui précède?
6. Quelle différence l'expression *le peu* peut-elle présenter dans le sens?
7. Quelle est l'influence de *le peu* précédant le *participe* et signifiant le *manque absolu*?
8. Avec quoi s'accorde le *participe passé* accompagné d'*avoir* quand il est précédé de *le peu* signifiant *une certaine quantité de*?
9. Pourquoi le *participe* passé précédé de *en* ne s'accorde-t-il jamais avec le *substantif* auquel *en* se rapporte?
10. Quel est le sens du mot *en* dans ces phrases?
11. N'est-il pas *partitif*?
12. Expliquez le sens de ce mot.
13. Quand *combien* est suivi d'un substantif au pluriel, avec

quoi s'accorde le *participe passé* accompagné du verbe *avoir* et précédé de *combien* ?

14. Comment est-on amené alors à faire accorder le *participe* avec le *substantif* ?

15. Remplacez dans ces phrases le mot *combien* par une tournure équivalente.

16. Pourquoi les *participes passés* des verbes *neutres* conjugués avec *avoir* sont-ils invariables ?

17. Quand les verbes *neutres* ont un *complément direct*, peuvent-ils être considérés comme *neutres* ?

18. Montrez que les verbes *coûter, courir, valoir*, peuvent être employés *activement* et que leur participe peut prendre l'accord, suivant la règle générale du *participe passé* accompagné de l'auxiliaire *avoir*.

19. Expliquez la différence du *participe passé* dans ces deux phrases : les denrées que j'ai *pesées* : les cent livres que j'ai *pesé* quand j'étais plus jeune.

MOTS A EXPLIQUER.

Noé — Japhet — Sem — Cham — race — considérer comme — explorateurs — héros — les naturels — mettre à la disposition de — sympathie — peuplade — fièvre — pernicieux — la passion des voyages — rendre des honneurs — Egyptiens — Berbère — Maure — Abyssin — nègre — Sénégambie — Cafre — Hottentot — conformation.

83ᵉ Dictée. — L'AFRIQUE.

But de la dictée.

Les *participes passés* des verbes *pronominaux* et des verbes *impersonnels* sont l'objet de règles spéciales, quoique toutes ces règles puissent être ramenées au principe général ; car dans tous les cas de l'emploi particulier du *participe passé*, c'est le rôle du *complément direct* qu'il faut étudier. Les verbes *pronominaux* ne présentent de difficultés qu'à cause de leur origine et de leur conjugaison qui se fait à l'aide de l'auxiliaire *être* ; ce qui ne les empêche pas d'avoir un *complément direct* dans les *pronominaux essentiels* et dans les *pronominaux accidentels* formés d'un verbe *actif*. Les *pronominaux accidentels* formés d'un verbe *neutre* n'ayant pas de régime *direct*, leur participe ne saurait jamais prendre l'accord. Il faut donc s'attacher à bien reconnaître le rôle du *second pronom* employé dans les verbes pronominaux.

DICTÉES NOUVELLES.

Dans les verbes *impersonnels*, le *participe passé* ne prend jamais d'accord.

Grammaire : Paragraphe 803.

QUESTIONNAIRE.

1. Expliquez les différentes sortes de verbes *pronominaux*.
2. Montrez que le verbe *pronominal essentiel* prend le second pronom comme *complément direct* et s'accorde avec lui.
3. Quel est le seul verbe *pronominal essentiel* qui fasse une exception à cette règle ?
4. Quel est le régime direct du verbe *s'arroger* ?
5. Pourquoi le *participe passé* s'accorde-t-il avec le *substantif* dans cette phrase : Les injures qu'ils se sont *dites* ?
6. Pourquoi le *participe passé* est-il *invariable* dans cette phrase : Ils se sont *dit* des injures ?
7. Quel est le rôle du pronom *se* dans ces deux phrases ?
8. Dites pourquoi le *participe passé* est invariable dans cette phrase : ils se sont *plu* à me nuire ?
9. Expliquez le rôle du *participe passé* et du *second pronom* dans cette phrase : Tous les maux qu'ils se sont *attirés* pour leur conduite.
10. Quelle est la règle du *participe passé* employé dans les verbes *impersonnels* ?
11. Avec quel mot peut-on croire que le participe s'accorde ?

SUITE.

Se donner rendez-vous — eu égard à — Algérie — Grecs — pointe méridionale — le cap — un comptoir — guerre acharnée — les gouvernements — efficacité — la traite — Etats-Unis — institution — vote solennel — une plaie — le Christ — proclamer.

FIN DU PARTICIPE. — PRÉPOSITION.

84ᵉ Dictée. — LES POISSONS.

But de la dictée.

Après avoir fait quelques phrases pour montrer l'emploi du *participe absolu*, nous donnons dans la suite de la dictée des exemples de l'usage que l'on fait de certaines *prépositions*. La

PARTICIPE PASSÉ. 115

syntaxe des *prépositions* ne peut présenter que deux points de vue à étudier. D'abord les nuances qui peuvent exister entre certaines *prépositions* dont le sens est rapproché, et les rapports des *prépositions* avec leur *régime*. L'usage joue un grand rôle dans les règles que l'on peut établir.

Grammaire : Paragraphes 810-828.

QUESTIONNAIRE.

1. Qu'entend-on par l'expression *participe absolu* ?
2. Par quelle tournure peut-on remplacer l'emploi du *participe absolu* ?
3. Donnez un exemple du *participe présent* employé d'une manière *absolue*.
4. Donnez un exemple du *participe passé* employé de la même manière.
5. Quels sont les mots qui servent le plus ordinairement de *régime* aux *prépositions* ?
6. Donnez des exemples d'*infinitifs* servant de *régime* aux *prépositions*.
7. Qu'appelle-t-on *préposition composée* ?
8. Citez quelques *prépositions simples* et quelques *prépositions composées*.
9. Quand une préposition a plusieurs *régimes*, peut-on n'exprimer qu'une fois cette *préposition* ?
10. Dans quel cas peut-on ne donner qu'*un régime* à *plusieurs prépositions* ?
11. Y a-t-il une différence entre les prépositions *avant* et *devant* ?
12. Expliquez la manière dont se compose la préposition *avant que de* ?
13. Par quoi la remplace-t-on ?
14. Quelle est la différence qui existe entre *auprès de* et *près de* ?
15. Que remarque-t-on dans l'emploi de la préposition *durant* ?
16. *En* et *dans* peuvent-ils également être suivis de *l'* ?
17. Dites le sens de *près de* comparé à *prêt à*.
18. Quel est le régime de *à travers* ?
19. Quel est l'emploi de *au travers* ?
20. Dans quel sens peut-on employer convenablement la préposition *vis-à-vis de* ?
21. Peut-on l'employer dans le sens de *envers*, à l'*égard de* ?

MOTS A EXPLIQUER.

Le besoin — la navigation — poursuivre une étude — la sardine — la série — extension — riverain — exclusif — parler pour ou contre — Ichthyophages — subsistance — procédés incomplets — mer polaire — Esquimaux — le domaine de la science — brouillards intenses — contemporains — John Franklin — pôle arctique — équipages — traces — célébrité.

ADVERBE.

85ᵉ Dictée. — LA POMME DE TERRE.

But de la dictée.

L'*adverbe*, qui est l'objet de cette leçon, ne présente point de difficultés dans son emploi. Il doit occuper dans la proposition, où il joue toujours le rôle de *complément*, une place qui permette de le rapporter sans confusion au mot qu'il modifie. Aussi en est-il rapproché le plus possible. Quelques *adverbes* ont entre eux certains rapports de signification ; d'autres présentent des nuances qui les distinguent ; enfin il en est qui sont devenus *adverbes* après avoir été adjectifs, tels que *même, tout, quelque*. La syntaxe de ces derniers est plus délicate. L'adverbe *même* est le seul de cette nature que l'on trouve dans la présente dictée.

Grammaire : Paragraphes 828-840.

QUESTIONNAIRE.

1. Quelle est la place ordinaire de l'*adverbe* dans une proposition ?
2. Peut-il toujours être placé auprès du mot qu'il *modifie* ?
3. Les *adverbes* peuvent-ils avoir des *régimes* ?
4. Que deviennent-ils alors ?
5. Y a-t-il quelque différence entre les mots *si* et *aussi, tant* et *autant* ?
6. Peut-on employer les mots *si* et *tant*, à la place de *aussi, autant*, dans les phrases affirmatives ?
7. Avec quelle espèce de mot s'emploie *aussi* ?
8. Avec quelle espèce de mot s'emploie *autant* ?
9. Quand emploie-t-on *de beaucoup* préférablement à *beaucoup* ?
10. Dans quel cas *même* est-il *adverbe*, et par conséquent invariable ?
11. Trouvez dans la dictée des exemples de *même* employé comme *adverbe*.
12. Cherchez hors de la dictée des exemples de *même* employé comme *adjectif*.

13. Quels sont les mots qui peuvent suivre l'adverbe *plus*, qu'il désigne la *comparaison* ou la *quantité* ?

14. L'adverbe *davantage* peut-il admettre après lui la *conjonction que* ou la *préposition de* ?

15. Montrez l'emploi légitime qu'on peut faire du mot *davantage*.

16. Quelle différence y a-t-il entre les formes *plus qu'à* demi, *plus qu'à* moitié, *plus d'à* demi, *plus d'à* moitié ?

17. Quel est le sens de *plus tôt* écrit en deux mots, de *plutôt* écrit en un seul mot ?

MOTS A EXPLIQUER.

Justement — plante modeste — auxiliaire — environ — importation — prodigieux — nouveau monde — Parmentier — propagation — tubercule — terrain ingrat — se multiplier — principe nourrissant — fécule — alcool — la chimie — convertir — espèces hâtives — sol fort — semence — légumes.

86ᵉ Dictée. — L'AUTOMNE.

But de la dictée.

Nous trouverons dans cette dictée les mots *quelque* et *tout* employés comme *adverbes* et par conséquent *invariables*. Il est à remarquer que ces deux mots employés ainsi ont toujours un sens d'opposition qui correspond à *quoique* suivi d'un verbe. Le cas le plus difficile c'est celui où *quelque* est suivi d'un *adjectif* qui est lui-même immédiatement suivi d'un *substantif*. Les grammairiens sont tombés d'accord pour reconnaître qu'il fallait alors considérer *quelque* comme qualifiant le *substantif*, ainsi qu'on le fait si *quelque* est suivi du *substantif* immédiatement. Il semble bien en effet quand on dit : Quelques richesses que vous ayez, ou bien *quelques grandes richesses* que vous ayez, la pensée soit la même, et que dans les deux phrases on ait le substantif dans l'esprit. Il y a cependant une petite nuance qui pourrait excuser l'emploi de *quelque* comme *adverbe* et par conséquent invariable, car si je dis *quelques* raisons que vous me donniez, ou *quelques* bonnes raisons que vous me donniez, on peut être tenté de croire que *quelque* modifie l'adjectif *bonnes*. Il est préférable cependant de s'en tenir à la règle qui semble ne faire qu'un seul mot de *l'adjectif* et du *substantif* dont il est suivi.

Grammaire : Paragraphes 840-849.

QUESTIONNAIRE.

1. Enumérez les circonstances où le **mot** *quelque* doit être adverbe et par conséquent invariable.
2. Quel est le sens de *quelque* suivi d'un nom de nombre ?
3. Quel est le sens du mot *tout* suivi d'un *adjectif* ?
4. Dans quel cas le mot *tout* prend-il la marque du féminin sans cesser d'être adverbe ?
5. Est-ce alors un accord véritable de *tout* avec le substantif ou le pronom ?
6. Expliquez le sens différent que peut présenter le mot *tout* devant l'*adjectif autre*.
7. Quand il a le sens de *quelconque* prend-il l'accord ?
8. Expliquez le sens du mot *tout* devant un substantif dans ces phrases : il est *tout* cœur, *tout* imagination.
9. Y a-t-il une différence entre *tout de suite*, et *de suite*, entre *tout à coup* et *tout d'un coup* ?
10. Pourriez-vous, à propos de *quelque* et de *tout*, rappeler les règles de *quelque* et de *tout* adjectifs ?
11. Citez des exemples de l'emploi de ces mots comme *adjectifs* et opposez-les à leur emploi comme *adverbes*.

MOTS A EXPLIQUER.

Aumône — s'exercer à — infirmités — quelque quatre-vingts ans — décharné — implorer — mendier — interdire — abri — pitié — l'indigent — baume — réflexion — le parfum de la charité — amertume — navré — retours soudains — désastre — — fortuné — indifférence.

87ᵉ Dictée. — ALGER, L'ALGÉRIE ET LES ARABES.

But de la dictée.

Après quelques exemples de l'emploi des mots *très*, *bien*, *voici*, *voilà*, *en*, *y*, considérés comme adverbes, nous arrivons à l'étude des *adverbes négatifs* ou *négations*. On remarque tout d'abord que *ne* et *non* s'emploient rarement seuls, qu'ils sont accompagnés la plupart du temps de certains *adverbes* ou d'*adjectifs* qui forment avec eux des locutions dont l'emploi présente quelques nuances délicates. Puis il y a lieu d'examiner comment se comportent les négations dans les phrases où il y a des propositions *dépendantes*. Certains verbes de la proposition *principale* appellent après eux la *négation* dans la proposition *dépendante*. D'autres fois, la *négation* exprimée dans la *proposition principale* dispense de l'exprimer dans la *proposition dépendante*. Enfin, il y a certaines *conjonctions* après lesquelles on mettait autrefois la négation, et on a cessé de le faire.

Grammaire : Paragraphes 849-872.

QUESTIONNAIRE.

1. Dans quel cas peut-on employer indistinctement les adverbes *très* et *bien* ?
2. Peut-on mettre *très* devant un *substantif* ?
3. D'où sont formés les mots *voici*, *voilà* ?
4. Ces deux mots semblent-ils avoir un régime ?
5. Montrez-nous *voici*, *voilà* ayant pour régime apparent un pronom personnel.
6. Quelle différence y a-t-il entre *voici* et *voilà* ?
7. Montrez que *en* et *y* remplacent souvent un *adverbe* de lieu.
8. Qu'est-ce que la *négation* ?
9. Citez les mots qui servent à former les principales *locutions négatives*.
10. Donnez des exemples de *ne* employé seul.
11. Admet-on quelque nuance entre *ne*, *ne pas*, *ne point* ?
12. Quelle est la place de *ne*, de *pas* et *point* par rapport au verbe ?
13. Quels sont les adverbes *affirmatifs* ?
14. Dans quels cas supprime-t-on *pas* et *point* après *ne* ?
15. Quand doit-on exprimer ou supprimer *ne* dans la proposition principale ?
16. Quels sont les verbes après lesquels *que* est suivi de *ne* ?
17. Quels sont les verbes après lesquels *ne* se trouve exprimé dans la proposition *principale* et dans la proposition *dépendante* ?
18. Quelles sont les conjonctions après lesquelles on place toujours la *négation ne* ?

MOTS A EXPLIQUER.

Alger — repaire — inquiéter — courses — le Dey — éventail — bloquer — débarquer — la vie sauve — ses États — ne pouvoir tenir — Abd-el-Kader — Bugeaud — colonisation — les dominations — Numides — violer la foi jurée — Allah — prophète — prêcher la guerre sainte — postes — enclin à — amour-propre — distinctions honorifiques — complot — tentative — Oran — Constantine — indigène.

CONJONCTION.

88ᵉ Dictée. — L'AMÉRIQUE, CHRISTOPHE COLOMB.

But de la dictée.

Nous commençons l'étude des *conjonctions*. Chez quelques-unes il y a ressemblance dans la signification ; chez d'autres, sens nombreux et variés du même mot. Les *conjonctions* qu'on rencontre dans cette dictée ne présentent guère de difficultés pour leur syntaxe. Il faut seulement bien s'appliquer à comprendre le sens des *conjonctions* qui peuvent varier dans leur signification. L'on y arrivera par l'usage de la langue, la lecture des auteurs et de fréquentes interrogations.

Grammaire : Paragraphes 872-886.

QUESTIONNAIRE.

1. Citez-nous quelques *conjonctions* qui diffèrent par la *forme* sans différer par le *sens*.
2. Indiquez le sens de *comme* dans la phrase « *comme il avait pour ainsi dire.* »
3. Indiquez une phrase où *comme* ait la signification de *ainsi que*, de *même que*?
4. Quel est le sens de *comme* dans la phrase : *comme il était déjà*?
5. Trouvez dans la dictée *comme* employé dans le sens de *en quelque sorte*.
6. Quel est le sens de « *crainte de*? »
7. Cette expression est-elle régulière ?
8. Comment doit-elle être remplacée ?
9. Quels sont les différents *modes* qui peuvent suivre *de crainte de*, *de crainte que* ?
10. Après une proposition commençant par *de même que*, quel est le mot qui doit être à la tête de la proposition qui suit, et qui sert de second terme à la comparaison ?
11. Donnez dans la dictée un exemple de cette construction ?
12. Quelle est la *conjonction* la plus usitée dans le langage ?
13. Doit-on toujours lier par *et* les mots d'une même espèce dans une énumération ?
14. Quel est l'effet produit par la suppression de cette *conjonction* ?

CONJONCTION.

15. Quelle différence existe-t-il entre la *conjonction* et et la conjonction *ni*?
16. Dans une proposition négative peut-on remplacer *ni* par *et*?
17. Quelle différence y a-t-il entre les deux expressions *parce que* et *par ce que*?

MOTS A EXPLIQUER.

Christophe Colomb — opinion unanime — inspiration divine — conjecture — continent — solliciter — Ferdinand le Catholique — Isabelle de Castille — protecteur — par grâce — intrépide — s'associer à — l'Atlantique — Amérigo Vespucci — Florentin — pilote — journal — prêter l'oreille à — disgrâce — Fernand Cortez — Pizarre — Almagro — le Mexique — le Pérou — le Chili — Alvarès Cabral — le Brésil — prendre possession pour — entrer dans une voie — traits du caractère — descendre de — énervant.

89° Dictée. — ÉTATS-UNIS, NEW-YORK.

But de la dictée.

Suite des conjonctions. *Pendant que*, *tandis que* se présentent avec quelques nuances. La conjonction principale *que* a des significations si nombreuses qu'il convient de s'y arrêter plus qu'à toute autre. Elle est une des ressources principales de notre langage. Mais il faut déjà bien connaître la langue pour saisir tous les usages et faire un emploi utile et opportun de cette conjonction. Dans certaines tournures *que* remplace d'autres mots et aide à la brièveté, à la rapidité de la phrase. C'est par l'analyse que l'on peut rétablir les termes dont *que* tient la place.

Grammaire : Paragraphes 886-900.

QUESTIONNAIRE.

1. Montrez-nous *tandis que* employé exactement dans le même sens que *pendant que*.
2. Montrez-nous-le employé dans le sens de *au contraire*.
3. Quel est le sens premier de la conjonction *que* et son emploi le plus ordinaire?
4. Montrez *que* jouant un rôle dans la composition d'une foule de *conjonctions*.
5. A quoi sert *que* précédé d'un *adverbe de quantité* ou de *comparaison*?

6. De quoi faut-il faire précéder *que* pour qu'il ait le sens de *seulement*?

7. Montrez-nous un exemple de *que* employé dans le sens de *sans que*.

8. Quel est le sens de *que* suivi du *subjonctif*?

9. Faites voir *que* tenant la place de *depuis que*.

10. Trouvez dans la dictée une phrase où *que* a le sens de *et néanmoins, et cependant*.

11. *Que* peut-il remplacer une *conjonction* précédemment exprimée?

12. Quel est le sens de *où que*?

13. Quel est le sens de *quoi que* en deux mots?

14. Quel est le *mode* du verbe qui suit *où que* et *quoi que*?

15. *Que* est-il toujours une conjonction dans notre langue?

16. Montrez-nous-le employé autrement que comme conjonction.

17. A quelle espèce de mot appartient-il alors?

18. *Que* est-il *conjonction* ou *pronom relatif* dans l'expression: *quoi que* vous fassiez?

19. Analysez ici l'expression *quoi que*.

20. Quel est le rôle de *que* dans l'expression équivalente: quelque chose *que* vous fassiez?

MOTS A EXPLIQUER.

Querelles intestines — le courant du siècle — mère-patrie — s'épuiser — alliances — l'Union — la Louisiane — Washington, New-York — siége du gouvernement — relations incessantes — génie inventif — anglo-américain — perfectionné — télégraphe électrique — communication directe — instantanée — la justice — le Havre.

90ᵉ Dictée. — LES VACANCES.

But de la dictée.

On y détermine les sens différents de quelques *conjonctions*, comme *quand, quoique, si*, et l'on établit les *modes* qu'il faut employer après chacune d'elles. Il est à propos de remarquer que si les *conjonctions* se divisent en deux grandes catégories, les unes demandant l'*indicatif*, les autres le *subjonctif*, ce n'est pas le caprice qui les a fait classer ainsi. On peut dire que les conjonctions après lesquelles on met l'*indicatif* sont généralement dans une proposition dont le sens est *affirmatif*, indiquant un rapport de *temps* ou de *cause*, une *comparaison*, une *condition*. Celles au contraire après lesquelles on met le *subjonctif*, font partie d'une proposition où l'on exprime un *but*, un *vœu*, une *crainte*, un *désir*, une *espérance*, une *restriction* ou une *opposition*. On se rend facilement compte de cette différence en examinant le sens des phrases où elles sont employées.

Grammaire : Paragraphes 900-909.

QUESTIONNAIRE.

1. Quels sont les sens de la conjonction *quand* ?
2. Quelle différence y a-t-il entre le *si* conditionnel et le *si* dubitatif ?
3. Donnez un exemple du double emploi de cette *conjonction* ?
4. *Quoique* est-il toujours suivi d'un verbe ?
5. Quel est le mode employé après *quoique* ?
6. Quel est le sens de *quoique, bien que, encore que* ?
7. Quel est le sens de *à moins que, pour peu que, loin que, sans que* ?
8. Quel est le sens de *afin que, pourvu que, pour que* ?
9. A quelle idée se rapportent les conjonctions : *aussitôt que, depuis que, dès que, durant que, lorsque, pendant que, quand, tandis que* ?
10. Quelle est la signification générale de : *attendu que, comme, parce que, puisque, vu que* ?
11. Quelles idées réveillent les conjonctions *ainsi que, aussi bien que, autant que, comme, de même que* ?
12. Dans quel sens *que* demande-t-il le verbe à l'*indicatif* ?
13. Dans quel sens *que* demande-t-il le verbe au *subjonctif* ?
14. Quels sont les différents modes que l'on peut mettre après *à condition que* ?

MOTS A EXPLIQUER.

L'oreille basse — vilain moment — remords — simple — s'imaginer — partie de campagne — manier — si tant est que.

CONSTRUCTION DE LA PHRASE.

91ᵉ Dictée. — NAPOLÉON 1ᵉʳ.

But de la dictée.

L'étude de la *construction de la phrase* est l'objet de cette dictée. On y rencontre des tournures assez variées pour favoriser cette étude. Les constructions *irrégulières* y sont représentées, à l'exception de la *syllepse* qui, en dehors de une ou de deux formes connues, se trouve rarement employée dans le discours. Le *pléonasme* même n'est pas fréquent. Restent l'*inversion*, l'*ellipse*, qui sont d'un usage presque journalier. Nous sommes du reste arrivés au terme où l'étude grammaticale prend l'importance d'un exercice littéraire.

Grammaire : Paragraphes 909-918.

QUESTIONNAIRE.

1. Qu'appelle-t-on *construction régulière* d'une phrase?
2. Quelle est la place du *sujet* dans la construction *régulière*?
3. Quelle est la place des différents *compléments*?
4. Quels sont les principes qu'il faut suivre en général dans une construction?
5. Combien y a-t-il de constructions *irrégulières*?
6. En quoi consiste l'*inversion*?
7. Donnez plusieurs exemples d'*inversion*.
8. En quoi consiste l'*ellipse*?
9. Donnez-en des exemples pris dans la dictée ou en dehors de la dictée?
10. Qu'est-ce que le *pléonasme*?
11. Voyez s'il n'y a pas un *pléonasme* dans la dictée?
12. Qu'est-ce que la *syllepse*?
13. Quelles sont celles de ces constructions qui sont *rarement* employées?
14. Quelles sont celles qui le sont *fréquemment*?
15. Dites en quoi consiste la *syllepse* qui se trouve dans cette phrase : Le peuple à Rome est superstitieux et vindicatif : ils font bénir les armes dont ils doivent frapper leurs ennemis.

MOTS A EXPLIQUER.

Ajaccio — Corse — école militaire — Brienne — grade — lieutenant en second — capitaine — l'artillerie — chef de bataillon — général de brigade — traité — Campo-Formio — consul — suffrages — couronne impériale — ligué — déchu — Waterloo — Sainte-Hélène — Océan — guerrier — politique — législateur — simple citoyen — génie — poids de la grandeur — effacer la gloire — l'instruction — moderne — régir — réformes — idées — dynastie.

RÉCAPITULATION.

92ᵉ Dictée. — LA GUERRE.

But de la dictée.

Cette leçon peut être considérée, ainsi que celles qui vont suivre, comme une récapitulation des règles que l'on a vues dans la syntaxe; elles offriront aussi des phrases que l'on peut soumettre à l'*analyse* en décomposant les propositions renfermées dans ces phrases. C'est maintenant que l'on peut encore s'occuper des règles ordinaires de la *ponctuation*, des *locutions qu'il faut éviter*, enfin de tout ce qui doit être le complément de l'enseignement grammatical. Les questionnaires ne seront plus comme précédemment renfermés dans un même ordre d'idées, ni d'accord avec la suite des paragraphes de la grammaire. Nous nous bornerons donc comme dernière indication à renvoyer pour la ponctuation aux paragraphes 22 et suivants, pour l'analyse logique aux paragraphes 918 et suivants, pour les locutions à éviter aux paragraphes 949 et 950.

QUESTIONNAIRE.

1. Quel est le caractère de la phrase *interrogative*?
2. Quels sont les principaux emplois qu'on peut faire du mot *dont*?
3. Cherchez combien de sens présente le mot *que* dans cette dictée.
4. Citez les *interjections* qui se trouvent dans la dictée, et dites ce que c'est que le point *exclamatif*?
5. Dites le rôle de *il* dans la proposition *il y a*.
6. Analysez cette proposition : *ce sont des gens inconnus*.
7. Quel est le rôle de l'*un l'autre* dans cette phrase : ils essaient de se tuer *l'un l'autre*?
8. Déterminez le nombre des *propositions* que contient la phrase commençant par : *ce ne sont pas seulement les gens armés* et finissant par : le *résultat de la victoire*?
9. Dites quelle est la nature de chacune de ces *propositions*?

MOTS A EXPLIQUER.

Spectacle — en proie à — entre particuliers — en venir aux coups — querelles des nations — personnellement — massacrer

— échauffés par la colère — habitant paisible — misère profonde — retrancher quelque chose de son amour-propre — mettre au service des passions — engins destructeurs — titre de gloire — à la manière des animaux.

ANALYSE DES MOTS ET DES PHRASES.

93e Dictée. — LA PAIX.

But de la dictée.

Nous pouvons déjà entrer dans l'étude particulière du *sens des mots*, analyser les expressions, nous rendre compte de leur valeur, la grammaire nous a préparés à ce travail. Les questions deviennent plus variées.

QUESTIONNAIRE.

1. Que signifie l'expression soupirer *après* le bonheur ?
2. Qu'indique ici l'emploi de la *préposition* ?
3. Pourquoi dit-on que des moissons sont *riantes* ?
4. Dans quel sens est employé le mot *sur* quand on dit qu'une mère pleure *sur* ses enfants ?
5. Quelle est la différence qui existe entre *chacun* et *chaque* ?
6. Quelle espèce d'*adverbe* représente le mot *tout à l'heure* ?
7. Comment les mains des soldats peuvent-elles *préparer la mort* ?
8. Quel est le caractère des verbes s'*adoucir*, se *répandre* ?
9. Quelle différence y a-t-il entre le sens des prépositions *à* et *de* dans *succéder à, cesser de* ?
10. Pourquoi le mot *amis* est-il au pluriel dans la phrase qui se termine par : ne les empêche pas d'être *amis* ?
11. Quel est le sens du mot *être* dans l'expression bien-*être* général ?
12. Quels sont les temps du verbe *faire* où le radical est altéré ?
13. Citez-nous des *infinitifs compléments* des verbes sans l'intermédiaire d'aucune *préposition* ?
14. De quoi est composé le mot *bienfait* ?
15. Quel est le sens de *qu'autant que* ? par quel mot peut-on le remplacer ?
16. Pourquoi dit-on adresser des prières *au ciel* ?
17. Quel est le sens du mot *temple* ?
18. A la place de quoi est-il mis ?
19. Qu'est-ce que les mots *Te Deum*, pourquoi sont-ils invariables ?

20. Quelles sont les règles principales de la *ponctuation* (paragraphes 22 et suivants)?
21. Dans quel cas doit-on mettre une *virgule* après un mot?
22. Qu'indique l'emploi des *deux points*?
23. A quoi sert le *trait d'union*?
24. Quelle différence y a-t-il entre l'emploi des deux points et du *point et virgule*?

MOTS A EXPLIQUER.

La gêne — les mœurs adoucies — droits terribles de la guerre — bien-être général — assiéger — forteresse — cicatriser — rancunes éteintes — Te Deum — paix universelle — rêve des âmes nobles — la concorde — courber l'orgueil.

LOCUTIONS VICIEUSES.

94ᵉ Dictée.

But de la dictée.

On trouvera dans cette dictée plusieurs expressions recommandées pour remplacer certaines *locutions vicieuses*.

Grammaire : Paragraphes 948, 949, 950.

QUESTIONNAIRE.

1. Que doit-on dire au lieu de *à bonne heure*?
2. Par quoi faut-il remplacer le mot *confusionner* qui n'est pas d'un bon langage?
3. Doit-on éviter de dire tant *pire*?
4. Le mot *pire* doit-il s'employer dans d'autres circonstances?
5. Expliquez quelle faute on fait en disant : l'*idée lui a pris*; et pourquoi l'expression de l'idée *lui est venue de* paraît être régulière?
6. Comment appelez-vous l'*estomac des oiseaux*?
7. Cherchez quel est le *mode de liaison* de toutes les propositions dépendantes dans la phrase qui commence par ces mots : l'*idée ne vient pas...*?
8. Déterminez les *compléments* que renferme la phrase suivante : les mets que nous prenons....

9. Quelle est la valeur de l'*y* dans les mots étrangers de la dictée où on le trouve employé?

10. Citez dans la dictée les adjectifs qui conservent au *féminin* la même forme qu'au *masculin*.

MOTS A EXPLIQUER.

Jeu des organes — présider à la formation — histoire naturelle — acte de la nutrition — révéler les mystères de l'organisation — l'idée ne vient pas — forme solide — pharynx — œsophage — estomac — appareil digestif — réservoir — cornemuse — volaille — gésier — tapissé de membranes muqueuses — sécréter — liquide — suc gastrique — chyme — pylore — intestin — duodenum — partiellement — chyle — laiteux — absorbé — vaisseaux — canal thoracique — veines.

SUITE DE L'ANALYSE.

95ᵉ Dictée. — LE DESSIN, LA PEINTURE ET LA SCULPTURE.

But de la dictée.

Récapitulation. — Rien de particulier.

QUESTIONNAIRE.

1. Quelle différence y a-t-il entre *a* qui précède le mot *donné* et *à* qui précède le mot *différents*, dans la première phrase de la dictée?

2. Citez quelques-unes des *prépositions* qui peuvent relier un infinitif à un substantif dont il dépend.

3. Quelle est la règle du participe passé employé avec *être*?

4. Expliquez le sens de *que* dans *il y a bien longtemps que*.

5. Expliquez l'orthographe du mot *chefs-d'œuvre*?

6. Rappelez l'orthographe du mot *mille* dans ses différents sens.

7. Quel est le rôle du mot *soit* répété?

8. D'où vient ce mot?

9. Quelle espèce de mot est *quelque* devant un adjectif?

10. Rendez compte du mot *du* dans cette phrase : jugez *du* plaisir?

11. Quel est dans la proposition le rôle de *les premiers* dans : les *artistes qui ont pu les premiers* rendre exactement?

ANALYSE.

12. Quel est le sens de *tout d'un coup* dans la phrase suivante ?
13. Analysez cette proposition : *Non-seulement il faut* jusqu'à *mais*.
14. Rendez compte de la *ponctuation* dans la phrase entière.

MOTS A EXPLIQUER.

Donner naissance à — source de plaisirs — antiquité — sous la conduite des yeux — débuter dans l'étude — sculpteur — image — un coup d'œil juste — main souple — géométrie — perspective — muscles — attitudes — mécanique — architecte.

SUITE DE L'ANALYSE.

96ᵉ Dictée.

But de la dictée.

Récapitulation : Rien de particulier.

QUESTIONNAIRE.

1. Recherchez et citez l'emploi des différents *degrés de signification* dans les *adjectifs* ou dans les *adverbes*.
2. Montrez le rôle du pronom indéfini *on* dans un grand nombre de propositions.
3. Citez les adjectifs *qualificatifs* employés dans la seconde partie de la dictée depuis : *la couleur de l'eau*.
4. Expliquez le sens et la nature du mot *tantôt* répété.
5. Trouvez une ellipse dans la phrase qui commence par : *l'eau de la mer est salée*.
6. Montrez les verbes *venir*, *vouloir* et *savoir* suivis d'un *infinitif* sans préposition.
7. Expliquez les différents sens du mot *en* dans la dictée.
8. Quel est le sens du mot *plus* dans : *elle ne contient plus* ?
9. Dites quelles sont les différentes natures du mot *si* dans la langue ?
10. Quels sont les différents sens de l'adverbe *bien* ?

MOTS A EXPLIQUER.

L'horizon — le ciel se confond avec l'eau — éveiller l'idée — la surface du globe — pénétré du sentiment de — pleine mer —

indéfinissable — le caprice des flots — la sonde — se refléter — les vagues — flux — reflux — marée — évaporation — images — saveur — corail — perles.

SUITE DE L'ANALYSE.

97ᵉ Dictée. — LA RUSSIE.

But de la dictée.

Récapitulation : Rien de particulier.

QUESTIONNAIRE.

1. A quelle espèce de verbe appartient le mot *s'étendre* ?
2. Que représente *ce* suivi de *qui* ?
3. Quel est le caractère du mot *parlant* dans la phrase : il y a dans ce grand État ?
4. Quel est le rôle des mots : *plus de trente races particulières* dans la même phrase ?
5. A quelle espèce de mot se rapporte l'expression *les deux tiers* ?
6. Quel *mode* faut-il mettre après la conjonction *sans que* ?
7. Dites combien il y a de *propositions* dans la phrase : la religion des Russes.
8. Etudiez et signalez les *compléments* de tout genre qui se trouvent dans la phrase : ce pays.
9. Quel est le rôle de *pour* dans l'expression : sont les chemins les plus fréquentés *pour* aller d'une province dans une autre ?
10. Quelle est la règle d'accord du mot *cent* ?
11. Comment appelle-t-on la tournure qui termine la dernière phrase de la dictée et qui commence par ces mots : *preuve assez curieuse*, etc.

MOTS A EXPLIQUER.

Kilomètre carré — la mer Baltique — la Galicie ou Gallicie — Moldavie — mer Noire — Turquie d'Asie — la Perse — le Turkestan — le fleuve Amour — le détroit de Behring — serfs — posséder en propre — les nobles — souverain absolu — chef de la religion — caractère sacré — l'empire grec — patriarche — septentrionale — région moyenne — les solitudes — Sibérie — la société élevée — notre influence — la propriété — se propager.

LOCUTIONS VICIEUSES.

98ᵉ Dictée. — LA MÉDECINE.

But de la dictée.

Un assez grand nombre de mots et de tournures empruntés à la liste des locutions à éviter, ont été redressés dans cette leçon. Il faut combattre avec soin la prononciation défectueuse de certains mots d'un usage journalier.

Grammaire : Paragraphes 949-950.

QUESTIONNAIRE.

1. Expliquez l'expression *avoir affaire à quelqu'un*.
2. Pourquoi ne doit-on pas dire : *jouir d'une mauvaise santé*, quand on peut dire : *jouir d'une bonne santé* ?
3. Quel est le sens vrai du mot *fortuné* ?
4. Quel est le genre des mots *jujube, réglisse* ?
5. Quelle faute commet-on quelquefois dans la prononciation des mots *élixir, angoisses* ?
6. Pourquoi ne peut-on pas dire sur *les midi*, sur *les minuit* ?
7. Quelle différence y a-t-il entre les deux verbes *recouvrer* et *recouvrir* ?
8. Que faut-il éviter à propos des mots *esquinancie, pleurésie, pulmonique* ?
9. Comment explique-t-on que quelques personnes disent *enflammation* au lieu de *inflammation* ?
10. Quelle faute fait-on souvent en prononçant les mots *cataplasme, vésicatoire, rebuffade* ?
11. Les mots qui dérivent du verbe *paraître* se terminent-ils tous en *ition*, comme *apparition, disparition* ?
12. Comment se termine le substantif formé du verbe *comparaître* ?
13. Quelle est la nature du mot *tel* dans la phrase : Tel en rit aujourd'hui ?
14. D'où est tirée l'expression *faire fi* ?

MOTS A EXPLIQUER.

Proverbe — avoir affaire à — sauveur — impuissant — un bobo — rhume — luxe — jujube — réglisse — élixir — angoisses —

recouvrer — répréhensible — esquinancie — pleurésie — perclus — pulmonique — inflammation — cataplasme — vésicatoire — rebuffades — faire fi de — épidémie.

SUITE DE L'ÉTUDE DE LA SYNTAXE

ET DE LA CONSTRUCTION DES PHRASES.

99ᵉ Dictée. — LA VAPEUR.

But de la dictée.

QUESTIONNAIRE.

1. Montrez l'emploi du *participe passé* sans *auxiliaire*.
2. Faites voir dans la première phrase de la dictée comment les *compléments indirects* peuvent se développer.
3. Montrez l'emploi des conjonctions *ni, ou, et*.
4. Faites ressortir leur caractère.
5. A quelle espèce de mots appartiennent *aucun, certain, plusieurs*?
6. Quand sont-ils pronoms ?
7. Quand sont-ils adjectifs ?
8. Expliquez pourquoi le mot *tel* est suivi de *que* dans : un *tel* degré de perfection *que*.
9. Relevez les différents *sens* de la *préposition à* dans la dictée.
10. A quel mode se met le verbe qui suit *avant que*?
11. Peut-on mettre *ne* après *avant que*?
12. Montrez *que* conjonction et *reliant deux propositions*, et *que* pronom relatif *reliant aussi deux propositions*.
13. Signalez *en* employé comme pronom relatif.

MOTS A EXPLIQUER.

Vapeur — rail — wagons — locomotive — force apparente — gaz — fluide élastique — température — Papin — force expansive — la physique — pièces — compliqué — moulin — gigantesque.

SUITE DE L'ÉTUDE DE LA SYNTAXE

ET DE LA CONSTRUCTION DES PHRASES.

100ᵉ Dictée. — DES EXPOSITIONS UNIVERSELLES.

But de la dictée.

Analyse logique. — Paragraphes de la Grammaire, 918-938.

QUESTIONNAIRE.

1. Quel est le sens de *ne... que ?*
2. Montrez-nous plusieurs *sujets* n'ayant qu'un seul verbe et un seul attribut.
3. Faites voir le mot *tout* employé comme *adjectif* et comme *pronom indéfini.*
4. Etudiez les différents emplois du mot *de* dans la dictée.
5. Quel est le rôle de *tout ce que* dans la phrase : tout ce que les arts, les sciences, etc. ?
6. Etablissez bien dans cette phrase les mots qui sont *sujets* et les mots qui sont *compléments.*
7. Faites le relevé de tous les *pronoms* employés dans la dictée, et expliquez la nature de chacun d'eux.
8. Pourquoi le mot *classés* est-il au masculin dans la phrase : toutes ces inventions, etc. ?
9. Quelle est la nature du mot *rendez-vous ?*
10. Signalez l'emploi de la conjonction *que* dans la dernière phrase de la dictée.

MOTS A EXPLIQUER.

Exposition — universelle — les rivalités — points du globe habité — enfanter des prodiges — classer — impartialité — innombrable — décision — publier — consacrer la gloire — assigner — hospitalité.

FIN.

EXERCICES GRADUÉS
SUR LA GRAMMAIRE FRANÇAISE

Avis. Les petits caractères indiquent ce que doit faire l'élève, la manière dont l'exercice doit être compris et exécuté. Les titres sont ceux de la grammaire et indiquent les parties de la grammaire auxquelles correspondent les exercices. Les numéros placés à la fin des alinéas indiquent les paragraphes de la grammaire, que l'élève peut et doit consulter pour bien faire les exercices.

PREMIÈRE PARTIE.

INTRODUCTION.

1er Exercice.

Ecrivons tout ce qui se trouve écrit ici, et complétons les mots qui ne sont que commencés.

DES LETTRES.

Il faut prendre l'habitude de bien écrire les mots qui s'emploient le plus fréquemment dans l'enseignement de la gram... et de l'ort... Les signes que l'on emploie pour former les mots s'appellent des let... Les let... sont au nombre de... On peut facilement les diviser en voy... et en c... Il est à remarquer que nous avons deux let... pour rendre le son i. Ce sont l'i... proprement dit et l'... grec. Ce mot *grec* indique que les peuples de la Grèce se servaient de cette lettre.

Les voy... sont donc au nombre de... Les c... sont au nombre de... Le mot voy... vient du mot *voix*. Le mot c... veut dire en latin : qui sonne avec. On veut marquer par là que les c... n'ont de son que quand elles s'emploient avec les voy... 1 2, 3, 6, 7, 8.)

DES LETTRES.

Il y a deux voy... qui se trouvent quelquefois liées ensemble : ce sont l'... et l'... comme dans le mot *œil*. Les voitures des chemins de fer s'appellent des wa... La forme du... est double dans ce mot. (5, 4.)

Les *grandes* lettres que l'on met au commencement de certains mots s'appellent des lettres ma... :

Les *petites* lettres ordinaires s'appellent des mi... :

Écrivons le nom de trois villes

. . . .

Écrivons le nom de trois de nos amis.

. . . .

Écrivons à part les majuscules employées dans les noms de villes et d'amis écrits plus haut.....

C'est une faute que de mettre des mi... là où il faut des ma... (9.)

2ᵉ Exercice.

Écrivons tout ce qui se trouve écrit ici et complétons ce qui n'est que commencé ou seulement indiqué par des points.

On dit un *a*, un *b*. Il est naturel de dire un *s*, un *m*, un *l*. Toutes les lettres, qu'on les appelle *bé* ou *be*, *el* ou *le*, sont du genre mas... (10, 11.) (*)

DES SIGNES QUI ACCOMPAGNENT LES LETTRES.

Il faut savoir le nom de l'accent qui se fait ainsi (´); c'est l'accent... : de celui qui se fait dans le sens contraire (`) ; c'est l'accent... : enfin, celui qui semble formé par la réunion des deux autres (ˆ), s'appelle l'accent... (12, 15.)

Le point (.) se met sur deux lettres min... qui sont... et... La figure composée de deux points (¨) s'appelle un t... Si vous écrivez *naïf* avec le t... ce mot a deux syl-

---

(1) Il y a une faute d'impression dans la première édition de la grammaire : Lisez au paragraphe 10 *ge* ou *gue*, au lieu de *ge* ou *que*.

labes. Si vous écrivez *naif* (sans t...) ce mot n'a plus que... syllabe. (13, 14.)

Mettons l'accent qui convient sur les mots :

verite, excentricite, annee, cite, vallee, cruaute, gelee, ferocite, elephant, qualite, propriete, volonte, degre, dictee, pere, mere, entiere, regle, siecle, riviere, vipere, Eugene, fievre, caractere, criniere, lievre, misere, tete, eveque, fete, bete, grele, peche (fruit), etre, reve, bleme, alene, honnete, gene, chene, frene, hetre. (16, 17, 18).

Il n'y a pas que les *e* qui prennent des ac... L'accent g... et l'accent c... se trouvent sur d'autres lettres.

Accentuons, pour le prouver, les mots :

ane, tole, gite, brulure, baton, cote, gout, voila, aumone, ame, a moi, maitre, diner. (17, 18.)

3e Exercice.

Mettons les accents convenables sur les mots suivants :

ecrevisse, ble, noel, egoisme, Esau, Israel, celeri, chataignier, general, faineant, legume, severe, premier, premiere, eleve, tetu, colere, etrangere, societe, extreme, college, collegue, piece, habit rapiece, tenebres, vetement, age, pature, levre, une epee aigue, pretre, hotel, huitre, createur, priere, fraicheur, batiment, buche, chatiment (12, 13, 14, 15, 16, 17, 18.)

Mettons la cédille dans les formes du verbe PLACER qui exigent l'emploi de ce signe.

Je place, nous placons, vous placez, il placa, je placais, il est placé (19).

Faisons de même pour le verbe RECEVOIR.

Je recois, je recevais, il est recu, que je recoive, recevant, que nous recevions (19).

PONCTUATION.

Évitons ou mettons la cédille dans les mots suivants :

une pièce, une leçon, un remplaçant, un forçat, un forcené, une balançoire, un lacet, une face, une façade, une façon, une glace, un glaçon (19).

Complétons comme ci-dessus.

La petite barre placée entre deux mots ou entre deux parties d'un mot s'appelle tr... d'u...
La petite virgule placée en l'air après une lettre s'appelle une ap...

Plaçons le trait-d'union et l'apostrophe, s'il y a lieu, dans les mots suivants :

S il veut m écouter, l honneur dirigera toujours ses pas. Gardez vous des contre coups d un fusil chargé, quand vous revenez de la chasse. L usage du tire bourre est aussi fort dangereux. Un pied à terre est agréable dans l été. L ardeur ne doit pas faire oublier la prudence. (20, 21.)

Indiquons les lettres que nous avons supprimées par l'usage de l'apostrophe dans les phrases qui précèdent.

Ce sont. . . . . (20, 21).

4ᵉ Exercice.

PONCTUATION.

Examinons la place de tous les signes de ponctuation employés dans la phrase qui suit ; écrivons cette phrase, et énumérons les signes de ponctuation qui y sont employés, en citant le mot qui précède chaque signe.

Cela n'est pas bien difficile. Les trouvez-vous ? — Non. — Vous n'êtes donc pas habile ; il faut donc tout vous dire. Recommencez avec moi. Dieu ! qu'il lit mal ! Main-

tenant (puisque vous les avez trouvés) marquez-les ici, dans l'ordre où ils se présentent sans répéter les mêmes une fois qu'ils ont été indiqués. (Depuis 22 jusqu'à 29.)
Voici :
Difficile, un point. *Vous*, point d'interrogation et tiret. *Non*, point et tiret. . . . .
. . . .

Essayons de ponctuer cette phrase.

Viens Marie étudier ta leçon ne sois pas paresseuse ah tu fais semblant de ne pas m'entendre que dis-tu Je ne dis rien. (Depuis 22 jusqu'à 29.)

Ecrivons et complétons.

VALEUR ET PRONONCIATION DES LETTRES.

Dans les mots *agathe* et *albâtre*, le second *a* a-t-il le même son? Non; il est bref dans a... et long dans a... Placet, façon, carafe. C est *doux* dans... *dur* dans... *adouci* dans... (29, 30.)

La cigale, dans l'été, ne fait aucun projet d'économie : mais elle n'a pas de succès dans sa requête auprès de la fourmi.

Nous voyons des *e* muets dans les mots : . . . .
. . . .
Nous voyons des *e* fermés dans les mots : . . . .
. . . .
Nous voyons des *e* ouverts dans les mots : . . . .

Soulignons chaque E dans les mots où ils se trouvent indiqués comme muets, fermés, ouverts (32, 33, 34, 35, 36).
. . . .

5ᵉ Exercice.

Ecrivons et complétons.

Le mot *gage* présente deux sortes de *g* : le premier *g* a le son... le second a le son... (37.)

PRONONCIATION. 139

Dans *la honte*, l'h est a...; dans *l'horreur*, il est m... (38, 39.)

Si le renard s'agite dans le gîte où il est retiré, les chiens le prendront.

Trouvons l'i bref et l'i long dans GÎTE et AGITE.

Il est bref dans... et long dans... (40).

Cet enfant joue de la *vielle* pour gagner des sous qu'il donne à sa *vieille* mère. Les deux l sont *mouillés* dans le mot... ils ne le sont pas dans... (41).

Marquons d'un trait en soulignant les lettres M et N qui forment un son nasal dans les mots suivants.

C'est le comble de l'impertinence que de se moquer des gens humbles. (42.)

Ecrivons et complétons.

Il emporte de la tôle dans sa hotte pour travailler au phare en qualité de mécanicien. Il y a plus de quarante espèces de quadrupèdes. Ce tableau est peint à l'aquarelle.

Dans *tôle*, o est... : dans *hotte*, o est... (43).

Dans *phare*, ph se prononce comme... (44); dans *qualité* et dans *quarante*, q se prononce comme..., dans *quadrupède*, et dans *aquarelle*, q a le son de... (45.)

Ne vous faites pas d'illusion : soyez assuré que le travail est la base de notre bonheur.

S a le son sifflant dans les mots. . . . .

S a le son doux de z dans les mots. . . . . (46).

Une bonne action dit le proverbe est toujours récompensée. Si vous ne savez pas l'orthographe, vous serez taxés d'ignorance et d'ineptie. Faites-y bien attention : ne voyez pas que la peine nécessaire pour apprendre; voyez aussi les résultats de l'instruction. Quant aux enfants paresseux, laissez au temps le soin de les punir. Ils auront assez à faire quand il leur faudra travailler pour vivre.

Dans ce qui précède *t* se prononce comme s dans les mots : . . . .
. . . . (47).

Dans *taxes* *x* se prononce comme si l'on écrivait
t... (48).
 L'*y* est simple dans : . . . .
 Il est double dans : . . . . (49.)

Citons quelques mots de notre connaissance où l'*y* est employé pour deux *i*.

6ᵉ Exercice.

Expliquons les liaisons qui se font dans la prononciation de la phrase suivante....

Quand il y a de la paresse chez un enfant, il faut avoir recours à la douceur d'abord, puis aux avertissements, et enfin aux punitions indispensables.

Le *d* de *quand* sonne comme *t* sur... Le *z* de *chez* sonne sur... Le *t* de *faut* sonne sur. . . . .

Continuons ainsi pour les autres..... (50)

DE LA SYLLABE. — DU MOT. — DE LA PHRASE. — DE L'ORTHOGRAPHE.

Ecrivons et complétons.

Vous-sa-vez-re-con-naî-tre-les mots parce que nous les séparons dans l'écriture : mais il faut reconnaître aussi les portions de mots qui s'appellent syl..., en les séparant par la prononciation. (Depuis 51 jusqu'à 56.)

Séparons toutes les portions des mots de la phrase comme sont séparés les premiers mots.

Ecrivons.

Dieu est bon L'homme est souvent ingrat La raison a été refusée aux animaux L'homme seul en a été doué par le créateur.

DES DIX ESPÈCES DE MOTS.

Disons combien il y a de phrases depuis le mot Dieu, et séparons ces phrases par le signe | . (56)

. . . .
Disons si nous voyons des fautes d'*orthographe* dans la phrase suivante :

Nous iron jouer quan nôtre travails serat finie.

Corrigeons ces fautes en les signalant.

Iron doit s'écrire. . . . .
. . . . (57).

7ᵉ Exercice.

DES DIX ESPÈCES DE MOTS ET DE LEUR USAGE.

Ecrivons et complétons.

Les *parties du discours* ou espèces de mots sont au nombre de...

Reconnaissons-les toutes dans les phrases qui suivent :

Le Lion est très-fort, et quand il est affamé, il s'attaque même à l'éléphant. Ah! comme les troupeaux fuient quand ils entendent son rugissement !

Le est un... *lion* est un..., *très* est un..., *fort* est un..., *quand* est une..., *il* est un... *affamé* est un..., *à* est une.., *Ah!* est une... *fuient* est un...

Regardons la phrase du Lion pour y trouver encore d'autres verbes et écrivons-les ici (depuis 58 jusqu'à 70) :

MOTS VARIABLES, MOTS INVARIABLES, RADICAL, TERMINAISON.

Mettons au pluriel la phrase du Lion et constatons les mots qui ont subi un changement. Ecrivons et complétons.

Les lions sont très-forts, et quand ils sont affamés, ils

s'attaquent même à l'éléphant. Ah!..., etc. 1° l'article l..., 2° le substantif l..., 3° le verbe s..., 4° l'adjectif f..., 5° le pronom i..., 6° le participe a..., sont des espèces de mots que l'on appelle v... (70, 71.)

1° L'adverbe t..., 2° la conjonction q..., 3° la préposition à..., 4° l'interjection a..., sont des espèces de mots que l'on appelle i...

Il y a donc... espèces de mots variables, et... espèces de mots invariables. (70, 71, 72.)

La partie du mot qui change dans les mots variables s'appelle t..., la partie qui ne change pas s'appelle r... (73)

Séparons le radical de la terminaison dans les formes qui suivent, ainsi :

Mange r, mange ons, mangeant, mangeait.
Cousin, cousin s, cousin e, cousin es, mignon, mignonne.
Trahir, trahissant, trahissons, trahi, trahira.
Le, les, au, aux.
Frais, fraîche, creux, creuse, creuses.
Tombé, tombés, tombée, tombées.
Il, ils, elle, elles, un, une, le mien, la mienne.

Écrivons cette petite phrase, et marquons d'un *i* au-dessus, chaque mot *invariable*, d'un *v* au-dessus chaque mot *variable*.

    v *v*   *i*
Nous irons lundi au village; il ira demain à la ville. Nos bons cousins viendront. Sa cousine le laissera aller seul (70, 71, 72, 73).

DU NOM.

CHAPITRE PREMIER.

DU NOM OU SUBSTANTIF.

8ᵉ Exercice.

Ecrivons et complétons.

Si je veux désigner une personne, un animal, un objet, l'espèce de mot dont je me sers est un n... ou s...

Marquons en les soulignant les noms ou substantifs dans le passage qui suit :

Beau tableau, jardin agréable, terrible tempête, Paris la grande ville, Paul mon bon oncle, lion rugissant, poisson frais.

Ecrivons et complétons.

Quand un nom ne peut désigner qu'une personne, qu'une chose, entre toutes les personnes et toutes les choses, on l'appelle un nom p... Il y a dans le passage précédent... noms p... qui sont... et...

Les noms p... commencent toujours par une lettre ma...

Si un même nom convient à toutes les personnes et à toutes les choses d'une même espèce, on l'appelle nom c...

Les noms c... du passage précédent sont. . . . .
. . . .

Si un nom sert à désigner une réunion d'êtres de même espèce on l'appelle nom col...

Ecrivons les noms qui suivent : nous les séparerons ensuite en trois colonnes, en mettant des majuscules aux noms propres (on n'en a pas mis ici pour ne pas rendre le travail trop facile).

Homme, chien, françois, maison, londres, outil, napoléon, montagne, troupe, blé, orange, noisette, armée,

EXERCICES GRADUÉS.

frédéric, feuille, nation, eau, vin, ferdinand, loup, canard, charbon, peuplade, henri, bœuf, tigre, fer, bois, russie, pluie, angleterre, vaisseau, poire, flotte, poisson, tenaille, marteau, fruit, édouard, oreille, cheveu, menton, pain, linge, thérèse, troupeau, fusil, sabre, ursule, chat, mouche, marie, essaim, livre, plume, régiment. (Depuis 74 jusqu'à 79.)

1° NOMS COMMUNS.   2° NOMS PROPRES.   3° NOMS COLLECTIFS.

. . . .

9ᵉ Exercice.

DU GENRE.

Ecrivons et complétons.

Il y a deux genres : le m... et le f...

Prenons tous les noms communs de la première colonne de l'exercice 8ᵉ, et tous les noms collectifs de la 3ᵉ colonne, et plaçons devant eux l'article LE si le nom est masculin, l'article LA si le nom est féminin.   (79, 80, 81.)

Le. . . . .
. . . .

DE LA TERMINAISON DES DEUX GENRES.

Ecrivons les noms masculins : puis formons-en le féminin :

Un rat, une...	Un boucher.
Un serin, une...	Un épicier.
Un mercier (1).	Un ami.
Un berger.	Un cousin.
Un ouvrier.	Un gamin.
Un portier.	Un chien.
Un boulanger.	Un comédien.

(1) Ce mot et les six suivants prennent un accent grave au féminin.

FORMATION DU PLURIEL.

Un instituteur. | Un coiffeur.
Un facteur. | Un voleur.
Un prince. | Un monsieur.
Un roi. | Un coq.

(82, 83, 84, 85, 86.)

DU NOMBRE.

Quand on parle d'une seule personne ou d'une seule chose, on emploie le nombre s...; quand on parle de plusieurs personnes ou de plusieurs choses, on emploie le nombre p...

Il y a donc deux n...

Séparons en deux colonnes les noms singuliers et les noms pluriels de la phrase qui suit :

Un homme avait deux enfants : un fils et une fille. Le fils avait beaucoup de défauts; la fille avait beaucoup de bonnes qualités. Les caresses de Pauline consolaient le père des sottises de Paul. (87, 88.)

NOMS SINGULIERS.	NOMS PLURIELS.
. . .	. . .

10e Exercice.

FORMATION DU PLURIEL.

Mettons au pluriel, d'après les règles, les noms suivants :

Un frère, des... (89). | Un obus.
Une sœur, des... | Un grès.
Un poulet. | Une brebis.
Une oie. | Un sens.
Un procès, des... (90). | Une croix.
Un succès. | Une voix.
Un os. | Une perdrix.

EXERCICES GRADUÉS.

Un gaz. | Un cheveu.
Un veau, des... (91). | Un canal, des... (92).
Un drapeau. | Un arsenal.
Un flambeau. | Un hôpital.
Un gâteau. | Un métal.
Un oiseau. | Un journal.
Un manteau. | Un tribunal.
Un noyau. | Un signal.
Un boyau. | Un général.
Un gluau. | Un local.
Un neveu. | Un bocal.

Mettons au singulier les noms pluriels qui suivent :

Des bals, un... (93). | Des choux.
Des chacals. | Des joujoux.
Des carnavals. | Des genoux.
Des régals. | Des hiboux.
Des bijoux, un... (94). | Des poux.
Des cailloux.

Mettons au pluriel les noms suivants qui font au singulier :

Un trou, des... (94). | Un cou.
Un sou. | Un filou.
Un clou. | Un verrou.
Un bambou. | Un coucou.

Mettons au singulier les noms suivants qui font au pluriel :

Des aulx, un... (95). | Des soupiraux.
Des baux. | Des travaux.
Des coraux. | Des vitraux.
Des émaux.

Mettons au pluriel les noms suivants qui font au singulier :

Un détail. | Un portail.
Un épouvantail. | Un camail.
Un éventail. | Un poitrail.

DE L'ARTICLE.

Mettons au singulier les mots suivants qui font au pluriel :

Des aïeux, aïeuls, un... | Des yeux, œils, un...
Des cieux, ciels, un... | (96.)

CHAPITRE II.

DE L'ARTICLE.

11e Exercice.

Écrivons et complétons.

L'article masculin..., l'article féminin..., l'article pluriel... servant en même temps pour le masculin et pour le féminin, se placent devant les noms qui leur correspondent pour le genre et pour le nombre.

Mettons l'article qui convient devant les noms suivants :

... table.	... bouche.	... pomme.
... bœuf.	... nez.	... fruits.
... livres.	... cheveux.	... viande.
... genou.	... bateau.	... légumes.
... travaux.	... souliers.	... règles.
... cour.	... clous.	... papier.
... front.	... gazon.	(97, 98, 99.)

Si le nom au singulier commence par une v... ou par un h muet, on se sert du signe appelé ap... et on retranche l'e ou l'a de l'article singulier.

Plaçons l'article devant les mots suivants, nous dirons quelle lettre est remplacée par l'apostrophe.

... ami (l' est pour...).	... herbe (l' est pour...).
... attention (l' est pour).	... almanach (l' est pour.).
... été.	... histoire.
... union.	... image.

(100.)

La lettre h devant laquelle on s'arrête après avoir dit

le, la, les, s'appelle un *h* asp... Devant ce *h*... on n'emploie pas l'ap...

Mettons l'article devant les mots suivants :

... honte.	... halte.	... houille.
... héros.	... hussard.	... haras.
... hache.	... huche.	... hochet.
... hoyau.	... hareng	... herse.

(101.)

Puisque l'on ne dit jamais DE LE, DE LES, A LE, A LES devant les substantifs, cherchons à remplacer ces formes.

AU LIEU DE :	DISONS :
(de le) jardin.	... jardin.
(à le) pauvre.	... ...
(de les) cerises.	... ...
(de les) honneurs.	
(à les) yeux.	

Puisque DE LA, A LA, DE L', A L', s'emploient fort bien, employons-les devant les mots suivants :

| ... gloire. | ... honneur. | ... armée. |
| ... appui. | ... maison. | ... argent. |

(102, 103, 104.)

Mettons les articles masculins et féminins, au singulier, au pluriel, avec ou sans apostrophe ; disons DU, DES, AU, AUX, devant les mots qui suivent, selon les règles (depuis 97 jusqu'à 105).

Le port, du port, au port, les ports, des ports, aux ports.
L... porte, d... a... l... d... a...
..... oie, ...
..... harpon,
..... histoire,
..... lecture,
..... haine,
..... travail,
..... eau,
..... lion,
..... héros,
..... esprit.

CHAPITRE III.

DE L'ADJECTIF.

12e Exercice.

Ecrivons des noms et des adjectifs, puis nous les séparerons en deux colonnes : nous ne prenons d'abord que des adjectifs qualificatifs.

Aimable enfant, nouvelle agréable, grand soldat, petite lampe, ami sûr, vieux plancher, chou vert, salade blanche, bon argent, vin frais, caillou dur, racine amère, fromage blanc, beau travail, vaste chantier, arbre touffu, fleur rouge, bruit terrible, lait épais, crème abondante, cheveu noir, pays charmant, cheval ardent, âne rétif, mouton craintif, faux rapport, vilaine écriture, mauvais langage, triste métier, long voyage, nombreuse école, blé mûr, vent froid, vague horrible, mer profonde.

ADJECTIFS.	SUBSTANTIFS OU NOMS.
. . .	. . . . . .

Tous les adjectifs qui ne sont pas *qualificatifs* sont dét...

Ecrivons des adjectifs des deux espèces et séparons-les en colonnes :

Grand, vingt, sept, cet, vert, mou, plusieurs, gros, chaque, immense, vingtième, froid, notre, dur, ce, vif, quelque, haut, leur.

ADJECTIFS DÉTERMINATIFS.	ADJECTIFS QUALIFICATIFS.
. . . . .	. . . . .

(Depuis 105 jusqu'à 114).

EXERCICES GRADUÉS.

DE L'ADJECTIF QUALIFICATIF.

Écrivons et complétons.

L'adjectif le plus important et le plus employé est l'adj... q...

Si je dis : le *grand* homme, je dois dire : la g... femme, et au pluriel : les g... hommes, les g... femmes.
(114, 115, 116, 117.)

FORMATION DU FÉMININ DANS LES ADJECTIFS.

Pour former le féminin de *grand* on a ajouté... (118.)

Faisons suivre un substantif masculin d'un adjectif, puis opposons à ce substantif masculin un substantif féminin auquel nous ajouterons le même adjectif. (119.)

Un enfant cruel, une bête c...
Le gant pareil, la manche p...
Un habit ancien, une robe a...
Un homme muet, une femme m...
Un bon garçon, une b... fille.
Un gros bâton, une g... branche.
Un courrier exprès, une nouvelle e...
Un sot orgueil, une s... réponse.
Un gentil costume, une g... demeure.
Un accent paysan, une tenue p...   (120.)
Un nom concret, une somme c...
Un nombre complet, une voiture c...
Un conseiller discret, une personne d...
Un regard inquiet, une figure i...
Un corps replet, une personne r...
Un passage secret, une porte s...
Un seigneur altier, une démarche a...   (121.)

DE L'ADJECTIF.

13ᵉ Exercice.

Employons les adjectifs BEAU, NOUVEAU, FOU, MOU, VIEUX, devant le mot AMI, et devant le mot AMIE.

Un b... ami, une b... amie.
Un n... a...; une n... a...
Un f...
Un m...
Un v...   (122, 123.)
Un discours bref, une parole b...
Un air naïf, une mine n...
Un propos honteux, une action h...
Un temps doux, une besogne d...
Un ton faux, une f... note.
Un poil roux, une lune r...
Du linge sec, une branche s...
Un spectacle public, une fête p...
Du vin blanc, une page b...
Un i grec, une lettre g...
Un ombrage frais, une voix fr...
Un astre bénin, une influence b...
Un enfant malin, une fièvre m...
Un long bâton, une course l...
Un mets favori, une promenade f...
Un aspect trompeur, une apparence tr...
Un regard enchanteur, une parole e...
                    (Depuis 124 jusqu'à 128.

FORMATION DU PLURIEL DANS LES ADJECTIFS.

Ecrivons et complétons.

Le pluriel des adj... se forme généralement comme celui des subs... en ajoutant la lettre... à la forme du singulier.   (129.)

Prenons les adjectifs qui accompagnent les noms au début du 12º exercice, et citons, en les mettant au pluriel, ceux de ces adjectifs qui forment leur pluriel par l'addition d'un *s* ou qui ne varient pas. (129, 130.)

Aimables, agréables, grands, etc., etc. . . . . . .
Les adjectifs en *eau* et en *al* font généralement le pluriel en... (131, 132.)

Mettons au pluriel les expressions suivantes ; le dictionnaire aidant.

Un sentiment amical.	Un propos banal.
Un repas frugal.	Un procès fatal.
Un combat naval.	Un rire jovial.
Un procédé filial.	Un mot trivial.

Prenons tous les adjectifs indiqués au 12º exercice depuis UN ENFANT CRUEL, et ceux qui commencent le 13º exercice et se terminent par UN REGARD ENCHANTEUR. Nous mettrons tous ces adjectifs au pluriel, tant au masculin qu'au féminin, en formant un tableau comme ci-dessous.

Un enfant *cruel*, des enfants *cruels*, une bête *cruelle*, des bêtes *cruelles*.

. . . .
(Depuis 129 jusqu'à 133.)

14º Exercice.

DES DEGRÉS DE SIGNIFICATION. — POSITIF. — COMPARATIF. — SUPERLATIF.

Prenons quelques adjectifs et formons un tableau par colonnes en indiquant les degrés de signification d'après les règles de la grammaire (depuis 133 jusqu'à 139).

POSITIF.	COMPARATIF D'ÉGALITÉ.	COMPARATIF DE SUPÉRIORITÉ.	COMPARATIF D'INFÉRIORITÉ.
Grand.	Aussi grand.	Plus grand.	Moins grand.
Bon.	. . .	. . .	. . .
Petit.			

DE L'ADJECTIF.

Frais.
Cruel.
Dur.
Mauvais.
Charmant.
Agréable.

Formons de même les superlatifs.

POSITIF.	SUPERLATIF ABSOLU.	SUPERLATIF RELATIF.
Grand.	Très-grand.	Le plus grand.
Bon.	. . . .	. . . .
Petit.		
Frais.		
Cruel.		
Dur.		
Mauvais.		
Charmant.		
Agréable.		

ADJECTIFS DÉTERMINATIFS.

15ᵉ Exercice.

ADJECTIFS POSSESSIFS.

Ecrivons et complétons :

L'adjectif p... varie au singulier suivant le genre du substantif possédé.

Employons successivement toutes les formes de l'adjectif possessif d'après le tableau du paragraphe 140 de la grammaire, en nous servant des substantifs :

Chapeau, robe, habit, épingle, héros.
Mon ch...   Ma robe...   Mes ch...   Mes r...
Ton ch...   . . .   .
. . .   .

7.

EXERCICES GRADUÉS.

Mon h...   Mon é...   Mon h...

Mes h...   Mes e...   Mes h...

(140, 141.)

ADJECTIFS DÉMONSTRATIFS.

Plaçons l'adjectif démonstratif devant les substantifs employés plus haut (masculin, féminin, singulier, pluriel).

... chapeau. ... robe. ... épingle. ... habit. ... héros.

(Depuis 142 jusqu'à 147.)

ADJECTIFS NUMÉRAUX.

Ecrivons et complétons.

L'adjectif qui sert à compter s'appelle n... Il y a deux sortes d'adjectifs nu..., le numéral c..., et le numéral o...   (147, 147 *bis*, 148.)

Ecrivons les adjectifs numéraux suivants et nous les diviserons par colonnes en numéraux cardinaux et numéraux ordinaux.

Huit, trente-septième, trois, second, dix-neuvième, trente, dix-neuf, quarante, mille, cinquante, soixante-sixième, treize, onzième, douze, vingt-quatrième, premier, seize.

NUMÉRAUX CARDINAUX.	NUMÉRAUX ORDINAUX.
. . . . . .	. . . . . .

Quand les enfants connaissent la numération, on peut leur faire écrire en lettres des nombres présentés en chiffres. Ecrivons en lettres les nombres suivants.

18, 40, 22, 34, 55, 68, 120, 70, 13, 11, 12, 10, 77, 80, 91, 1000, 100000, 1000000.

DU PRONOM.

ADJECTIFS INDÉFINIS.

Sachons reconnaître dans les mots qui suivent les adjectifs indéfinis (149, 150) et soulignons-les.

Un homme qui a quelque talent, sait dans une situation quelconque trouver plusieurs ressources dont est privé tel autre homme moins habile. — Voyez quel effet produisent certains breuvages sur toutes les facultés de notre intelligence.

Écrivons ceux de ces adjectifs qui servent à nier ou à interroger. (150, 151.)

Ce sont les adjectifs...
On les appelle n... ou int...

CHAPITRE IV.

DU PRONOM.

16ᵉ Exercice.

PRONOMS PERSONNELS.

Remplaçons le nom par le pronom convenable dans les phrases suivantes.

Alfred est malade. Sophie va venir. Pierre et Paul sont laborieux. Marie et Thérèse sont amies.

Écrivons et complétons.

La première personne est celle qui...
La seconde personne est celle...
La troisième personne est celle...
Tous les pronoms qui remplacent les noms ci-dessus sont des pronoms de la... personne.

Disons à quelle personne appartient chacun des pronoms employés dans la phrase suivante, disons leur genre et leur nombre.

Je sais ma leçon. Tu peux la réciter. Elle n'est pas

longue. Vous vous trompez. Nous le voyons bien. Donnez-lui deux bons points. Il les aura bientôt perdus. Il se dissipe.

Je pronom de la... personne... etc.

Un des pronoms personnels de la troisième personne, sans pluriel, s'appelle pronom réf... (Depuis 152 jusqu'à 160.)

Distinguons dans les phrases suivantes les PRONOMS et les ARTICLES en soulignant seulement les pronoms.

La voile se gonfle sur la mer; le vent la fait enfler, puis la pousse du côté où il souffle; vous ne pouvez le combattre qu'avec la rame. Les voiles, le mât, les cordages, tout lui donne prise et devient dangereux ; les marins distinguent les vents : ils les redoutent souvent ; d'autres fois ils les invoquent, et ils les suivent toujours avec attention. Il faut bien rendre aux gens de mer cette justice que leur vie est dure et laborieuse : la mort se présente à eux d'une manière imprévue, mais il semble que la vie des passagers leur soit plus précieuse que leur propre existence, tant ils font d'efforts pour les préserver à leurs risques et périls.

(160, 161, 162, 163.)

17ᵉ Exercice.

PRONOMS POSSESSIFS.

Écrivons et complétons.

Le pronom qui marque la possession s'appelle pronom p...; il y a une espèce de mot qui se rapproche de ce pronom par sa signification, c'est l'adj... pos...

Le pr... poss... est toujours précédé de l'a...

L'adj... poss... est toujours suivi d'un sub...

Cherchons à reconnaître dans les phrases suivantes les pronoms possessifs et les adjectifs possessifs : nous marquerons

DU PRONOM.

un trait *sous* les pronoms possessifs ; nous en marquerons un *sur* les adjectifs possessifs.

Je n'ai plus de canif; mon frère a cassé le mien, après avoir perdu le sien ; ma sœur m'avait promis qu'elle dirait à notre mère de m'en acheter un. Nos enfants sont plus paresseux que les vôtres ; mais votre sévérité est plus grande que la nôtre. Leur caractère est aussi bien différent.

Disons à quoi sert l'accent circonflexe qui se trouve sur quelques-unes de ces formes. (164, 165, 166, 167.)

PRONOMS DÉMONSTRATIFS.

Ecrivons et complétons.

Les pr... qui servent à désigner les pers... ou les ch... s'appellent pr... dé... Ils se distinguent des adj... dé... en ce que le pr... remplace toujours le nom, tandis que l'ad... est toujours suivi d'un nom.

Marquons d'un trait *au-dessous*, les pronoms démonstratifs, d'un trait *au-dessus* les adjectifs démonstratifs dans les phrases suivantes :

Ce livre n'est pas celui de mon père, celui-ci est à moi, celui-là à maman. Cette image est tombée de cet autre livre : celle que j'ai est plus belle. Est-ce à vous ? — Non, c'est plutôt à vous.

Indiquons les adverbes de lieu qui entrent dans la composition de certaines formes du pronom démonstratif. . . . .
. . . . (depuis 168 jusqu'à 174.)
Indiquons toutes les formes du pronom démonstratif au masculin. . . . . (169, 170.)
Indiquons toutes les formes du pronom démonstratif au féminin. . . . . (169, 170.)
Faisons connaître la nuance indiquée par ci et LA.
. . . . (174, 175.)

18ᵉ Exercice.

PRONOMS RELATIFS.

Ecrivons et complétons.

Les pronoms *qui, que, quoi, dont, lequel*, s'appellent pr... rel... ou c...   (176, 177, 178.)

Intercalons les pronoms conjonctifs nécessaires dans les petites phrases qui suivent.

Le chien q... court. La montagne q... je vois. Le pays d... on parle. Je ne sais en q... je vous ai blessé. Pour q... travaillez-vous? De ces deux objets, l... aimez-vous le mieux.   (179.)

Quand ces pronoms servent à faire des questions, on les appelle pr... int...   (181.)

Lequel, laquelle, sont composés de...   (180.)

PRONOMS INDÉFINIS.

Ecrivons et complétons.

Quand un pr... remplace un subs... sans le désigner autrement que d'une manière vague, on l'appelle pr... ind... parce qu'il ne *définit* pas assez la personne ou l'obejt auxquels il fait allusion.   (182.)

Il y a des pr... ind... et des adj... indéfinis. Le pr.. ind... est toujours mis à la place d'un subs...; l'adj... ind... est toujours suivi d'un s...   (184.)

Marquons d'un trait *au-dessous* les pronoms indéfinis, et d'un trait *au-dessus* les adjectifs indéfinis dans les phrases suivantes.

Un homme avait trois fils. Un partit pour la guerre; un autre se fit marin; l'autre enfin cultiva son bien. Chacun eut son métier; mais chaque métier a quelque ennui. Quelques-uns portent envie à d'autres dont ils ne connaissent pas tous les chagrins. Personne n'en est

DU VERBE.

exempt. Le but où on tend est de trouver le bonheur. On le cherche souvent bien loin : on n'y arrive pas souvent parce qu'on n'en connaît pas toujours le chemin.
(183, 184.)

Remarquons les mots ou, y, en, et disons dans quel sens et pour quels mots ils sont employés ici. (185.)

CHAPITRE V.

DU VERBE.

DU VERBE, DU SUJET, DU COMPLÉMENT DIRECT, DU COMPLÉMENT INDIRECT.

19ᵉ Exercice.

Trouvons et soulignons les verbes dans les phrases suivantes :

Vous agissez mal avec moi. Allez, je ne vous aime plus. Vous paraissez agitée. Nous arrivons d'un long voyage. Cette lampe baisse beaucoup. On n'y voit plus clair. Courez chercher de l'huile. Votre père est descendu ce matin et nous l'avons entendu partir. Vous dormiez encore. Je n'ai pas voulu vous appeler. Ernest se tient mal à table, il s'accoude toujours et n'obéit pas à ses parents. Je connais des enfants qui contentent leurs maîtres, et qui se distinguent par leur travail. (186.)

Écrivons et complétons.

Le sujet du verbe est le... (187.)

. . . .

. . . .

Le régime ou complément du verbe est le ..

. . . . (189.)

Trouvons tous les *sujets* exprimés dans les phrases citées plus haut : vous agissez, etc., etc., et écrivons-les ici : (188.)

Trouvons les compléments ou régimes directs dans les mêmes phrases, et écrivons-les ici.

. . . .

Ecrivons et complétons.

Le complément ind... complète l'idée exprimée par le v... et il se rattache au v... par le moyen d'une pr...
(191, 192.)

Essayons de reconnaître tous les compléments *indirects* dans les phrases qui suivent et soulignons-les avec leur *préposition* :

Il s'est suspendu à l'arbre voisin. Il était suivi de toute sa famille. Nous étions transis par le froid. Nous avons à nous plaindre de vous. Je puis donner satisfaction à tout le monde. Il fut saisi par les voleurs. Il s'en prend à moi. Je le fais pour vous. Il regorge de richesses. Il sort de la maison. (191.)

Les mots pouvant servir de sujet au verbe sont le... le... et... (193.)

Trouvons les différents sujets dans ces phrases et soulignons-les.

Il faut surmonter cette envie continuelle de parler qui vous assiége. Se taire est le meilleur parti quand parler peut vous nuire. (193.)

20° Exercice.

EMPLOI DU NOMBRE ET DES PERSONNES DANS LES VERBES.

Ecrivons et complétons.

La partie du verbe qui change d'après le nombre et la personne du sujet s'appelle la t... (194, 195, 196, 197.)

Nous écouterons le morceau que vous chanterez ensemble. Je chante rarement : j'aime mieux écouter. Si je chantais comme vous chantez, je ne me ferais pas prier. Mais tu n'écoutes pas. Tu chantes entre tes dents : ton frère chante mieux que toi. Paul et Thérèse chantent mieux que vous quand ils font leur duo.

Soulignons d'abord toutes les portions de verbe que l'on appelle *terminaisons* dans les phrases qui précèdent.
(194, 195, 196, 197.)

Indiquons ensuite en les écrivant, les *pronoms* des différentes *personnes* employés dans ces mêmes phrases, et marquons à côté les *terminaisons* correspondantes. Ainsi :

PRONOM :	TERMINAISON :
Nous, première personne pluriel.	ons.
. . . .	. .

(198, 199.)

On appelle accord du v... le rapport entre la term... et le suj...   (200.)

21ᵉ Exercice.

DES MODES.

Écrivons et complétons.

Toutes les fois qu'on se sert d'un verbe, on l'emploie dans un certain *mode*, et dans un certain *temps*.
Les modes ne sont autre chose que. . . . . . .
. . . .
Les modes sont au nombre de...   (201.)
Je sens que je dormirais si je me tenais à ne rien faire. Apporte-moi donc mon livre ou mon tricot. Je veux que tu ailles te coucher. J'attendrai seule en travaillant que ton père revienne. Il te trouverait endormie si tu restais là. Va-t-en avec ta bonne. Je ne suis pas fatiguée.

Cherchons les différents modes exprimés dans les phrases qui précèdent et plaçons-les sous chaque mode indiqué ici.

EXERCICES GRADUÉS.

INFINITIFS.	INDICATIFS.	CONDITIONNELS.
. . .	. . .	. . .

IMPÉRATIFS.	SUBJONCTIFS.	PARTICIPES.
. . .	. . .	. . .

(Depuis 202 jusqu'à 209.)

Il y a quatre modes *personnels* qui sont...

. . . .

Il y a deux modes *impersonnels* qui sont...

. . . .

(209.)

22ᵉ Exercice.

DES TEMPS.

Écrivons et complétons.

Le temps ou moment dans lequel une action peut se faire se divise en trois parties ; ce qui donne naissance à trois temps principaux qui sont.

. . . .

Les temps principaux se subdivisent en t... s... (210).
Le *mode* qui contient le plus de temps est l'indicatif.

(223.)

Il en contient...

Écrivons les *temps* qui se trouvent dans le *mode* indicatif (223).

Le présent a une seule forme et ne se subdivise pas.

(212.)

Le futur a... formes : le... le.., (219-220.)
Le passé a... formes : le... (213-214-215-216-217-218.)

. . . .

A côté des formes que nous allons écrire, marquons dans la parenthèse le temps auquel appartient cette forme. (243.)

DES TEMPS.

J'aime   (   ). | J'eus aimé   (   ).
J'aimais   (   ). | J'avais aimé   (   ).
J'aimai   (   ). | J'aimerai   (   ).
J'ai aimé   (   ). | J'aurai aimé   (   ).

Ecrivons quelques phrases :

Le vent souffle avec force ; la mer a grossi depuis hier; elle était calme et n'avait rien de menaçant quand nos marins partirent. Ils ont dû souffrir beaucoup cette nuit. La pêche eût été bonne si le temps s'était maintenu. Quand vous aurez terminé votre ouvrage nous ferons une prière pour ceux que la tempête menace. Je recueille ce que j'ai semé. Je pardonnai trop facilement les fautes de Louis. Il ne tint aucun compte de mes observations : il n'écouta que son goût pour les plaisirs. J'avais promis d'en faire un bon sujet ; j'eusse pu y réussir. Au contraire, j'aurai perdu ma peine, et je me repentirai de ma faiblesse.

Inscrivons sur la ligne où les *temps* sont désignés les verbes des phrases précédentes qui conviennent à cette désignation. Ainsi :

Présent, souffle. . . . .
Imparfait, était. . . . . , . . .
Parfait défini. . . . .
Parfait indéfini. . . . .
Conditionnel passé, 2° forme . . . . .
Plus-que-parfait. . . . .
Futur. . . . .
Futur antérieur. . . . .

(Depuis 210 jusqu'à 222.)

23ᵉ Exercice.

Prenons dans la Grammaire le verbe AIMER (243) et après avoir lu le paragraphe 221, indiquons tous les temps simples et tous les temps composés à tous les modes.

TEMPS SIMPLES.	TEMPS COMPOSÉS.
Présent de l'indicatif.	Parfait indéfini. |□

. . . .

Le mode qui se trouve dans tout temps composé, c'est le par... pa...   (221.)

DES TEMPS PAR RAPPORT AUX MODES.

Les temps ne doivent pas être confondus avec les modes.

Ecrivons les noms de certains temps et de certains modes en les entremêlant.

Plus-que-parfait, subjonctif, futur, conditionnel, présent, indicatif, participe, parfait antérieur, imparfait, infinitif, parfait défini, impératif, parfait indéfini, futur antérieur, passé.

Marquons d'un *t* au-dessus, les temps ; marquons d'un *m* au-dessous, les modes désignés dans ces lignes. (Depuis 222 jusqu'à 230.)

Certains modes ont le présent et le passé, sans subdivision du passé ; citez ici ces modes en les cherchant dans le verbe aimer.   (243.)

. . . .

Ecrivons et complétons :

On se sert de l'*indicatif*, pour :
Du *subjonctif*, pour :
De l'*impératif*, pour :

DES TEMPS.

Du *conditionnel*, pour :
Du *participe*, pour :
De l'*infinitif*, pour :

(Depuis 202 jusqu'à 209.)

Le *temps* appelé *présent* se trouve dans les *modes* appelés...

Le *temps* appelé *futur* se trouve dans les *modes* appelés...

Le *temps* appelé *parfait* se trouve dans le *mode* appelé...

Le *temps* appelé *imparfait* se trouve dans les *modes* appelés...

Le *temps* appelé *plus-que-parfait* se trouve dans les *modes* appelés...

Le *temps* appelé *parfait défini* se trouve dans le *mode* appelé...

Le *temps* appelé *parfait indéfini* se trouve dans le *mode* appelé...

Le *temps* appelé *parfait antérieur* se trouve dans le *mode* appelé...

Le *temps* appelé *futur antérieur* se trouve employé dans le *mode* appelé...

Le *temps* appelé simplement *passé* se trouve dans les *modes* appelés...

(243.)

Il n'y a en tout que huit nuances de temps, quoiqu'il y ait en réalité dix appellations différentes; cela vient de ce que le mot *parfait* n'est pas habituellement appelé parfait indéfini quand il se présente dans le mode *subjonctif*, et que dans les modes *conditionnel* et *participe*, le *passé* n'ayant pas de nuances, conserve son nom de temps passé.

(Depuis 222 jusqu'à 230.)

24ᵉ Exercice.

Lisons le paragraphe 231. On voit qu'il y a plusieurs sortes de verbes.

VERBES AUXILIAIRES.

Ecrivons et complétons :

Auxiliaire veut dire qui *aide*.

En conjuguant le verbe *avoir*, premier auxiliaire, on remarque qu'il s'emprunte à lui-même ses temps *simples* pour former ses temps *composés*, à l'aide de son p... p...   (232-233.)

Ecrivons plusieurs formes du verbe *avoir*.

Ils ont, il aura, que tu eusses eu, ayons, ayant eu, nous avions eu, il eut eu, il a eu, que nous ayons, tu aurais eu, nous eussions eu, que vous eussiez eu, il aurait, avoir eu, vous aviez, nous eûmes, tu auras eu, ayons eu.

Ecrivons le mode, le temps, et s'il y a lieu, la personne représentée par chaque forme.   (234.)

Ils ont : . . . .
Il aura : . . . .

Faire ce travail s'appelle *analyser* les formes d'un verbe.

Réciter de suite tous les modes et les temps d'un verbe s'appelle c... ce verbe.

25ᵉ Exercice.

Ecrivons plusieurs formes du verbe *être*.

Il sera, étant, être, que tu eusses été, vous êtes, je se-

DES VERBES AUXILIAIRES.

rais, il eût été, nous eussions été, ils eurent été, soyez, ils étaient, nous aurions été, qu'ils fussent, vous fûtes, qu'ils soient, nous fûmes, ayons été, avoir été, vous aviez été, il aura été, que vous ayez été, il a été.

Ecrivons le mode, le temps, et s'il y a lieu la personne représentée par chaque forme. (235.)

. . . .
Ecrivons et complétons.

Les deux verbes *auxiliaires* sont le verbe... et le verbe...
(232.)

Les différents *noms* ou *appellations de temps* sont au nombre de... (210-222.)

Nommons ces formes de temps :
. . . .

Les différents *noms* ou *appellations de modes* sont au nombre de... (201-210.)

Nommons ces formes de modes.
. . . .

Ecrivons et complétons.

Quand le verbe *être* signifie *exister* on l'appelle verbe s... (236.)

Nous trouvons dans les mots : *Je suis mangeant*, l'idée d'existence exprimée par...; l'idée de manger exprimée par... Rendons ces deux idées en un seul mot : Je...

. . . .

Je suis travaillant.	Je. . . . .
Je suis courant.	Je. . . . .
Je suis montant.	Je. . . . .

L'idée qui accompagne l'idée d'existence et qui est exprimée par les mots tr... c... m... s'appelle l'*attribut* du verbe être. Tous les verbes à l'exception du verbe Être sont appelés verbes attr... (236, 237, 238.)

26ᵉ Exercice.
DES VERBES ACTIFS.

Ecrivons.

Allongez votre bras. Baissez la tête. J'ai chaussé mon soulier. Je me chauffe les mains. J'allume ma lampe. Il amassait de l'argent. Nous arrangerons nos affaires. Ils ont attaché cette courroie.

Indiquons en les soulignant les *compléments directs* qui sont dans la phrase précédente, et mettons à l'infinitif tous les verbes qui sont à un autre mode. (239.)

. . . .

Ecrivons et complétons.

L'action est marquée par le v...
Le complément direct est marqué par le s.. (239, 240.)
Les conjugaisons sont au nombre de...
Leur terminaison à l'infinitif est en... pour la première, en... pour la deuxième, en... pour la troisième, et en... pour la quatrième. (241, 242.)

PREMIÈRE CONJUGAISON, AIMER.

Analysons les formes suivantes :

Allongez...
Baissez...
J'ai chaussé...
Je chauffe...
J'allume, etc... (243.)

Ecrivons un certain nombre de verbes en *cer*.

Avancer, amorcer, balancer, tracer, percer, commencer, placer, enfoncer, exercer, lancer, pincer, menacer, prononcer.

Indiquons la troisième personne du singulier du parfait défini, la première personne du pluriel du présent de l'indicatif, et la troisième personne du singulier du futur de chacun de ces verbes.

Il avanc...   Nous avanc...   Il avanc...

. . . .
(244.)

DES VERBES ACTIFS.

27ᵉ Exercice.

REMARQUES SUR QUELQUES VERBES DE LA PREMIÈRE CONJUGAISON.

Infliger, juger, obliger, protéger, charger, ranger, allonger, plonger, partager, changer, ravager, enrager, figer, héberger, loger, encourager, endommager, encager, égorger, exiger, diriger, déménager, engager, corriger, saccager, nager.

Indiquons la première personne du pluriel du parfait défini, la troisième personne du pluriel de l'imparfait du subjonctif, et la première personne du pluriel du présent de l'indicatif de chacun de ces verbes :

   Nous inflig...   Qu'ils inflig...   Nous inflig...

(245.)

Appuyer, coudoyer, ennuyer, ployer, délayer, essayer, essuyer, égayer, rayer.

Indiquons la troisième personne du singulier du présent de l'indicatif, la troisième personne du singulier du parfait défini et la première personne du pluriel du futur de chacun de ces verbes.

   Il appu...   Il appu...   Nous appu...

(246.)

Appeler, niveler, ruisseler, souffleter, rejeter, déchiqueter, atteler, bourreler, déceler, harceler, peler, acheter, étiqueter, becqueter.

Indiquons la première personne du pluriel du présent de l'indicatif, la première personne du pluriel du futur, et le participe passé de chacun de ces verbes.

   Nous appel...   Nous appel...   Appel...

(247.

Trier, plier, charrier, châtier, clarifier, épier, crier, envier, lier, mendier, manier, nier, supplier, varier, remercier, oublier.

Indiquons la première et la seconde personne du pluriel de l'imparfait de l'indicatif, et la première et la seconde personne du pluriel du présent du subjonctif.

Nous tri... Vous tri... Que nous tri... Que vous tri...
. . . .
(248.)

28ᵉ Exercice.

DEUXIÈME CONJUGAISON, FINIR.

Nous punirons votre paresse. Vous nous réjouissiez avec vos bonnes paroles. J'ai réfléchi à ce que vous m'avez dit. Vous ravissez chacun par vos chants. Il faut adoucir sa misère. Il fallait qu'il trahît sa parole. Il vieillit ainsi dans le calme et finit sa vie au milieu de ses enfants, à l'âge de quatre-vingt-dix ans.

Indiquons le mode, le temps, la personne de chacun des verbes exprimés dans ces phrases.

Nous punirons. . . . .
Vous réjouissiez. . . . .
. . . . (250.)

Écrivons en entier le présent de l'indicatif et l'impératif du verbe *haïr* :

Je h... Tu h... . . . .
. . . . (251.)

Mettons la forme du participe passé de *bénir* qui convient aux substantifs suivants :

Paul a été bén... par son père. Mes enfants soyez bén...

DES VERBES ACTIFS. 171

de Dieu. Ma tante m'a donné un chapelet bén... C'est vous qui donnerez le pain bén... (252.)

29ᵉ Exercice.

TROISIÈME CONJUGAISON, RECEVOIR.

J'ai aperçu ce matin la voiture que vous avez reçue de Paris. J'en conçois maintenant la légèreté. Le Directeur percevait les impôts. Il fallait bien qu'il reçût beaucoup d'argent.

Indiquons le mode, le temps, la personne de chacun de ces verbes.

J'ai aperçu. . . . .
. . . . (253.)

Signalons les deux radicaux différents de certains verbes de la 3ᵉ conjugaison, comme *recevoir*.

Rec. . . . .   Rec. . . . .

Indiquons les formes qui prennent le radical allongé.

Nous recev...   Vous recev...   etc.
. . . . (254.)

30ᵉ Exercice.

QUATRIÈME CONJUGAISON.

Rendez-nous justice. Il a défendu l'entrée de sa maison. Il prétend que vous étendîtes sur lui votre main. Il tordrait facilement ce fer. Vous répandrez bien des larmes. Je doute qu'il ait vendu son cheval. Il a fallu qu'ils rendissent ce qu'ils avaient pris. J'aurai tout vendu dans une heure. J'aurais étendu le linge. Je défendrai vos intérêts; je vendrais mes biens plutôt que de vous rien faire perdre.

EXERCICES GRADUÉS.

Indiquons pour chacune des formes des verbes de la 4e conjugaison citées dans les phrases précédentes le mode, le temps, et la personne.

Rendez. . . . .
Il a défendu. . . . .

(255.)

Mettons à la troisième personne du singulier du présent de l'indicatif les verbes suivants :

Descendre, feindre, dire, instruire, écrire, nuire, mettre, connaître, prétendre, traire, oindre, perdre, paraître, répandre, prendre, joindre, conduire, vendre, battre, rompre, vivre, fondre, luire, éteindre, coudre, entendre, aveindre, pendre, dissoudre.

Il descen.., Il fein... etc.

(256, 257, 258.)

31e Exercice.

REMARQUES SUR LES TERMINAISONS.

Agiter, agir, descendre, voir, ordonner, mentir, réjouir, remarquer, prédire, ravir.

1° Mettons tous ces verbes à la deuxième personne du singulier du présent de l'indicatif.

. . . .

2° Mettons-les à la troisième personne du singulier du présent de l'indicatif.

3° Mettons-les à la troisième personne du singulier de l'imparfait du subjonctif.

4° Mettons-les à la première personne du pluriel du présent de l'indicatif.

5° Mettons-les à la première personne du pluriel du parfait défini.

. . . .

DES VERBES ACTIFS.

6° Mettons-les à la deuxième personne du pluriel du présent de l'indicatif.

7° Mettons-les à la deuxième personne du pluriel du parfait défini.

8° Mettons-les à la troisième personne du pluriel du présent de l'indicatif.

9° Mettons-les à la troisième personne du pluriel du futur.

(Depuis 260 jusqu'à 266.)

32° Exercice.

FORMATION DES TEMPS. — TEMPS PRIMITIFS. — TEMPS DÉRIVÉS.

Indiquons dans un tableau les temps primitifs des verbes suivants :

Adorer, adoucir, apercevoir, défendre, chanter, avertir, concevoir, étendre, donner, embellir, percevoir, répandre.

PRÉS. DE L'INF.	PRÉS. DE L'IND.	PARF. DÉF.	PART. PRÉS.	PART. PAS.
Adorer.	J'adore.	J'adorai.	Adorant.	Adoré.

(266, 267.)

Indiquer le futur et le conditionnel de ces mêmes verbes.

J'adorerai, j'adorerais, j'adoucirai . . . . . . (268, 269.)

Indiquons l'impératif de ces mêmes verbes.

Adore, adoucis . . . . (270.)

Indiquons le présent du subjonctif de ces mêmes verbes.

Que j'adore, que j'adoucisse. . . . . (271, 272.)

174   EXERCICES GRADUÉS.

Indiquons l'imparfait du subjonctif de ces mêmes verbes.

Que j'adorasse, que j'adouc. . . . .
. . . . (273.)

Indiquons l'imparfait de l'indicatif de ces mêmes verbes.

J'adorais, j'adouc. . . . .
. . . . (274.)

Indiquons le parfait indéfini de ces mêmes verbes.

J'ai adoré, j'ai adouc. . . . .
. . . . (275.)

33ᵉ Exercice.

DE LA CONJUGAISON INTERROGATIVE. — DE LA CONJUGAISON NÉGATIVE.

Conjuguons entièrement le mode indicatif des verbes *aimer* et *venir* avec la forme interrogative.

    Aimé-je?   Viens-je?
. . .   . . .
. . . . (276.)

Conjuguons entièrement le mode indicatif de ces deux mêmes verbes avec la forme négative.

    Je n'aime pas.   Je ne viens pas.
. . . .
. . . . (277.)

Conjuguons entièrement le mode indicatif de ces deux mêmes verbes avec la double forme négative et interrogative.

    N'aimé-je pas?   Ne viens-je pas?
. . . .
. . . . (278, 279.)

DES VERBES PASSIFS.

34ᵉ Exercice.

DES VERBES PASSIFS.

Exprimons en tournant par le *passif* les idées exprimées par l'*actif* dans les phrases suivantes.

Le vent dessèche les moissons. — La pluie gâte les blés. — Le chagrin aigrit le caractère. — La paresse tue l'esprit. — Dieu aime les hommes. — Les ouvriers bâtissent la grange. — La vague balance la barque. — Le feu chauffe l'eau de la chaudière. — La tempête courbe les arbres. — Le prince gouverne les sujets. — Le maître instruit les écoliers. — La loi protége les citoyens. — Le coq réveille les villageois. — La mère réprimande le fils. — Le marin redoute l'orage.   (280, 281, 282.)

Les moissons sont desséchées par le vent. — L. . . .
. . . .

Exprimons en tournant par l'actif les idées exprimées par le passif dans les phrases suivantes.

Le feu a été ravivé par moi. — Cette histoire avait été rapportée par ton père. — Les ennemis seront soumis par notre prince. — Il était soupçonné par tout le monde. — Mon ami a été sauvé par son frère. — Léon est toujours tracassé par son cousin. — Il eût été réclamé par sa mère. — Nous avons été unis par l'amitié. — Les prisonniers ont été délivrés par leurs amis. — Ils eussent été massacrés par les soldats. — Vous serez maintenu par la force. — Elles étaient toutes mouillées par la pluie. — Le gouvernail était tenu par Joseph. — Il avait été mutilé par le canon.

J'ai ravivé le feu. — Ton père avait. . . . . . .
. . . .   (282, 283.)

EXERCICES GRADUÉS.

VERBE PASSIF-ÊTRE AIMÉ.

Ecrivons et complétons.

Le verbe passif se compose à l'aide du. . . . . . auquel on ajoute le. . . . . (281, 284, 285.)
Le complément du verbe passif s'appelle c. . . .
Le complément du verbe actif s'appelle c. . . . .
Dans une phrase que l'on tourne de l'actif au passif, le sujet devient c. . . . .
Dans une phrase que l'on tourne du passif à l'actif, le complément devient s. . . . . . . (280, 283.)

Prenons le participe passé des six premiers verbes passifs dont on s'est servi dans l'exercice précédent :

Le feu, etc., et faisons-le accorder avec les six pronoms suivants :

Je suis ravivé, rapporté, soumis, soupçonné, sauvé, [tracassé.
Il est. . . . ., ..., ..., ...,
Elle est
Nous sommes
Ils sont
Elles sont   (285.)

35ᵉ Exercice.

DES VERBES NEUTRES OU INTRANSITIFS.

Ecrivons et complétons.

Les verbes actifs ont un complément. . . . . .
Les verbes passifs ont un complément. . . . . .
Les verbes neutres n'ont jamais de complément. . .
Les verbes neutres peuvent avoir un complément. .
On reconnaît qu'un verbe est neutre quand on ne peut pas lui donner de complément... (286, 287, 288, 289.)

DES VERBES PASSIFS.

Les verbes neutres ne peuvent pas se tourner par le p. . . . . (289.)

Ils se conjuguent dans leurs temps composés avec le secours de l'auxiliaire... ou de l'auxiliaire... (288.)

Ecrivons plusieurs formes de verbes, soit actifs, passifs ou neutres, puis nous en composerons un tableau en les rangeant sous la dénomination qui leur convient.

La lime enlève la rouille. — Il lève son bras. — Montez ici. — Sa part est perdue. — Nous sommes meublés. — Il a masqué son visage. — Il nage fort bien. — Le passage a été nivelé. — Il mourra de douleur. — Mesurez donc le chemin. — Il est né dans l'hiver. — Je l'ai bien noté. — Il a été noirci par les méchants. — Vous marchez droit. — Il mendie son pain. — Vous manquerez d'argent. — Ouvrez la fenêtre. — Son fils lui a été enlevé. — Ce sable provient d'une mine. — La pierre a été pulvérisée. — Il rit sans cesse. — Ils eussent été perdus. — Le feu pétille. — Vous paraissez et vous disparaissez à chaque instant. — Nous recherchons la compagnie. — Le serpent rampe sur le sol. — La chambre a été rafraîchie. — La baguette a rebondi en l'air. — Allumez le feu. — Le bois résonne du cri des chiens. — J'ai senti un grand froid. — Le torrent a renversé le pont. — Il avait été réparé l'an dernier. — Le bois ne peut résister. — Vous flânez constamment. — Mon meuble est fabriqué. — Ne jasez donc pas. — Vous lassez ma patience. — Son cheval galope. — Il a été piqué.

VERBES ACTIFS.	VERBES PASSIFS.	VERBES NEUTRES.
Enlève.	Est perdue.	Montez.
. . .	. . .	. . .

(243, 282, 290, 291.)

Ecrivons et complétons.

Quand un verbe neutre se conjugue avec le verbe auxiliaire *avoir*, le participe passé qui entre dans les temps composés est invar... Quand un verbe neutre se conjugue avec le verbe auxiliaire *être*, le participe passé qui entre dans les temps composés est var.:., et s'accorde avec le s... du verbe.

Appliquons cette règle aux verbes neutres qui suivent, en employant la troisième personne du parfait indéfini, avec *elle* pour sujet.

Hésiter. — Mourir. — Discourir. — Disparaître. — Agir. — Devenir. — Arriver. — Bouillir. — Courir. — Circuler. — Danser. — Éclater. — Intervenir. — Durer. — Tomber. — Vivre.

    Elle a hésité.   Elle est morte.
    Elle . . .   . . .

(290, 291.)

36ᵉ Exercice.

DES VERBES RÉFLÉCHIS OU PRONOMINAUX.

Écrivons et complétons.

Je me brûle. — Tu te chauffes. — Il se bat. — Nous nous disputons. — Vous vous fâchez. — Ils se calment.

Dans chacune de ces formes, il y a... pronoms.

C'est à cause de cela que ces verbes ont été appelés verbes pr...

Tous les verbes actifs peuvent devenir pr...

Donnons la forme pronominale aux verbes suivants en doublant le pronom.

Je lève. — Tu mesures. — Il nomme. — Nous maintenons. — Vous préparez. — Ils placent.

Les pronoms à intercaler sont toujours de la même personne que le pronom sujet : ce sont ici les pronoms : me. . . . .
. . . .

On aura donc : Je me lève. . . . (293, 294.)

DES VERBES RÉFLÉCHIS OU PRONOMINAUX.

Les verbes pr... ainsi formés sont appelés verbes pr... acc. . . . .

On forme encore des verbes pr... acc... avec des verbes neutres. (296, 297, 298.)

Rendons pronominales les formes suivantes, en ajoutant le deuxième pronom.

Je plais. — Tu nuis. — Il subvient. — Nous succédons. — Vous suffisez. — Ils ressemblent.

Je me pl. . . . Tu. . . . .

Dans les verbes pr... ac... formés de verbes actifs, le second pronom est un complément. . . . .
Dans les verbes pr... ac... formés de verbes neutres, le second pronom est un complément. . . . . . .
(296, 297, 298.)

Reprenons les deux séries de verbes pronominaux citées plus haut. Plaçons le deuxième pronom après le verbe.

1° Je me lève. Je lève *moi*. | 2° Je me plais. Je plais *à moi*.
. . . . | . . . .
. . . . | . . . .

Nous trouvons ainsi dans le premier cas que le deuxième pronom est complément d..., que dans le second cas, il est c... indir... (296, 297, 298.)

37ᵉ Exercice.

Écrivons et complétons.

Mais il y a des verbes pr... qui ne peuvent s'employer ni comme verbes actifs, ni comme verbes neutres. Ils ont toujours les deux pr...

On les appelle pronominaux ess..., comme *Je m'empare de*... (295.)

Écrivons ici des verbes pronominaux en mêlant les deux espèces, les *essentiels* et les *accidentels* et divisons-les ensuite en trois colonnes suivant leur origine. (295, 296, 297, 298.)

Je me fâcherai. — Tu t'instruis peu. — Il se moque. — Nous nous obstinons. — Vous vous occupez. — Ils s'oublient. — Je me résigne. — Tu te répètes. — Il se prosterne. — Nous nous consultons. — Vous vous efforcez. — Ils s'enfuient. — Je m'affranchis. — Tu t'enrichis. — Il s'endort. — Nous nous embrouillons. — Vous vous embellissez. — Ils s'élancent. — Je me garde. — Tu te hâtes. — Il se racornit. — Nous nous ruons sur lui. — Vous vous rétablissez. — Je me ralentis. — Tu t'épuises. — Nous nous manquons. — Vous vous mourez. — Ils se rassemblent. — Je m'en vais. — Tu t'embrouilles. — Tu t'accoutumes. — Il se démène. — Nous nous disputons. — Vous vous desséchez. — Ils se dépêchent. — Je me dégourdis. — Tu t'ennuies. — Il s'écrie. — Nous nous convenons. — Vous vous divisez. — Ils s'aperçoivent. — Je me tapis. — Tu te survis. — Il s'amuse. — Nous nous accoudons. — Vous vous trompez. — Ils s'envolent.

VERBES PRONOMINAUX ACCIDENTELS		PRONOM. ESSENTIELS.
FORMÉS DE VERBES ACTIFS.	FORMÉS DE VERBES NEUTRES.	
Je me fâcherai.	Nous nous manquons.	Il se moque.
. . . .	. . . .	. . . .

Ecrivons le parfait indéfini, le subjonctif présent, l'impératif, le participe présent du verbe pronominal essentiel *se démener*.

PARFAIT INDÉFINI. PRÉSENT DU SUBJONCTIF. IMPÉRATIF. PARTICIPE PRÉSENT.

. . . .

(300.)

Expliquons les formes pronominales suivantes :

Cela se peut ; cela ne se dit plus ; ce vêtement ne se porte pas l'hiver ; cela ne se lit pas couramment ; cela se voit tous les jours.

DES VERBES IRRÉGULIERS.

Ces tournures équivalent à l'emploi du. . . . .
(301.)
Les verbes pronominaux s'appellent encore verbes r...
(293.)

38ᵉ Exercice.

VERBES IMPERSONNELS.

Disons quel peut être le sujet des verbes suivants :

Geler, tonner, pleuvoir, falloir, venter, grêler, neiger, bruiner. . . . . (302.)

Mettons tous ces verbes à l'imparfait de l'indicatif.

Il g. . . . . (303.)

Citons l'indicatif complet de tonner.
. . . .
Citons le conditionnel de falloir.
. . . .
Citons le subjonctif entier de grêler.
. . . .

VERBES DÉFECTIFS.

Ecrivons et complétons

Les verbes auxquels il manque des modes, des temps, des personnes, s'appellent verbes d. . . . Ce mot d. . . . veut dire *qui manque de quelque chose.* (305.)

39ᵉ Exercice.

DES VERBES IRRÉGULIERS.

Je ne conseillerai pas de donner à faire à la suite les uns des autres les exercices sur les verbes irréguliers.

EXERCICES GRADUÉS.

Une pareille monotonie serait peu agréable pour les enfants. On peut donc les entremêler avec d'autres exercices. Mais il est essentiel de les faire, tout en prenant son temps.

Dans chaque conjugaison, on trouve des verbes, dont certains modes, certains temps, ou certaines personnes s'écartent des règles de la formation.

Ces verbes s'appellent pour cela v... irrég... (306, 307.)

FORMES DES VERBES DÉFECTIFS OU IRRÉGULIERS.

PREMIÈRE CONJUGAISON.

Dans la première conjugaison, il n'y a que deux verbes irr... *al...* et *en...*

Indiquons dans un tableau les formes du verbe *aller* qui commencent par *v*, par *a*, par *i*.

v.	a.	i.
Je *vais*.	Nous *allons*.	J'*irai*.
. . .	. . . .	. . .

(308.)

Le seul temps irrégulier dans *envoyer*, c'est le... (309) d'où se forme le...

40ᵉ Exercice.

DEUXIÈME CONJUGAISON.

Acquérir. Indiquons les formes de ce verbe où *i* ne paraît pas avant *e*, et les formes qui prennent cet *i*.

Nous acquérons.	J'acquiers.
. . . . .	. . . .

Disons la différence qui existe entre l'imparfait de l'indicatif, le futur et le conditionnel.

. . . .

DES VERBES IRRÉGULIERS.

Rapprochons les formes du parfait défini, de l'imparfait du subjonctif, et du participe passé.
. . . . (310.)

Assaillir. Disons quelles formes de ce verbe semblent appartenir à la première conjugaison.
. . . . (311.)

Bouillir. Écrivons en regard le présent de l'indicatif et le présent du subjonctif de ce verbe. (314.)

Conquérir. Disons le verbe sur lequel *conquérir* pourrait se conjuguer en entier.

C'est...

Citons les formes les plus usitées.... (315.)

Courir. Citons les deux seuls parfaits définis de la 2ᵉ conjugaison qui se terminent en *us* au lieu de se terminer en *is*.

Je... et je... (316, 328.)

Disons la différence entre l'imparfait, le futur, et le conditionnel de *courir*.

. . . .

Conjuguons en regard le présent de l'indicatif et le présent du subjonctif de ce verbe.

Je c... — Que je c...

Les verbes dans lesquels il entre une préposition s'appellent verbes c...

Citons quelques verbes composés formés de *courir*.
. . . . (316.)

Indiquons dans le verbe *discourir* toutes les formes que nous avons relevées dans le verbe *courir*. (316.)

. . . .

41ᵉ Exercice.

Cueillir. Marquons dans ce verbe les formes prises à la 1ʳᵉ conjugaison, et les formes prises à la 2ᵉ.

Première conjug.   Deuxième conjug.
. . . .

EXERCICES GRADUÉS.

Conjuguons le présent de l'indicatif et le présent du subjonctif en regard.

   Je c...   Que je c...
   . . .   .
                 (317.)

Dormir. Comparons en les conjuguant en regard le présent de l'indicatif et le présent du subjonctif.

   Je d...   Que je d...
   . . .   .
                 (318.)

Faillir et défaillir. Comparons ces deux verbes, et citons les formes de *faillir* qui manquent à *défaillir*.
. . . . (319-320.)

Fleurir. Écrivons et complétons.

Dans cette phrase : L'arbre *fleurissait*, fleurir est pris dans un sens p...

Dans cette autre phrase : Le royaume *florissait*, fleurir est pris dans un sens f...   (322.)

Fuir. Conjuguons en regard le présent de l'indicatif et le présent du subjonctif de fuir.

   Je f...   Que je f...

Conjuguons en regard le parfait défini et l'imparfait du subjonctif.

   Je f...   Que je f...
                 (323.)

Haïr. Citons les personnes du verbe qui n'ont pas de tréma sur l'*i*.   (325.)

Mentir. Conjuguons le présent de l'indicatif et le présent du subjonctif.

   Je...   Que je...
                 (327.)

VERBES DÉFECTIFS ET IRRÉGULIERS.

42ᵉ Exercice.

Mourir. Citons les formes de ce verbe où l'on ne retrouve plus la syllabe *mou*.

....

Conjuguons le présent de l'indicatif et le présent du subjonctif.

   Je...   Que je...
            (328.)

Offrir et ouvrir. Indiquons en regard toutes les formes de ces deux verbes qui semblent appartenir à la 1ʳᵉ conjugaison.

....

Rapprochons ces deux verbes au parfait défini, à l'imparfait du subjonctif, et au participe passé.

.... (329-331.)

Partir. Conjuguons en regard le présent de l'indicatif et le présent du subjonctif.

   Je...   Que je...
            (332.)

Indiquons les différences et les rapports qui existent entre les verbes *partir, départir, repartir, répartir*. (332-334.)

....

Saillir. Indiquons les formes à employer dans les deux phrases qui suivent :

Je me suis heurté contre un angle qui s... sur la porte.
J'ai trouvé une source qui s... sur le terrain.

Mettons le présent de l'indicatif. (337.)

Sentir, servir, sortir. Disons quelle ressemblance présentent entre eux ces trois verbes.

.... (338, 339, 340.)

Expliquons les formes *servant, asservissant, sortant, sortissant, assortissant, ressortissant*.

.... (339, 342, 340, 341, 343, 335.)

43ᵉ Exercice.

Souffrir. Rapprochons les formes semblables de *souffrir* et d'*offrir*.

. . . . (342.)

Tenir. Indiquons les formes où l'*e* du radical *ten*, a disparu en regard de celles où il se conserve.

Conjuguons le présent de l'indicatif et le présent du subjonctif.

. . . . (343.)

Venir. Faisons les mêmes exercices que sur *tenir*.

. . . . (345, 343.)

Indiquons quelques composés de *tenir* et de *venir*.

. . . .

Tressaillir. Indiquons en regard les formes qui paraissent appartenir à la 1ʳᵉ conjugaison et celles qui sont de la 2ᵉ.

. . . . (344.)

Vêtir. Conjuguons le présent de l'indicatif et le présent du subjonctif.

   Je v... ou je v...   Que je...

               (346.)

Citons tous les participes passés de la 2ᵉ conjugaison qui sont terminés par un *t*.

. . . .

Citons ceux qui sont terminés par un *u*.

. . . .

Citons ceux qui sont terminés par un *s*.

        (Depuis 310 jusqu'à 347.)

44ᵉ Exercice.

TROISIÈME CONJUGAISON.

Asseoir. Conjuguons en regard, et à tous les modes les deux formes usitées.

   J'assieds.   J'assois.

VERBES DÉFECTIFS ET IRRÉGULIERS.

Indiquons les différents radicaux du verbe *asseoir*. (347.)

Avoir. Faisons ressortir les irrégularités du verbe *avoir* et citons les principaux radicaux de ce verbe.

Rapprochons le présent de l'indicatif et le présent du subjonctif.

Rapprochons le parfait défini et l'imparfait du subjonctif.

Rapprochons l'imparfait de l'indicatif du participe présent.

Rapprochons le participe présent du participe passé. (348.)

Choir. Citons le futur de choir et de ses composés *échoir* et *déchoir*. Mettons le participe dans ces deux phrases.

Je saurais bien, le cas éch... (participe présent) me présenter au terme éch... (participe passé).

Je l'ai vu bien déch... de sa splendeur première (participe passé).   (350, 351, 352.)

45ᵉ Exercice.

Mouvoir. Indiquons les trois radicaux employés dans *mouvoir* en rapprochant les formes.

MEU.	MOU.	MU.
Je meus.	Nous mouvons.	Je mus.

(354.)

Pleuvoir. Indiquons ses deux seuls radicaux. (355.)

Pouvoir. Rapprochons ensemble les formes semblables de *mouvoir* et de *pouvoir*.

Je meus.	Je peux.	(Je puis).

(354, 356.)

Savoir. Examinons les différents radicaux de ce verbe.

Rapprochons le présent de l'indicatif du présent du subjonctif.

    Je sais.   Que je sache.

Rapprochons l'imparfait du participe présent.

Rapprochons le parfait défini, l'imparfait du subjonctif et le participe passé.

Seoir, messeoir. Formons trois phrases où nous emploierons des formes de ces mots.

L'assemblée n'était plus s... (ad.)
Cela vous s... à merveille.
Cela ne vous s... pas du tout.
C'est une action mals... (ad.)

46ᵉ Exercice.

Valoir. Rapprochons le présent de l'indicatif et le présent du subjonctif.

Citons le futur....
Indiquons les trois radicaux différents du verbe.
                                     (361.)
Rapprochons le subjonctif présent de *valoir* et celui de *prévaloir*.

    Que je vaille.   Que je prévale.

                                (361, 363.)

Voir. Rapprochons le parfait défini, l'imparfait du subjonctif, le participe passé.

    Je v...   Que je v...   V...

VERBES DÉFECTIFS ET IRRÉGULIERS.

Rapprochons le présent de l'indicatif et le présent du subjonctif. . . . . (364.)

Disons en quoi *prévoir* et *pourvoir* s'écartent de *voir* (1) en rapprochant les futurs et les parfaits définis des trois verbes.

je verrai.   je vis.
je pré...   je pré...
je pour...   je pour...
                         (364, 365, 366.)

Vouloir. Rapprochons l'indicatif de *vouloir* et de *pouvoir* au présent.   (367, 356.)

    Je v...   Je p...

Rapprochons le présent de l'indicatif et les différentes formes du présent du subjonctif.

    Je veux.   Que je veuille.
    . . .   . . .
    . . .   . . .

Citons les formes de l'impératif.

    Veux ou v...   (367.)

Indiquons les participes passés de la troisième conjugaison qui se terminent en *is*.   (Depuis 347 jusqu'à 368.)

Indiquons les futurs de la 3ᵉ conjugaison qui se terminent en *drai*.   (Depuis 347 jusqu'à 368.)

47ᵉ Exercice.

QUATRIÈME CONJUGAISON.

Absoudre. Indiquons sur deux colonnes les formes en *sou* et les formes en *sol*.

    J'absous.   Nous absol...
    . . .   .

---

(1) Il y a dans la première édition de la Grammaire une grosse faute d'impression — Au paragraphe 366 on lit : *prévoir* fait au futur je *prévandrai* : lisez : je *prévoirai*.

Rapprochons les participes passés d'absoudre et de résoudre.
. . . . (368.)

Atteindre. Indiquons sur deux colonnes les formes en *tein* et les formes en *teig*.

      J'atteins.   Nous atteig.

    . . .   . . .
                                        (369.)

Battre. Rapprochons le présent de l'indicatif du présent du subjonctif.
. . . .

Boire. Conjuguons le présent de l'indicatif et le présent du subjonctif.

      Je bois.   Que je boive.

    . . .   .

Rapprochons les temps qui commencent par le radical *bu*.

Braire, bruire. Faisons des phrases où nous introduirons les formes usitées de ces deux verbes.
. . . . (372, 373.)

Conclure. Rapprochons le présent de l'indicatif du présent du subjonctif.
. . . . (376.)

Confire. Citons le participe passé.   (377.)

Connaître, naître. Rapprochons les deux verbes *naître* et *connaître* aux temps suivants : passé défini, imparfait du subjonctif et participe passé.

      Je nais.   Je connais.
      Je naq...   Je connus.

    . . .   .
                                  (378, 396.)

Coudre. Mettons en regard les personnes du singulier du présent de l'indicatif.

      Je c...   Nous c...

    . . .   .

VERBES DÉFECTIFS ET IRRÉGULIERS.

Rapprochons le parfait défini, l'imparfait du subjonctif, le participe passé.
. . . . (379.)

48ᵉ Exercice.

Craindre. Rapprochons l'indicatif présent, le futur, le participe passé.
. . . . (380.)

Croire. Conjuguons en regard le présent de l'indicatif et le présent du subjonctif.
. . . .

Rapprochons le parfait défini et le participe passé.
. . . . (381.)

Croître. Mettons en regard dans l'indicatif présent les trois personnes du singulier et les trois personnes du pluriel.

  Je crois.   Nous croissons.
. . . .

Rapprochons le parfait défini et le participe passé. (382.)
. . . .

Conjuguons en regard les deux verbes *croire* et *croître*.
1° Au présent de l'indicatif :

  Je crois   Je crois.
. . . .

2° Au parfait défini...
3° L'imparfait du subjonctif...
4° Citons les deux participes passés... (381, 382.)
. . . .

Dire. Rapprochons les temps principaux de ceux du verbe *confire* et signalons la seule différence qui existe au présent de l'indicatif et de l'impératif, entre les deux *verbes*. (383, 377.)
Expliquons en quoi les composés de dire s'écartent de cette conjugaison. (383, 384.)

Signalons la particularité qu'offre le verbe *maudire*. (385.)
. . . .

Ecrire. Rapprochons le présent de l'indicatif du présent du subjonctif.

. . . .

Rapprochons le parfait défini du participe passé.

. . . . (387.)

49ᵉ Exercice.

Faire. Groupons toutes les formes qui ont le même radical.

fai... Je fais, nous faisons, etc.
fis.... Je fis, nous fîmes..
fo... Ils f...
fa... Que je fas...
fe... Je fer...   (388.)

Instruire,
Luire, } citons les trois participes passés.
Nuire,   (390, 392, 397.)

Mettre. Conjuguons en regard le présent de l'indicatif et le présent du subjonctif.

    Je mets.   Que je m...
   . . .   .

Rapprochons le parfait défini, l'imparfait du subjonctif, le participe passé.

   je m...   que je m...   m...
                                      (394.)

Moudre. Mettons en regard les trois personnes du singulier et les trois personnes du pluriel du présent de l'indicatif.

    Je mouds.   Nous moulons.
   . . . .
   . . . .   (395.)

Prendre. Conjuguons en regard le présent de l'indicatif de *prendre* et celui de *rendre*, avec le subjonctif de prendre.

VERBES DÉFECTIFS OU IRRÉGULIERS.

je prends.   je rends.   que je prenne.

Rapprochons le parfait défini et le participe passé des deux verbes.

. . . . (403, 255.)

50ᵉ Exercice.

Rire. Conjuguons le présent de l'indicatif en regard du présent du subjonctif.

je ris.   que je rie.

Rapprochons le parfait défini du participe passé.

. . . . (404.)

Suffire. Indiquons le participe passé...   (406.)

Suivre. Mettons en regard les trois personnes du singulier et les trois personnes du pluriel du présent de l'indicatif.

je suis.   nous suivons.
. . .   .
                              (407.)

Taire. Rapprochons le parfait défini et le participe passé.
                                                    (408.)
Traire. Conjuguons en regard le présent de l'indicatif et le présent du subjonctif.

je trais.   que je traie.
. . .   . . .
                              (409.)

Vaincre. Conjuguons en regard le présent de l'indicatif et le présent du subjonctif.

. . . .

Rapprochons le parfait défini et le participe passé.   (410.)

Vivre. Rapprochons les temps où l'*i* se montre au radical.

. . . .

Rapprochons les temps où l'*e* se montre au radical.   (411.)
Citons tous les parfaits définis de la 4ᵉ conjugaison qui se terminent par *is*.....

194   EXERCICES GRADUÉS.

Citons tous les parfaits définis de la 4ᵉ conjugaison qui se terminent par *us*.....

Citons tous les participes passés de la 4ᵉ conjugaison qui se terminent par *u* (dans les verbes irréguliers).

Citons tous les participes passés de la 4ᵉ conjugaison qui se terminent par *i*.

Citons tous les participes passés de la 4ᵉ conjugaison qui se terminent par *t*.

Citons les participes passés de la 4ᵉ conjugaison qui se terminent par *s*.   (Depuis 368 jusqu'à 412.)

CHAPITRE SIXIÈME.

51ᵉ Exercice.

DU PARTICIPE.

Écrivons et complétons.

Le mot *participer* veut dire *tenir de*.
Le *Participe* tient de...
L'*adjectif* s'accorde avec le nom ou le pronom auquel il se rapporte, le participe peut s'accorder aussi...
                              (412, 413.)

Trouvons et divisons en colonnes les participes exprimés ci-dessous.

On dit que c'est en forgeant que l'on devient forgeron. Il faut distinguer entre le fer fondu et le fer forgé. Je cherche ces enfants qui sont perdus; on m'a dit les avoir vus descendant la montagne et courant vers la vallée. Peut-être sont-ils arrivés au village; peut-être sont-ils tombés dans quelque précipice.

PARTICIPES PRÉSENTS.	PARTICIPES PASSÉS.
. . . .	. . . . .
	(414.)

Mettons au pluriel les noms et les participes qui sont ici au singulier.

DE L'ADVERBE.

un air exalté,　　　　　　　des...
une couleur changeante,　　　des...
un triomphe assuré,
une blessure fermée,
une voix perçante,
un bruit alarmant,
un oiseau plumé.　　　　　　　(415.)

CHAPITRE SEPTIÈME.

52ᵉ Exercice.

DE L'ADVERBE.

Vous n'êtes pas aujourd'hui ce que vous étiez hier, et vous serez encore autre demain, tantôt bon, tantôt mauvais. Quand serez-vous entièrement raisonnable? Voilà, direz-vous, des reproches. Faites bien, et vous en aurez moins souvent, et vous n'en aurez même plus du tout. Oui, il est assurément plus agréable d'entendre des compliments. Je n'en doute pas. Mais, direz-vous peut-être, en essayant de faire mieux on n'arrive pas toujours à très-bien faire tout de suite. Sans doute, il y a mal, très-mal, ou simplement mal et pire ; mais vous faites à peu près le plus mal possible. Si vous étiez plus assidûment ici, et non dehors, votre ouvrage se ferait mieux. Vous allez je ne sais où, et pour la maison, vous y restez le moins possible.

Prenons tous les adverbes exprimés dans cet alinéa et divisons-les comme il suit :

ADVERBES SIMPLES.	ADVERBES COMP.	ADVERBES AU COMP. OU AU SUPERL.
. . . . . .	. . . . . .	. . . . . .
. . . . . .	. . . . . .	(416, 417, 418, 419.)

Puis nous diviserons les mêmes adverbes, d'après leur signification, ainsi :

temps...
lieu...
manière...
quantité...
ordre...
affirmation...
négation...
doute...   (417.)

CHAPITRE HUITIÈME.

35ᵉ Exercice.

DE LA PRÉPOSITION.

Écrivons et complétons.

L'adverbe sert à...
La préposition sert à...
La préposition a toujours un c...
L'adverbe n'a jamais de c...   (416, 420.)

J'ai visité autrefois la plupart de nos villes commerçantes, et après avoir passé longtemps dans chacune d'elles, j'ai appris à connaître leur importance. Je placerai toujours Marseille avant Lyon. L'une, avec ses trois cent mille habitants, fait plus d'affaires que l'autre qui a trois cent vingt-trois mille habitants. C'est probablement à cause de sa situation au bord de la mer que Marseille l'emporte sur Lyon. Eu égard à l'industrie, les choses se balancent; mais pour le commerce, il n'y a pas de comparaison. Dans l'Est, nous avons de grandes fabriques, à Mulhouse; dans le Nord, à Lille, à Amiens, à Rouen. Les villes les plus commerçantes sont encore le Havre, Nantes et Bordeaux.

Divisons par colonnes les adverbes et les prépositions employés dans cet alinéa, et marquons la signification des prépositions, ainsi :

ADVERBES.	PRÉPOSITIONS.	SIGNIFICATION DES PRÉPOSITIONS.
autrefois	de	origine.
. . .	. . .	. . .

(417, 422.)

Divisons maintenant nos prépositions en :

PRÉPOSITIONS SIMPLES.	PRÉPOSITIONS COMPOSÉES.
. . . . . .	. . . . . .

(424.)

CHAPITRE NEUVIÈME.

54ᵉ Exercice.

DE LA CONJONCTION.

Écrivons et complétons :

Pour unir entre eux les mots, et pour unir les phrases, on se sert de certains mots qui ont reçu le nom de C...
(427.)

Marie et Joséphine sont venues depuis que vous êtes sorties. — Vous travaillerez, ou vous direz pourquoi. — Je n'aime ni les paresseux, ni les dissipés. — Allez, mais revenez vite. — Je vous le permets, quoique vous ne l'ayez pas mérité. — Ouvrez, car nous avons trop chaud. — Il sortirait s'il se portait mieux. — Je pars pour peu que l'on m'en prie. Je reviens aussitôt que je puis. — Je ne vous verrai donc plus. — Il est méchant ; aussi, on ne l'aime pas. — Je n'ai pas veillé, d'autant plus que j'étais souffrant. — Vous le retiendrez de peur qu'il ne parte. — Du reste, il ne s'en irait pas facilement.

Relevons toutes les conjonctions employées dans cet alinéa et marquons leur signification, ainsi :

CONJONCTIONS.	SIGNIFICATION.
et.	liaison.
. . .	. . .

Divisons maintenant nos conjonctions, en conjonctions simples et en conjonctions composées :

CONJONCTIONS SIMPLES.	CONJONCTIONS COMPOSÉES.
et.	depuis que.
. . . . .	. . . . .

(428.)

CHAPITRE DIXIÈME.

55e Exercice.

DE L'INTERJECTION.

Ecrivons et complétons :

Le mot qui est semblable à un cri de la nature, et qui exprime par lui seul un sentiment vif, s'appelle une I...

Il y a des interjections simples et des interjections composées. (430.)

Chut! j'ai déjà ordonné de se taire. — Allons, mon enfant, du courage! nous arriverons bientôt. — Ah! que j'ai mal! — Dieu! que va-t-il arriver? — Aie! aie! je suis mort!

Bah! vous ne m'en avez rien dit. — Fi! y pensez-vous? hé, hé, je n'en serais pas éloigné. — Ohé! Paul! Hein! que dis-tu? Ça donc? Viens avec nous! Oui-dà! Dieu m'en garde. Quoi! Tu hésites! Euh! je ne m'en soucie guère. — Diable! tu es difficile. St', st', on nous écoute.

Divisons les interjections employées dans cet alinéa en interjections simples, en interjections composées, et indiquons leur signification.

INTERJEC. SIMPLES.	SIGNIFIC.	INTERJEC. COMPOSÉES.	SIGNIFIC.
. . . .	. . . .	. . . .	. . . .

(430, 431, 432.)

56ᵉ Exercice.

DE L'ANALYSE.

ANALYSE GRAMMATICALE.

Écrivons.

L'*analyse grammaticale* n'est pas une chose nouvelle pour nous, grâce aux exercices que nous avons faits déjà, et qui nous donnent l'habitude d'*analyser*.

Nous analyserons tous les mots de l'alinéa suivant d'après la méthode indiquée au paragraphe 433, et suivie dans les paragraphes 438 et 439, destinés à nous servir de modèles.

Dieu — l'homme — la foule — la France — le vrai bonheur — un affreux accident — je vous parle — Ecoutez-moi — Regardez là — Vers la montagne — Oh! que je vous admire! Venez demain — Laissez-le donc — Ce champ est-il le vôtre? — Non, c'est celui de Jean. — Mon oncle va venir — Cent hommes le suivent — Plusieurs sont armés. — Quelle résistance pouvons-nous faire? — Les voilà qui viennent — Personne ne combattra. — En prenant ce chemin, vous seriez sauvé. — J'eusse voulu vous suivre. — Je me hâte — Partez. — Il pleut déjà. — Il a été préservé (1).

(1) Ce travail doit être fait à petites doses: quelques phrases pendant quelques jours.

FIN DES EXERCICES SUR LA 1ʳᵉ PARTIE DE LA GRAMMAIRE.

DEUXIÈME PARTIE

57e Exercice.

DE LA SYNTAXE.

INTRODUCTION.

Écrivons et complétons.

La partie de la grammaire où on trouve les règles nécessaires pour arranger les mots entre eux, et pour se rendre compte du rôle qu'ils jouent dans la phrase, s'appelle la S... (440.)

DE LA PROPOSITION.

Les trois termes d'une proposition sont 1°...
2°...
3°...
Le terme qui marque la qualité s'appelle...
Le terme qui lie le suj... et l'at... s'appelle...
La personne ou l'objet en question s'appelle le s...
(443, 444, 445, 446.)

Trouvons les trois termes de la proposition dans chacune des petites phrases qui suivent.

Je cours. Tu approches. Il a mangé. Nous resterons. Vous déraisonnez. Ils se moquent.
. . . . (447, 448.)

Trouvons les trois termes dans les petites propositions qui suivent.

Va — Suis-le — Tourne — Partons — Qu'ils bougent.
(449.)

58ᵉ Exercice.

DES COMPLÉMENTS.

Écrivons.

Les mots qui servent à compléter le sujet, ou le verbe, ou l'attribut, s'appellent des c...

Paul est très-malade aujourd'hui. — La ville entière est sortie à sa rencontre. — Nous pourrons partir sans retard. — La vie à la campagne n'est pas toujours agréable. — Prenez tout cela. — Je m'abandonne à ma douleur. — La vertu la plus grande est la vertu qui n'attend pas de récompense.

Prenons dans ces phrases les mots qui servent de compléments. Écrivons-les ici en indiquant de quel terme ils sont les compléments, ainsi :

  très   complément de l'attribut *malade.*
  aujourd'hui id. du verbe *est.*

. . . .

(450.)

59ᵉ Exercice.

DE LA PHRASE.

DES DIFFÉRENTES SORTES DE PROPOSITIONS.

Observation. Si l'exercice suivant n'est pas encore à la portée de l'élève, on peut l'ajourner, et y revenir quand on s'occupera, après avoir vu la syntaxe, des principes de l'analyse logique.

Saint Louis mourut en Palestine. — Joseph est parti pour l'Angleterre. — Vous souffrez encore. — La Russie est au Nord. — La Bourgogne produit du vin. — Reconnaissez votre faute. — J'ai toujours pensé que Paul réussirait. — Si vous aviez réfléchi, vous n'auriez pas commis cette erreur. — J'ai découvert le moyen que vous cherchez depuis longtemps. — Je lui ai toujours recommandé de suivre les conseils de ses parents. — Il se repentira bien longtemps de ne pas nous avoir obligés. — Préférant le plaisir à tout, il a fini par se perdre. — Descendu au fond du puits, le bouc songea seulement alors à la manière dont il en sortirait.

Considérons ces phrases : décomposons chacune d'elles en propositions, et indiquons ensuite, par les lettres I. P. D. que nous mettrons après chaque proposition, dans une parenthèse, si nous la jugeons indépendante, principale ou dépendante. Exemple :

Saint Louis mourut en Palestine. (I.)

. . . .

J'ai toujours pensé (P.) que Paul réussirait. (D.)

. . . .

(Depuis 454 jusqu'à 460.)

Écrivons et complétons.

Les mots que l'on emploie dans les propositions sont soumis à des règles qui concernent le g..., le n..., les pers..., les m..., les t...   (460.)

La similitude qui s'établit entre les mots par suite des rapports qu'ils ont entre eux s'appelle ac...   (461.)

Les règles qui président à ces rapports s'appellent règles de la S...   (460.)

60ᵉ Exercice.

CHAPITRE PREMIER.

DU NOM OU SUBSTANTIF.

DU GENRE DANS LES NOMS.

Écrivons.

Aide, aigle, amour, automne, chose, couple, délice, enfant, enseigne, exemple, foudre, fourbe, garde, gens, greffe, hymne, manœuvre, mémoire, mode, office, orge, parallèle, pendule, personne, poste, solde, trompette, vase, voile.

Ces mots peuvent varier quant au genre, c'est-à-dire être employés au masculin ou au féminin suivant le sens qu'on leur donne dans la phrase où on les emploie.

Écrivons des phrases où seront employés les substantifs désignés ci-dessus dont le genre peut varier suivant leur signification. Nous mettons dans une parenthèse l'*adjectif*, l'*article*, ou le *participe* qui doivent s'accorder avec le substantif que nous employons. En faisant l'accord nous montrons que nous savons donner au substantif le genre convenable d'après les règles (depuis le paragraphe 463 jusqu'au paragraphe 490. Le masculin indiqué reste naturellement toutes les fois que le veut la règle).

On peut dire que son père et sa mère sont de bien (*bon*) gens, et des gens très-(*dévoué*) aux intérêts de leurs enfants. — Je vous ai toujours offert (*un*) aide pour terminer ce grand travail. — Mon fils aurait pu vous prêter (*un*) aide fort (*intelligent*) grâce à son expérience. — Ce n'est pas un petit travail que d'empailler (*un*) aigle de cette taille, et les aigles (*doré*) que l'on met au bout des drapeaux, comme sont les aigles (*autrichien*) ne donnent pas tant de peine à préparer. — Si j'ai (*bon*) mémoire, vous n'avez jamais reçu (*un*) mémoire aussi (*long*) que celui de ce chef de bureau. Heureusement que (*l*) mémoire de vos créanciers est plus (*court*). — Si personne ne s'était (*dévoué*) dans cette circonstance, plus (*d'un*) personne aurait été victime du feu. Ce courage est (*d'un*) (*bon*) exemple pour les soldats que conduisait l'officier. Par (*un*) manœuvre (*adroit*), il a su tourner la difficulté. — Il faut même des manœuvres (*intelligent*) pour faire ce travail sous les yeux du chef : un artiste y réussit mieux qu'un artisan. — Vos exemples sont (*rayé*) et vous ne l'avez pas encore remarqué. — Je vous ai laissé ne rien faire pendant l'automne (*dernier*), mais à l'automne (*prochain*) vous travaillerez sérieusement : c'est quelque chose de bien (*décidé*). Oui ! comptez-y comme si c'était chose (*fait*). La paresse a toujours été vos plus (*cher*) délices. Mais c'est pour moi (*un*) délice sans (*égal*) que de voir le résultat d'un travail sérieux.

61ᵉ Exercice (suite du précédent).

Quand l'ingénieur eut indiqué les parallèles (*tracé*) dans le camp, on établit les plus (*grand*) postes pour les officiers généraux. On mit (*un*) trompette à chaque angle, avec des gardes (*armé*) qui devaient faire (*un*) garde (*vigilant*) autour de la tente de ces Messieurs. Un piquet de soldats était là avec (*un*) enseigne en grosses lettres pour désigner les différentes parties du camp. Au centre était le médecin avec ses aides (*prêt*) à lui obéir. On apportait là les malades suivant (*l*) mode de transport usité depuis longtemps.

Quand le vaisseau parut avec ses voiles (*déchiré*), exécutant (*un*) manœuvre pour approcher du bord, (*un*) enseigne était sur le pont et contemplait le rivage. Les matelots entonnèrent alors (*un*) hymne en l'honneur de la Vierge pour la remercier de les avoir sauvés. Ils se rendirent aussi aux offices qui furent (*célébré*) le lendemain à la chapelle de Bon-Secours. La veuve du lieutenant qui avait péri s'y rendit la tête couverte (*d'un*) voile noir. Elle avait pour son mari (*un grand*) amour. Paul, enfant déjà (*élevé*), faisait les délices de sa mère; Marie, enfant encore trop (*petit*) pour la consoler, ne comprenait pas son malheur.

Lorsque le meunier arrivera, faites-lui donc placer les orges (*mondé*) non pas dans la cuisine, mais dans l'office (*voisin*) assez (*grand*) pour tout contenir. Il s'est arrêté à l'auberge du Chat-Botté, séduit sans doute par l'enseigne (*peint*) tout à fait dans (*l dernier*) mode. Il a été ensuite chercher nos lettres (*a*) poste qui n'est pas (*éloigné*). Il a acheté en revenant (*un*) ou deux couples de sacs d'avoine. Il est arrivé enfin. Heureusement pour lui que la pendule était (*arrêté*). On ne s'est pas trop aperçu de son retard.

62ᵉ Exercice (suite du précédent).

Si j'établissais (*un*) parallèle entre la langue latine et la langue grecque, j'hésiterais à dire quelle est la plus facile. — La Fontaine nous représente dans Philémon et Baucis (*un*) couple fort bien assorti. C'est un sentiment calme d'affection et non de (*fol*) amours qui conserve le bon accord entre ces deux vieillards. — Ces rosiers n'ont pas donné de fleurs malgré les greffes (*écussonné*) que vous m'aviez (*donné*). — Ces arbres portent la trace (*d*) foudre qui les a frappés. On a vu ensuite le feu s'enfoncer dans (*l*) vase (*profond*) que les pluies précédentes avaient (*laissé*). — Nos gens ayant touché (*l*) solde que l'officier leur devait ont acheté de (*grand*) vases de terre pour les placer dans le jardin. — Il faut absolument que ce commis soit (*un*) fourbe pour avoir soutenu qu'il avait perdu (*l*) solde du mémoire acquitté. Il savait bien le chiffre; mais s'il l'eût dit, on aurait reconnu (*s*) fourbe sur-le-champ; car il n'avait plus la somme qu'indiquait (*l*) solde du compte. Mais il a été obligé de tout avouer quand il s'est vu conduire (*a*) greffe de la police. — En passant dans votre champ, j'ai vu vos orges encore bien (*vert*). — Un poids suspendu de manière à se balancer librement dans l'espace s'appelle (*un*) pendule. — Cet homme est timide et vous le représentez comme (*un*) foudre de guerre. Il fait tant de bruit qu'on croirait entendre (*l*) trompette du jugement dernier. — Vos exemples d'écriture sont (*fait*) merveilleusement. — Il n'y a plus de garde (*national*) dans les petites villes.

(De 462 à 490.)

65ᵉ Exercice.

DU NOMBRE DANS LES NOMS.

Aïeul, ciel, œil, travail.
Ces mots varient dans leur forme au pluriel suivant le sens qu'ils ont.

Nous faisons dans quelques phrases l'emploi de ces mots en laissant la terminaison du mot inachevée (dans la parenthèse). Nous donnerons la terminaison suivant le sens.

AIEUL. Il est assez rare de conserver en même temps ses deux (*aïeu*) paternels et maternels. Car on ne vit pas aussi longtemps à notre époque que du temps de nos (*aïeu*). On appelle (*aïeu*) nos grand-père et grand'mère, c'est-à-dire le père et la mère de notre papa et le père et la mère de notre maman. On dit donc mon *aïeul*, à la place de mon *grand-père*, mon *aïeule* à la place de ma *grand'mère*.

Si je dis que ce prince a déshonoré ses (*aïeu*), j'entends dire par là que sa conduite a été indigne de la gloire et du renom des gens de sa famille qui ont acquis une bonne renommée dans les siècles précédents. (491.)

DU NOMBRE DANS LES NOMS.   207

CIEL. Dans les paysages, il y a bien des choses à soigner : les arbres, les animaux, les (*cie*), les personnages. Il faut donc que le peintre ait considéré bien souvent la couleur ordinaire des (*cie*) pour être capable de la reproduire dans les (*cie*) qu'il peint. La belle couleur bleue du ciel a tant de charmes pour nos yeux, que nous avons pensé que la divinité ne pouvait avoir d'autre séjour que les (*cie*). (492.)

OEIL. Levant les ( ) pour chercher d'où venait le peu de jour qu'il recevait dans sa prison, il vit une ouverture semblable à ces fenêtres rondes que l'on appelle des ( ) de bœuf.

Si vous marchez si difficilement, c'est que vous avez sous les pieds de petits durillons que l'on appelle des ( ) de perdrix parce qu'ils sont tout ronds.

Quand la soupe est bien grasse vous y trouvez à la surface des ronds que l'on appelle des ( ). (493.)

TRAVAIL. Cet entrepreneur a exécuté presque tous les (*trav*) de la ville. Louis XIV était, dit-on, un prince très-laborieux. Il prenait part aux (*trav*) des grands hommes qui étaient ses ministres, et sur les questions importantes il ne prenait de résolution que lorsqu'il avait lu et discuté avec eux les (*trav*) qui lui étaient remis. (494.)

64ᵉ Exercice.

Les mots d'origine latine s'écrivent pour la plupart sans varier au pluriel.

Nous trouvons inachevée la terminaison, écrivons-la suivant la règle.

On a toujours chanté des (*Te Deu*) pour des victoires : on n'en devrait chanter que pour les traités de paix. On devrait célébrer par des (*magnific*) les biens que le ciel nous envoie, une bonne récolte, un hiver court, une invention qui intéresse l'humanité, un progrès dans la sagesse et dans l'amélioration des mœurs. — Ce ne sont pas toujours les gens qui remuent les gros (*in-fol*) qui ont le plus de bon sens et d'idées saines dans la tête, comme aussi la véritable piété ne consiste pas dans le grand nombre d'(*ave mari*) ou de (*pater noste*) que l'on peut dire, mais bien dans l'amour de Dieu et du prochain.   (495.)

Employons au pluriel quelques mots invariables, en suivant la règle.

Celui qui ne veut pas travailler a toujours de mauvaises raisons à donner. On dit alors de lui qu'il a toujours des (*si*), des (*mais*), des (*pourquoi*), c'est-à-dire des objections ridicules à présenter pour ne pas faire les travaux qu'on lui demande.   (498.)

Mots qui ne s'emploient qu'au pluriel.
On appelle (*vêpr*) l'office qui se dit dans l'après-midi.
On appelle (*matine*) l'office qui se dit de bon matin.
   (499.)

65ᵉ Exercice.

DU PLURIEL DANS LES NOMS PROPRES.

Écrivons les noms propres dans la parenthèse : on les mettra suivant les règles au singulier ou au pluriel.

Les grands peintres de l'Italie sont fort nombreux : on cite les (*Giotto*), les (*Léonard de Vinci*), les (*Rosso*), les (*Primatice*), les (*Michel-Ange*), les (*Jules Romain*), les (*Salvator Rosa*) et bien d'autres. (504.)

J'ai commandé au libraire, une douzaine de (*Virgile*), j'ai deux ou trois (*Racine*) et quatre (*Corneille*).

Vous n'ignorez pas qu'il y a plusieurs (*Russie*), celle d'Europe, celle d'Asie et celle d'Amérique.

Les hommes dont les travaux ont le plus contribué à la perfection de notre langue sont les (*Malherbe*), les (*Boileau*), les (*Corneille*), les (*Descartes*), les (*Molière*), les (*Racine*). (504.)

La famille des (*Stuart*) a supporté l'infortune avec une grande dignité. (501.)

Le musée possède plusieurs (*Corrège* .), des (*Claude Lorrain*), des (*Murillo*) et des (*Titien*). (502.)

On a beau dire que les grands princes font les grands poëtes : on cite beaucoup plus de (*César*) que de (*Virgile*). (500.)

66ᵉ Exercice.

DES NOMS COMPOSÉS.

Nous ne donnerons que quelques exemples de noms composés, afin qu'on puisse étudier la manière dont ils se composent. Nous écrivons le mot composé dans la parenthèse ; nous le laissons au singulier. En consultant la grammaire, nous trouverons bien comment il faut l'écrire au pluriel, et nous en donnerons la raison au-dessous de la colonne intitulée décomposition du mot. — (Etudions les règles des paragraphes 505, 506, 507, 508, 509, 510.)

	DÉCOMPOSITION DU NOM.
Les (*chèvre-feuille*) que vous m'avez apportés sont morts.	
Je n'aime pas les (*chien-loup*), c'est une race criarde.	
Le chou vient facilement. Les (*chou-fleur*) demandent au contraire beaucoup de soin.	
Le professeur de dessin nous a donné des (*appui-main*).	
J'ai acheté des (*brûle-tout*) à la foire.	

DÉCOMPOSITION DU NOM.

Cette route est pleine de (*casse-cou*   ).

Les (*chauve-souris*   ) sont un objet de dégoût pour tout le monde.

Les (*mouille-bouche*   ) sont une espèce de poire assez bonne.

Je leur préfère les (*Messire-Jean*   ).

Il y a des (*eau-de-vie*   ) faites avec de la pomme de terre.

Les (*passe-partout*   ) sont commodes pour les photographies.

Les (*porte-manteau*   ) sont toujours utiles dans un appartement.

Les (*rouge-gorge*   ) sont de jolis oiseaux.

On peut ainsi multiplier les exemples : l'important est de toujours décomposer (depuis 505 jusqu'à 512).

67ᵉ Exercice.

DU RÔLE QUE JOUE LE NOM DANS LA PROPOSITION.

Écrivons quelques phrases, puis nous rendrons compte du rôle des substantifs employés, en les disposant par colonnes sous le titre qui leur conviendra.

La (*vertu*) est un (*bien*) précieux. — L'(*or*) peut quelquefois causer le (*malheur*) du (*riche*). — Son (*père*) a été (*général*) du (*temps*) de l'(*empire*); sa (*mère*) était (*duchesse*) avant son second (*mariage*). Ils sont devenus l'un (*comte*), l'autre (*baron de l'empire*), tous deux (*favoris du prince*). — Le (*frère*) et la (*sœur*) sont (*garants*) de sa bonne (*foi*).

Si vous ne les aidez, ils deviendront des (*vagabonds*). — Elle est à son (*aise*) dans la (*société*) des (*nobles*), quoiqu'elle n'ait été qu'une simple (*marchande*).

DU ROLE QUE JOUE LE NOM DANS LA PROPOS. 211

SUJETS.	ATTRIBUTS.	COMPLÉMENTS.
La vertu.	Un bien.	Le malheur du riche.
. . . .	. . .	. . . . .

(512, 513.)

68ᵉ Exercice.

Écrivons des phrases où se trouveront des appositions et nous les reconnaîtrons ensuite, en les soulignant. (516, 517, 518.)

Si vous aviez connu cet homme, la gloire de son siècle et l'honneur de l'humanité, vous auriez été touché de la simplicité et de la douceur de ses mœurs. (   ).

La fourmi, insecte bien fragile, se livre à un travail très-laborieux. (   ).

Il a été livré à de cruels châtiments, juste punition de son crime. (   ).

Allez, pécheurs, race maudite, éloignez-vous de Dieu, père commun des mortels. (   ).

Emilie et Alfred, cousins germains de Paul, avaient été appelés à cette fête, avant-coureur de l'union projetée. (   ).

Il perdit cette grande fortune, preuve et résultat des vols nombreux qu'il avait commis. Il fut condamné à la dégradation, peine bien cruelle parce qu'elle est infligée publiquement. (   ).

Après chacune des phrases précédentes, mettons dans la parenthèse le paragraphe de la grammaire auquel se rapporte le genre d'apposition annexé dans cette phrase.

Dans les phrases suivantes, les mots qui sont dans la parenthèse serviront à appliquer la règle du paragraphe 519. — Nous expliquerons à la suite de la phrase le sens du mot de la parenthèse.

Notre armée va être munie de fusils (*chassepot*). — On a déjà fait beaucoup de bruit en parlant des canons

(*Armstrong*). Il s'est trouvé qu'ils n'étaient pas commodes comme on l'avait cru. — Votre parente était vêtue d'une robe (*chamois*) qui lui seyait à merveille ; mais sa sœur avait un chapeau (*or et soie*) et des gants (*paille*) qui ne faisaient pas un très-bon effet.

69ᵉ Exercice.

Nous trouvons dans les paragraphes 521 et 522 les motifs du nombre que peut réclamer un substantif servant de complément à un autre substantif. Nous ferons l'application de ces règles aux mots enfermés dans la parenthèse pour les phrases suivantes. (On laissera ou on modifiera le singulier qui se trouve indiqué.)

Je vous ferai cadeau d'un cornet à (*piston*). — Le temple était orné de guirlandes de (*rose*). — La couronne de la princesse était montée avec des nœuds de (*diamant*). — Il fallait voir la longue rangée de (*soldat*) qui défendaient l'entrée du camp. — Ne voyez-vous pas que votre poupée à (*ressort*) a besoin d'être ménagée. — J'ai fait passer tous nos moutons à raison de cinq centimes par (*tête*). — Il y avait au port des tonneaux de (*hareng*), des camions de (*sucre*), des cargaisons de (*morue*), des balles de (*café*). On y voyait aussi des pyramides de (*boulet*) qu'on envoyait à l'arsenal. — On nous servit dans ce repas des potages (*au riz*), de la soupe (*au navet*), des gigots de (*mouton*), des filets de (*sole*), des buissons d'(*écrevisse*), des salades de (*homard*), des quartiers d'(*orange*) et une quantité énorme de (*bonbon*). (521 et 522.)

Nous marquerons en les soulignant tous les compléments formés par des substantifs dans les phrases suivantes, et nous mettrons la lettre *d* au-dessus des compléments directs des verbes, la lettre *i* au-dessus des compléments indirects des verbes. Nous ne mettrons aucune lettre sur les substantifs compléments des autres espèces de mots.

Après avoir étonné le monde par son génie, Napoléon Iᵉʳ

SYNTAXE DE L'ARTICLE.

se vit condamné au séjour meurtrier d'une île lointaine qui devait être son tombeau. Autrefois avide de gloire, il ne demandait plus que le repos et une retraite où il pût conserver la dignité qui convient à tant de grandeur. Mais surveillé comme un criminel, par un officier soupçonneux et grossier, il était en butte à des tracasseries qui ressemblaient à une impitoyable vengeance. Brisé de douleur, atteint d'une maladie grave, il ne put vivre longtemps dans cet état et la mort termina son supplice au bout de cinq ans.

70° Exercice.

CHAPITRE DEUXIÈME.

SYNTAXE DE L'ARTICLE.

Nous placerons l'article devant les mots où nous croirons son emploi nécessaire, d'après les règles des paragraphes depuis 526 jusqu'à 537.

( ) ciel, ( ) mer, ( ) montagnes et ( ) torrents, ( ) vastes forêts, tous ces objets nous inspirent par leur grandeur une admiration qui est une des plus grandes jouissances de notre âme. (526, 527.)

J'ai perdu ( ) père, ( ) mère, ( ) frères, ( ) sœurs : enfin, je suis seul au monde. (532.)

Vous ne serez pas reçu à l'École des arts et ( ) métiers, vous serez encore bien moins reçu à l'École des eaux et ( ) forêts. (528.)

( ) officiers et soldats, tous se trouvaient réunis sous la même tente. (532.)

On recherchait l'aimable et ( ) gracieux sourire de la princesse. (529.)

( ) grande ( ) belle ( ) touchante cérémonie que vous venez de voir a fait impression sur tout le monde. (530.)

L'orage confondait tout ( ) bêtes et ( ) gens. (532.)

C'est un caractère étrange; il recherche à la fois ( ) chaud et ( ) froid ; ( ) beau et ( ) laid ; ( ) vice et ( ) vertu ; ( ) civilisation et ( ) sauvagerie. C'est un contraste continuel. (530.)

Remarquons que la parenthèse n'indique pas qu'il faut mettre l'article, mais qu'il faut chercher si on doit l'y mettre.

Faisons une phrase où nous introduirons régulièrement l'article devant les noms propres qui suivent.

Charlemagne, Louis XIV, Napoléon, France, Europe. (533, 534, 534 bis.)

71ᵉ Exercice.

CHAPITRE TROISIÈME.

DE L'ADJECTIF.

Écrivons et complétons.

La règle par laquelle on met l'adjectif au même genre et au même nombre que le substantif auquel il se rapporte s'appelle la règle d'... (538.)

Faisons l'application de la règle d'accord aux adjectifs indiqués dans les phrases suivantes : dans la parenthèse les adjectifs sont toujours écrits au masculin et au singulier; sauf à les modifier suivant la règle.

Voyez comme Dieu dans sa (*prévoyant*) bonté a garanti les (*faible*) yeux des hommes contre les couleurs trop (*brillant*). Il a répandu dans la nature (*entier*) et à profusion les couleurs les plus (*tendre*) pour notre vue. L'herbe est (*vert*), les arbres sont (*vert*), le ciel est (*bleu*), la terre est (*gris*).

On trouve chez ce marchand des tissus et des étoffes (*bon*) de qualité et (*beau*) d'aspect. Lui-même a une physionomie et un air (*aimable*) qui engagent à faire

EXCEPTIONS AUX RÈGLES D'ACCORD.

emplette. Mon frère et ma sœur, (*léger*) comme ils sont n'ont pas calculé leur dépense et ont jeté leur argent dans des achats fort (*inutile*). Un paletot, une robe, un pantalon, une écharpe (*neuf*), cela s'explique : mais des manchettes, des taffetas, des gazes, des nœuds, des rubans, des colifichets (*brillant*) mais sans valeur, c'est de la (*pur*) folie. Aussi, disais-je à Louise : on ne doit pas être aussi (*fou*) que toi quand on a ton âge; et à Edouard : on ne doit pas être aussi (*curieu*) de brimborions quand on est reçu avocat. A quoi ils m'ont répondu : nous sommes assez (*grand*) pour faire de notre bien l'usage que nous voulons. Je me suis contenté d'ajouter : voire même un (*sot*) usage !

(538, 539, 540, 541, 542.)

72e Exercice.

EXCEPTIONS AUX RÈGLES D'ACCORD ENTRE LE NOM ET L'ADJECTIF.

Les règles qui indiquent des exceptions sont comprises entre le paragraphe 543 et le paragraphe 552. Nous continuons la méthode qui consiste à placer dans la parenthèse l'adjectif avec la terminaison du masculin singulier que nous modifions, s'il y a lieu, d'après la règle.

J'ai déjà défendu à nos enfants de parler (*fort*) quand ils savent qu'il y a du monde dans le salon. Mais Marie pense que chanter (*haut*) c'est chanter (*juste*) : par conséquent, elle est peu disposée à modérer sa voix (*criard*). — Ces fleurs (*rose-pâle*) me paraissent tenir (*bon*) contre l'effet du vent; mais leur odeur est (*fort*), on peut même dire qu'elles sentent (*mauvais*). — J'ai été voir notre cousine qui souffre depuis si longtemps : Je l'ai trouvée bien (*bas*); la pauvre femme est tout à fait mal. Elle a dans la figure des teintes (*vert-jaune*) et des points (*rouge-brique*) qui n'annoncent rien de bon.

Elle m'a rappelé (*feu*) notre tante qui est morte quand j'étais bien jeune encore, et la (*feu*) sœur de mon ami Robert.— Il y a une (*demi-*) heure que je vous attends, et pour faire une (*demi-*)journée d'ouvrage, vous avez bien mis deux jours. Vous n'aurez donc qu'une (*demi-*) paie, tandis que vous réclamez au moins une paie et (*demi*). Les prétentions des ouvriers sont (*exorbitant*). Du temps du (*feu*) roi, il y a vingt-cinq ans, la main-d'œuvre était d'un franc et (*demi*) moins (*cher*) qu'à présent. Les bâtisses qui s'élèvent dans notre jardin, je les paie très-(*cher*) pour ce qu'elles valent. Encore l'entrepreneur m'a-t-il dit : J'aimerais mieux aller tête (*nu*) et (*nu*) pieds que d'en rabattre un centime. Aussi votre mère avait-elle l'air (*consterné*) quand nous sommes revenus de la campagne. Car la façon du travail est si (*mauvais*) que la maison a l'air (*vieux*) avant d'être achevée; elle a l'air mal (*tourné*). J'aurais voulu qu'elle eût l'air (*coquet*), (*léger*), (*pimpant*), ou seulement l'air (*agréable*) comme notre ancienne maison. Moi-même j'avais l'air (*fâché*) quand je suis parti. Mais je veux avoir l'air (*gai*) puisque je me retrouve au milieu de vous, mes (*cher*) enfants.— Ces gens ont l'air (*dur*). — Ces pierres ont l'air (*dur*). — Cette femme a l'air (*grossier*), (*repoussant*). — Ces plantes ont l'air (*sec*).

(Depuis 543 jusqu'à 552.)

75ᵉ Exercice.

DE LA PLACE DE L'ADJECTIF.

Nous donnerons à l'adjectif placé en tête de la phrase la place qui lui convient, suivant le sens et suivant les habitudes du langage. Si l'adjectif est également bien avant ou après le substantif, nous le présenterons avec les deux places. Nous soulignons le substantif en question.

(Misérable.) Cet homme a un *air*. — (Beau.) Un *ange* du bon Dieu. — (Belle.) Mon père a acheté une *maison*.

— (Inqualifiables.) Vous avez des *défauts*. — (Bon.) Il n'a pas dormi d'un *sommeil*. — (Grand.) Il a fait un *éclair*. — (Étonnante.) Il courait avec une *vitesse*. — (Propre.) Cet homme est votre *père*. — (Méchant.) Elles ne nous ont laissé qu'un *jardin*. — (Extraordinaires.) Ce prince avait des *vertus*. — (Étranges.) Il a des *idées*. — (Mauvais.) Ces fruits sont d'un *goût*. — (Acre.) Ils ont un *goût*. — (Mélodieux.) Ces oiseaux font entendre un *concert*. — (Faux.) Il a un *air* de famille. — (Faux.) Je trouve que cette femme a un *air*. — (Incroyable.) Vous avez une *vivacité*. — (Unique.) Il est mon *soutien*. — (Vicieux.) Croyez-moi, c'est un *enfant*. — (Gros.) On lui a donné un *morceau* de sucre.

Reconnaissons dans les phrases suivantes les adjectifs employés substantivement, et nous les marquerons d'un *s* au-dessus du mot.

Vous connaîtrez les nobles sentiments de votre père sur ce point. Les grands, les nobles, ne sont, dit-il, au-dessus des autres hommes que si la vertu et de solides mérites accompagnent leurs titres. Les sages n'ont pas besoin d'aïeux pour être supérieurs aux méchants. — Un homme habile sait distinguer le vrai d'avec le faux, le juste d'avec l'injuste. — Vous avez toujours préféré l'utile à l'agréable et vous en recueillez le fruit. Les paresseux n'en peuvent pas dire autant. — Il arrive quelquefois que l'innocent périt à la place du coupable. — Les esprits indulgents acceptent volontiers des excuses sincères. Les sots croient de leur honneur de ne jamais pardonner.

74ᵉ Exercice.

RÔLE DE L'ADJECTIF QUALIFICATIF DANS LA PROPOSITION.

Faisons reconnaître en les soulignant les compléments des adjectifs employés dans les phrases suivantes.

C'est un enfant plus *enclin* au bien qu'au mal. *Ardent* au travail, *bon* pour ses camarades, *respectueux* envers ses maîtres, *capable* de travailler longtemps sans se plaindre, il n'en est pas moins un écolier très-*gai* et fort *heureux* de sa condition. Etes-vous *incapable* de mentir? Vous êtes si *jaloux* de votre sœur, si *avide* de plaisir que vous pouvez bien m'avoir fait un récit *plein* de mensonges. Il est bien *triste* d'avoir à douter de votre sincérité. Ce vin est *clair* à la vue, *agréable* au goût, *chaud* à l'estomac. Il doit être *bon* à mettre en bouteilles.

En lisant les phrases qui précèdent, cherchons le rôle que l'adjectif y joue, et suivant qu'il est attribut, ou complément, écrivons-le ci-dessous.

ATTRIBUT.	COMPLÉMENT DU SUJET OU DE L'ATTRIBUT.
Incapable	enclin.
. . .	

(556, 557, 558, 559.)

78e Exercice.

DES ADJECTIFS DÉTERMINATIFS.

ADJECTIFS POSSESSIFS.

L'usage des adjectifs possessifs donne lieu à quelques habitudes de langage et à quelques règles assez délicates. Les cas difficiles seront dans la parenthèse, et nous modifierons les expressions employées dans les phrases suivantes, s'il y a lieu, en nous conformant aux paragraphes de la grammaire depuis 561 jusqu'à 568.

Ce pauvre petit avait perdu tout son bagage; il s'était fait mal (*à son*) genou. Il ne retrouvait ni son bonnet, ni ses sabots; ses pauvres et bons parents lui vinrent en aide et cherchèrent à consoler son chagrin. — C'est un bon pays que la Savoie; nous aimons (*ses*) sites qui sont ceux de la Suisse. Les habitants y sont bons et honnêtes : nous (en) connaissons depuis longtemps la réputation. — Votre oncle s'est rendu dans (sa) nouvelle maison. Il aime surtout (sa) commodité. C'est ce qui le flatte le plus dans son acquisition. Il est du reste si bon qu'il y a du plaisir à voir son contentement. Sa femme et lui y ont mis une partie de leur bien. Ils y ont fait transporter leurs meubles. — Toutes les personnes qui ont été à l'Exposition sont revenues dans (leur) pays émerveillées du voyage. Les enfants conservent (leurs) habitudes plus longtemps que l'on ne le croit. — J'ai vendu tous (mes) poulets, mes grands et (mes) petits. — Ce meuble est beau : j'aime (sa) couleur. Cet homme est aimable, j'(en) aime le caractère. (562, 563, 565, 566, 567.)

ADJECTIFS DÉMONSTRATIFS.

Nous modifierons, s'il y a lieu, d'après les règles des paragraphes 569, 570, 571, les adjectifs démonstratifs enfermés dans la parenthèse aux phrases suivantes.

Si vous voulez faire passer (cet) hoquet, prenez (ce) liqueur. (Ce) habitude que vous avez de manger vite est cause de (cette) indisposition. (Ce) ami qui vous accompagne vous donnera (cet) année de nos nouvelles. (Ce) maison, (ce) arbres, (ce) fleurs, (ce) grande allée, tout me rappelle le temps de mon enfance.

76e Exercice.

ADJECTIFS NUMÉRAUX.

Nous trouverons dans la parenthèse des chiffres qui indiqueront la valeur de l'adjectif ordinal ou cardinal que nous devrons employer. Le choix entre les deux noms restera à faire, aussi bien que l'accord dans certains cas : substituons partout des lettres aux chiffres.

J'irai vous voir le (7) octobre ou le (8) janvier qui suivra. — Je voudrais bien ne pas loger si haut que le (5ᵉ) étage. — Il a vécu sous le règne de Henri (3), roi de France. — C'est en même temps un honneur et une satisfaction pour moi que de voir bien marcher ces (300) enfants qui sont dans notre maison. Il y a dans la grande division plus de (80) élèves. L'an dernier, il y en avait (82). C'est toujours à peu près le même chiffre. Cela nous avait fait en tout (294). Sur ce nombre il y en a toujours bien (200) de laborieux. Dans les autres c'est à peine s'il se trouve (20) élèves entièrement paresseux. On récompense les (2) premiers. Les (10) premiers ont des points. On punit quelquefois les (3 ou 4) derniers. On donne les notes tous les (8) jours.

J'ai vu à la maison de grosses pièces d'or que l'on appelle des (*quadruple*   ). — S'il avait voulu m'en croire, il aurait des revenus (*double*   ) ou même (*triple*   ). Mais il a négligé ses intérêts pour suivre (1001) projets. — En (1860), il n'y avait que (10000) habitants. Nous en comptons en (1868) un peu plus de (12000). Le (1000) est une mesure de longueur usitée pour calculer les distances dans certains pays. En Angleterre, en Italie, on compte par (1000). On dira, il était à (3000) de Rome. Remarquez que les (1000) sont plus grands que nos kilomètres. Il faut un peu plus de (2000) pour faire trois kilomètres, le (1000) valant (1481) mètres. Mais (3000) feront plus d'une lieue de France, puisqu'ils nous donnent (4443) mètres. — Il lui faut toujours des (1000) et des (100); il n'est jamais satisfait de rien.

77ᵉ Exercice.

ADJECTIFS INDÉFINIS.

Un grand nombre de mots qui sont classés parmi les *adjectifs* indéfinis, se trouveront parmi les *pronoms indéfinis*. Il n'y a pas une grande difficulté à les distinguer cependant, quand on veut bien se souvenir que l'*adjectif accompagne toujours un*

ADJECTIFS. 221

nom ou *un pronom*, tandis que le *pronom tient toujours la place d'un nom*.

L'adjectif *aucun* étant dans la parenthèse, nous en ferons l'accord suivant la règle. (586.)

Je ne vous ferai (*aucun*) reproche, si vous n'avez commis (*aucun*) faute. Il est mort sans laisser (*aucun*) proche qui pût lui fermer les yeux. Aussi (*aucun*) funérailles ne furent si tristes que les siennes. Elles n'ont donné lieu à (*aucun*) manifestation publique.

Nous trouverons dans les alinéas suivants les mêmes mots employés comme *adjectifs indéfinis* ou comme *pronoms indéfinis*. Il y aura donc deux choses à observer pour ces mots enfermés dans une parenthèse. D'abord, signaler par la lettre *a* placée au-dessus, s'ils sont adjectifs; par la lettre *p*, s'ils sont pronoms, puis faire l'accord avec le substantif, selon la règle.

Louis n'est jamais content de se trouver avec les (*autre*). Pour un volume que je lui demandais, il m'en a donné cent (*autre*). (*Autre*) chose est de parler, (*autre*) chose d'écrire. Si vous voulez une (*autre*) marque de sa bonté, faites des efforts (*autre*) que ceux que vous avez faits jusqu'à présent. (587, 588.)

(*L'un et l'autre*) me conviendraient assez, mais je prendrai celui qui est bleu. (*L'un et l'autre*) mode sont assez adoptées. Quant à moi, je ne voudrais suivre ni (*l'un*), ni (*l'autre*). (589.)

J'ai là-dessus (*certain*) opinions qui ne changent pas facilement, et quoique (*certain*) prétendent que des modes on ne peut pas discourir, il en est cependant (*certain*) qui ne sauraient me plaire. (590.)

(*Chaque*) printemps amène une foule d'inventions tellement ridicules que c'est à désespérer de la raison des gens. Il y a des toilettes qui coûtent (*plusieurs*) milliers de francs (*cha*). (591, 592.)

Vos deux amies étaient à Longchamps. (*L'un et l'autre*) y étaient venues, plus pour regarder que pour se faire voir. Elles avaient (*la même*) coiffure, (*les même*) couleurs, et presque (*la même*) livrée. Elles ne conduisaient pas (*elles-même*) comme font (*certain*) de ces dames. (*Nul*) personne comme il faut ne peut prendre ce genre-là. Pour moi, l'opinion des sots est (*nul*), je n'en fais (*nul*) cas. (*Nul*) mœurs ne sont plus étranges que celles de (*certain*) gens qui donnent l'exemple du mauvais ton. Il y a (*plusieurs*) dangers à les fréquenter et (*plusieurs*) excellentes raisons pour s'éloigner de leur société. (*Plusieurs*) y ont été entraînés qui s'en sont repentis. (593, 594, 595.)

78e Exercice (Suite du précédent).

(*Quel*) idées avez-vous depuis que vous m'avez quitté? J'espère qu'elles sont bonnes, et (*quel*) qu'elles soient d'ailleurs vous devez me les communiquer. Votre mère et votre sœur m'ont dit qu'elles avaient (*tout*) fait pour vous persuader de rester et qu'elles n'y étaient pas parvenues. (*Quel*) situation sera la leur, quand vous les aurez abandonnées pour aller dans cette ville (*laquel*) est l'objet de vos désirs. Pourriez-vous me dire (*laquel*) de ces deux personnes ne vous est pas attachée par des liens assez forts? Est-il une attention (*quelconque*) qui ne vous ait pas été prodiguée depuis que vous avez l'âge de raison? Si vous avez (*quelque*) sentiment, et (*quelque*) respect de vous-même, vous n'agirez pas ainsi. Vous trouverez (*quelque*) charme à vous rendre à nos vœux et à faire votre devoir. (*Quelque*) petits mécontentements que vous ayez éprouvés d'ailleurs, vous devez les oublier. (*Quelque*) larmes versées par vos proches doivent vous toucher. Encore quelques jours, et tout sera terminé. (*Quelque*) projets que vous ayez formés, vous en ferez le sacrifice et vous vous trouverez heureux d'avoir accompli votre devoir. (600. 601. 602. 603.)

Vous ne m'avez jamais donné de (*tel*) raisons. Il faut qu'(*un tel*) ou (*une tel*) vous ait conseillé de mal faire. Je ne sais quel profit ils en pourraient tirer.

ADJECTIFS.

Vous êtes devenu (tel) qu'il sera bientôt impossible de vous parler. (Tel) n'étaient pas votre frère ni votre sœur à votre âge. Leur docilité était (tel) que j'avais à leur donner seulement des ordres (tel quel) pour qu'ils fussent exécutés. (Tel) veut essayer de résister, qui ne se rend pas compte des humiliations qu'il se prépare. Les obstacles qu'on trouve sur son chemin sont (tel) qu'il faut souvent revenir le premier. (Tel) était votre ami Jacques, quand il se crut assez grand garçon pour vivre d'une existence (tel) que vous la rêvez. Il a été contraint d'en rabattre et de se contenter de la position (tel quel) que sa famille a bien voulu lui faire. (604, 605, 606, 607.)

79e Exercice (Suite du précédent).

(Tout) les animaux ont leur utilité sur la terre, quoique (tout) la nature ne nous ait pas encore révélé ses secrets. (Tout) créature indique une intention du créateur. Nous (tout) nous avons la même destination : le tout est de s'en bien convaincre. Nous avons visité (tout) le jardin de notre ami. Il a trois magnifiques serres. (Tout) trois sont destinées à des plantes qui sont rapprochées par leur origine et par leurs besoins. Il y a dans (cha) de ces serres (un) système particulier, (un) fermeture, (un) chauffage, adaptés à (tel) ou (tel) collection de plantes. Il possède des arbres magnifiques qui lui donnent (d) bons et beaux fruits. Il y a pourtant (d) certaines lois, (d) certaines règles dont il ne faut pas s'écarter en horticulture comme dans (tout) science fondée sur l'expérience. Malgré la variété de ses produits, la nature est (un) dans sa force et dans sa puissance. Elle a reçu de Dieu (un) impulsion qu'elle suit aveuglément. Mais il faut pour l'aider dans les résultats qu'on veut obtenir d'elle, (un) soin, (un) travail, (un) étude constante. Il y a des mystères bien attrayants pour (un) botaniste; il y a (d')incontestables changements qui s'opèrent dans les plantes, comme on a pu en remarquer dans les insectes. (Depuis 608 jusqu'à 618.)

Il y a à faire observer à propos du paragraphe 614 que si l'adjectif qui précède le substantif ne forme pour ainsi dire avec lui qu'un seul mot, on met fort bien *des* au lieu de *de*. Exemple: Des petits Poucets, des grand'mères. Nous donnons une série de phrases où nous ferons le choix entre l'emploi de *de* ou de *des* devant l'adjectif pluriel précédant un nom.

Vous nous avez joué (d) jolis tours. L'ogre avait ( ) grands pieds, (d) grandes mains, (d) grandes dents. — Le perruquier lui avait apporté (d) faux toupets, (d) fausses nattes, (d) longues tresses, tout ce qui lui était nécessaire. — Donnez-lui donc (d) bons conseils. Il lui faut (d) vrais amis, et non (d) vils flatteurs. — (D) grands parents sont toujours trop bons pour (d) petits drôles de votre espèce. — J'aime mieux (d) gros sous que (d) petite monnaie. Nous avons vu chez le libraire (d) Saints Evangiles, (d) grands catéchismes, (d) belles bibles et (d) riches paroissiens. — Il est bon d'avoir (d) bons gros sabots pour l'hiver: cela vaut mieux que (d) minces bottines avec lesquelles on a froid. (613, 614.)

CHAPITRE QUATRIÈME.

SYNTAXE DU PRONOM.

80ᵉ Exercice.

PRONOMS PERSONNELS.

Reconnaissons tous les pronoms personnels employés dans les phrases suivantes, en les soulignant.

Votre propriété est très-étendue. Je l'ai vue seulement

en passant. Je me propose de la visiter au premier jour. Elle est située à l'est dans une position avantageuse. Le jardin est sur un plan légèrement incliné. Il est plus grand qu'il ne faut pour occuper vos loisirs. Vous le cultiverez, j'en suis sûr, avec soin. Vous lui consacrerez du temps et de l'argent. Vos enfants iront souvent; c'est pour eux surtout que vous avez fait cette acquisition. Elle leur offrira un rendez-vous agréable après une journée de travail. Ils y trouveront le repos et un air pur. Je les y viendrai voir souvent. (619, 620.)

PRONOMS DE LA PREMIÈRE PERSONNE.

Nous trouverons dans les phrases suivantes des pronoms à placer dans la parenthèse. Nous devrons y placer ceux qui conviennent à la tournure interrogative. Au-dessus de chaque pronom personnel employé, nous marquerons par une lettre s. d. i. si ce pronom est sujet, complément direct, ou complément indirect. Ainsi :

                    d.   s.   i.   s.

Votre mère vient de me quitter, elle m'a dit : je vais

                          i.

voir Marie qui travaille là-bas. Allez, lui ai-( ) dit, et

       i.

amenez ( ) près de moi. — A quoi vous occupez-( ) ? A quoi voulez-( ) que je m'occupe, dans une retraite aussi complète ? Pouvons-( ) faire autre chose qu'un travail régulier, un peu de musique, fort peu de dessin et de peinture ? Ces dames nous ont quittés. Pensaient-( ) que nous allions ( ) supplier de demeurer ? Moi, dit l'une : j'ai à voyager. Nous, dirent les autres, ( ) sommes attendues par notre famille. Vous et moi ( ) suivons la même route, dit Émilie. Pauline et vous, dit notre mère, ( ) reviendrez avec nous. Laissez-moi seulement huit jours pour réfléchir, ou emmenez-moi sur-le-champ avec vous. Ce n'est pas à moi de décider la chose : je ( ) tromperais peut-être dans mes calculs. Il me semble pourtant que vous avez raison.

Donnez-nous seulement un cheval et une voiture, di-

10.

saient vos parentes, et ( ) serons bientôt arrivées, ( ) et nos enfants. Nous voulons bien ( ) les donner, mais, ( ) irons avec ( ); ce sera pour nous un plaisir.
(Depuis 620 jusqu'à 631.)

PRONOMS DE LA DEUXIÈME PERSONNE.

Aimes-( ) bien ta petite mère? Tu ne lui as cependant pas dit bonjour. Toi et moi ( ) sommes partis trop tôt. Sire ( ) avez toujours protégé les arts et les artistes: ( ) récompenserez encore ce fidèle serviteur.

( ) tous méchants qui m'avez trompés, éloignez-( ) de moi. Si ( ) ne veux pas te compromettre, fuis les mauvaises sociétés, ô mon fils. Je ( ) l'ai souvent dit. Donne-( ) les distractions raisonnables et de bon goût, mais garde-( ) des flatteurs.

81ᵉ Exercice.

PRONOMS DE LA TROISIÈME PERSONNE.

Il va bien; (*il*) vont mieux. ( ) fait mauvais temps. Elle va bien; ( ) vont mieux.

La chose une fois jugée, ( ) ne peut être remise en question.
(639, 640, 641.)

Donnons la forme interrogative aux phrases suivantes :

Il a dit qu'il partait. — Il a donné toute sa fortune. — Elle a promis de venir. — Elle s'est défaite de tout son bien. — Ils se sont servis de nos meubles. — Elles en ont tiré un bon parti. — Ils croient nous avoir trompés. — Elles sont au service de nos parents. (642.)

A-t-il dit, etc...

Vous pouvez aller voir votre père; ( ) est revenu de la chasse. Vous rencontrerez aussi votre mère; ( ) a été au devant de lui. Frédéric a abandonné le pays : ( ) n'y veut plus revenir. Albert n'aime plus le café ; ( ) lui fait mal.

Disons pourquoi *il* serait mal placé dans cette dernière phrase. (643.)

Marquons au delà de la barre, sur le côté droit des phrases suivantes, le rôle que joue le mot *lui* dans la proposition. (Il peut être complément du sujet, de l'attribut, ou complément direct du verbe, ou complément indirect pour *à lui* ou pour *à elle*.)

Rôle de LUI.

(*Lui*), je ne peux le souffrir près de moi.

(*Lui*), au contraire, il me recherche continuellement.

Il nous a rendu service. Qui? Lui?

(*Lui*), je ne (*lui*) donnerais pas un jour pour dépenser tout cet argent.

Vous conviendrez que votre sœur est malade?

Oui, et je lui donnerai tous mes soins.

Notre père et notre mère sont partis. Lequel des deux suivez-vous, (*lui*) ou elle?

(Depuis 644 jusqu'à 649.)

Marquons d'après le même système le rôle de *le*, *la*, dans les phrases suivantes.

Rôle du pronom.

J'ai appris longtemps ma grammaire; cependant je ne (*la*) sais pas.

Je le crois bien : vous pensez (*l'*)apprendre et vous ne (*la*) regardez seulement pas. Votre frère

	Rôle du pronom.
en faisait autant ; Je (*le*) lui ai fait comprendre. Il (*l'*)a avoué lui-même et s'est corrigé. Lisez donc aussi attentivement que vous (*le*) devez.	
Êtes-vous si sotte que d'aller vous exposer sans raison. Non, je ne ( ) suis pas.	
Êtes-vous la personne que l'on a demandée aujourd'hui ? Je ( ) suis.	
Êtes-vous l'officier du roi ? Je ( ) suis.	
Êtes-vous le maître de cette maison ? Je ( ) suis.	
Êtes-vous la maîtresse de piano ? Je ( ) suis.	
Êtes-vous lingère ? Je ( ) suis.	
Êtes-vous prudente ? Je ne ( ) suis pas.	
Êtes-vous l'imprudente qui a causé ce malheur ? Je ( ) suis.	
Êtes-vous la savante que j'attends ? Je ( ) suis.	

(Depuis 649 jusqu'à 660.)

82e Exercice.

Pour faire bien comprendre le rôle du pronom réfléchi *se*, nous mettrons dans une parenthèse, après chacune des phrases suivantes, l'explication nécessaire.

Il *s'*est fait mal au doigt (*à soi*). Il *se* blesse toujours ( ). Ils *se* déplaisent mutuellement ( ). Ils finiront par *se* battre ( ).

DU PRONOM.

Mettons dans les phrases qui suivent le pronom nécessaire dans la parenthèse que nous ouvrons.

Il emporte tous les fruits. Il dit que c'est pour ( ) qu'on les a apportés. Jules dit que chacun ne doit prendre pour ( ) que la part qu'il doit manger. Mais Paul en prive son frère; il ne voit que pour ( ) et se soucie peu des autres. C'est être égoïste que de n'aimer que ( ). C'est un vilain défaut que de ne songer qu'à ( ). (Depuis 661 jusqu'à 665.)

Indiquons le rôle de *y* et de *en*.

Rôle de *y* et de *en*.

Pensez-*y* quand vous vous trouverez avec vos camarades.

Je n'*en* ai presque plus. Comment voudriez-vous *en* avoir. Je vous ai souvent recommandé de leur plaire. Vous n'*y* avez jamais consenti.

Votre famille s'est retirée dans ce château. Elle *en* parcourt avec plaisir les parcs, les bois, tout ce qui *en* dépend. Prenez à votre tour du repos; ne dites pas que vous n'*en* avez pas besoin. Votre maladie peut s'aggraver, donnez-*y* un peu d'attention. Eh bien! j'*y* veillerai puisque vous m'*y* invitez.

(665.)

83ᵉ Exercice.

PRONOMS POSSESSIFS.

Distinguons les pronoms possessifs des adjectifs possessifs en écrivant la lettre *p* sur les pronoms, la lettre *a* sur les adjectifs dans les phrases suivantes.

Votre père a vu mon dessin. Il l'a trouvé supérieur au *vôtre*. — Oui, mais si au lieu de *mon* père, c'eût été le *vôtre*, il aurait jugé autrement, et, par politesse, il aurait, en voyant les deux dessins, donné la préférence au *mien*. — *Votre* réponse montre *votre* mauvaise humeur. — *Votre* réflexion indique plutôt la *vôtre*. — Il est un moyen de vider *notre* querelle. Prenez *vos* crayons. J'ai les *miens*. Mettons-nous à l'œuvre. Le travail fini, chacun montrera le *sien* à maître Albert qui n'a aucune raison de porter un jugement de complaisance. *Son* avis sera accepté sans appel. Edouard et Paul ont fait la même chose. *Leur* épreuve a été décisive. Ils ont fait leur besogne. Je la *leur* ai vu exécuter devant moi. Mais en fait de modèles, les *leurs* étaient plus beaux que les *nôtres*. En fait de goût, chacun a le *sien*. Eh bien! songez à *notre* convention, et restez-y fidèle. (De 666 jusqu'à 671.)

PRONOMS DÉMONSTRATIFS.

Nous ferons connaître le rôle du pronom démonstratif dans les phrases suivantes.

Ce doit être un cruel chagrin que de se séparer à la fois de ses enfants et de son mari. *C'*est cependant *ce* qui m'arrive presque tous les ans à cette époque. *C'*est lui qui part le premier; *ce* sont eux qui suivent, et c'est ainsi que je reste seule.

Est-*ce* donc là ce que j'avais espéré?

Sont-*ce* les douceurs dont je m'étais flattée autrefois? Ces séparations sont pénibles.

Ce ne sont que pleurs, regrets, soupirs.

Rôle des pronoms démonstratifs.

DU PRONOM.

C'est la dernière fois que je m'y résous.

Ce sont eux qui ont le moins à se plaindre.

C'est moi qui souffre le plus.

Ce qui peut les consoler ou du moins les distraire, *ce* sont les nombreux et curieux objets qu'ils voient dans leurs courses. Moi, je reste, et je ne sais jamais *ce* que le ciel me réserve.

Je me mets dans l'esprit mille choses, tantôt *ceci*, tantôt *cela*. *C*'est un supplice continuel.

(Depuis 671 jusqu'à 682.)

Celui de vous qui veut venir avec moi doit se préparer à bien des fatigues. Nous aurons d'abord *celle* de monter longtemps, puis *celle* qui vient du manque de sommeil. Obligés de porter non-seulement les provisions du jour, mais aussi *celles* du lendemain et des jours suivants. *Ceux qui* ont fait cette ascension périlleuse, *ceux-là* savent à quoi s'en tenir. Des deux pics que vous apercevez là-bas, *celui-ci* à droite est à quinze kilomètres; *celui-là* à gauche est à vingt-cinq. *Ceux-là* seuls peuvent les atteindre dans une même journée, *qui* n'ont pas peur de leur peine, car il est impossible d'y arriver tout droit, il faut mille et mille circuits avant d'être rendu.

(Depuis 682 jusqu'à 690.)

> Rôle des pronoms démonstratifs.

84ᵉ Exercice.

PRONOMS RELATIFS OU CONJONCTIFS.

Nous indiquerons dans la colonne à droite, le genre, le nombre et la personne représentés par *qui* dans les phrases suivantes.

Je sais bien *qui* sera récompensé demain. Ce ne sera pas l'enfant paresseux *qui* déchire son livre sans le lire. La punition *qui* lui conviendrait plutôt ne tardera pas à lui arriver. Les petits cousins d'Arthur *qui* étaient arrivés hier sont venus le voir aujourd'hui : ils ont trouvé ses sœurs *qui* allaient à leur rencontre. Lui *qui* est fort lent à s'habiller n'était pas encore prêt. On dit souvent : *qui* dort dîne. Georges à ce compte mériterait de ne pas déjeuner, lui *qui* n'est jamais descendu avec les autres. (690, 691.)	Genre, nombre, personne.

Rendons compte dans la colonne à droite, du rôle des pronoms conjonctifs employés dans les phrases suivantes.

Toutes les personnes *qui* voyagent par goût doivent avoir l'habitude de la marche. Jacques avait acheté un cheval *qui* fut bientôt hors de service; il en reçut un autre en présent, *lequel* se brisa bientôt une jambe. Le voilà dans	Rôle des pronoms conjonctifs. Sujet au pluriel.

une position *dont* l'embarras est assez grand. Il ne peut aller rendre visite au propriétaire *de qui* il tient les fermes, et *dont* il a beaucoup à se louer. La voiture *dont* il comptait se servir, et *de laquelle* il avait fait emplette lui devient inutile.

La Providence *dont* j'admire les décrets m'a affligé d'une maladie *de laquelle* je ne guérirai que bien difficilement.

(692, 693, 694.)

Les maux *que* j'ai supportés ne sont rien auprès du contentement *que* j'éprouve. Les vignes *que* votre père a plantées donnent un raisin *que* j'admire, à cause de sa couleur autant qu'à cause de son bon goût et de la grosseur du grain. Il a je ne sais *quoi* de musqué, et c'est à *quoi* je tiens pour du raisin de table.

(695, 696, 697.)

Rôle des pronoms conjonctifs.

Remplaçons par des adverbes de lieu les pronoms conjonctifs employés dans les phrases suivantes.

J'ignore le degré de maturité (*auquel*) il faut le cueillir. C'est le seul point du discours (*auquel*) je n'entende rien.

Je ne marcherai pas avec lui dans ce chemin (*dans lequel*) se sont perdus bien des gens. La forteresse ne présente pas de côtés faibles (*par lesquels*) il soit facile d'en essayer l'assaut. Il a réussi dans des entreprises (*dans lesquelles*) nous en avons vu d'autres échouer.

(698.)

85ᵉ Exercice.

PRONOMS INTERROGATIFS.

Indiquons, dans la colonne de droite, le rôle des conjonctifs dans les interrogations des phrases suivantes.

Je ne sais *de qui* vous tenez cela : *Qui* a pu si bien vous renseigner? *Qui* croirons-nous désormais, s'il nous a trompés? *A qui* se fier désormais, grand Dieu! Eh bien! *qui* vous arrête? Est-ce la honte, ou le repentir? *Lequel* de ces deux sentiments éprouvez-vous? Tous les deux peut-être. *Lequel* d'entre vous me suivra? *Que* faire, *que* dire dans une pareille situation? *Que* vous en semble? *Quoi* de plus méprisable qu'un fils ingrat? *Quoi* de plus triste qu'une maison vide? *Quoi* de plus généreux que le cœur d'une mère? Il a promis je ne sais *quoi* de grand, d'introuvable. *Quoi* de plus insensible qu'un ambitieux? Avec lui on ne sait jamais sur *quoi* compter. Vous trouverez des partisans : et *lesquels?* On vous plaindra. Et *qui*, donc? Je ne demande pas mieux que de vous en faire vendre plusieurs : *lesquels?* Nous remplacerons ceci par autre chose.— Et par *quoi?* Votre parent est capable de bien des choses. — Et de *quoi?* (De 699 à 707.)	Complément indirect.— Sujet. — Complément direct.

86ᵉ Exercice.

PRONOMS INDÉFINIS.

Distinguons, dans les phrases suivantes, *autre* employé comme adjectif ou comme pronom : nous marquerons la différence par les lettres *a* et *p* placées au-dessus du mot.

Je viens de découvrir encore une *autre* erreur : vous vous trompez : elle n'est pas *autre* que l'erreur précédente : c'est la même, exactement : *d'autres* pourraient s'y méprendre. Mais on peut vous pardonner celle-là, s'il n'y en a pas *d'autres*. Il en a pris enfin une qui est tout *autre* que la première : je ne sais s'il en sera plus content. — Aimez-vous *les uns les autres*, a dit le Seigneur. — Ces enfants sont insupportables. L'un donne sans cesse des coups à *l'autre*. Il faut les séparer *l'un* de *l'autre*, car ils sont également méchants. Si vous voulez, je prendrai *l'un* ou *l'autre*. — Non ; il faut que je les garde tous deux : *l'un* et *l'autre* me touchent d'aussi près, et *l'un* ou *l'autre* me manquerait si je n'en conservais qu'un auprès de moi.   (Depuis 707 jusqu'à 714.)

Expliquons le rôle de l'un, l'autre, etc., dans les phrases précédentes, au moyen de la colonne de droite employée déjà.

Expliquons le rôle des mots *autrui* et *chacun*.	Rôle des pronoms.
On met après *chacun*, dans certains cas, *son* ou *leur*, la parenthèse sera ouverte à cet effet ; nous choisirons d'après la règle.	
Toujours préoccupé des défauts d'*autrui*, vous semblez fort indulgent pour les vôtres. Mais ce n'est pas là le précepte du saint livre. Il	

Rôle des pronoms.

faut être charitable pour *autrui*, dit-il, et sévère pour soi-même. *Chacun* devrait se conformer à ce précepte et le garder dans son cœur.

Je viens encore vous demander des secours en faveur de l'œuvre de charité que vous avez fondée. Que *chacun* de ces petits garçons qui sont sans pain, que *chacune* de ces petites filles qui n'ont plus de mère, soient toujours présents à vos yeux. Ne détournez pas les yeux pour fermer votre cœur à la pitié. Voyez au contraire, et voyez en détail *chacun* de leurs maux, *chacune* de leurs souffrances, les larmes que vous verserez seront comme une rosée féconde pour le soulagement de toutes ces misères. Les familles n'ont-elles pas *chacune* ( ) plaies? Il ne faut pas pour cela qu'elles se renferment *chacune* dans ( ) égoïsme à l'égard des autres familles. Qu'elles s'unissent au contraire et qu'elles fournissent *chacune* selon ( ) moyens pour le besoin de toutes les autres.

Les grammairiens ont *chacun* ( ) opinion sur cette question. Mais ils croient tous avoir trouvé la vérité *chacun* dans ( ) propre manière de raisonner. Ils s'exprimaient ainsi *chacun* dans ( ) langage. Ils chantèrent *chacun* suivant ( ) tour.

(714, 715, 716.)

DU PRONOM.

Mettons dans la parenthèse où est enfermé le pronom *on*, la forme qu'il convient de lui donner, en modifiant s'il y a lieu celle que l'on y trouve.

(*Si on*) pense comme moi, je n'ai que faire de discuter la chose. Mais si peu (*que on*) veuille s'écarter de mes idées, je parlerai pour les soutenir. Au point (*où on*) en est arrivé, il faut savoir (*qui on*) loue et (*qui on*) blâme. Et quoi? (*on a*) pas encore apporté ces objets? (*On*) aura pas entendu mes ordres. Je vais en donner de nouveaux.

(*On ne*) saurait trop faire son éloge. (*On a*) pas autrefois rendu justice à son mérite. Quand (*on est*) aussi (*bon*) que votre mère, on devrait être plus (*aimé*) de ses enfants. Quand *on* est trop sévère (*on*) atteint pas toujours le but qu'*on* se propose.

(717, 718, 719, 720.)

87ᵉ Exercice.

	Rôle du pronom.
Nous indiquerons dans la colonne à droite le rôle des derniers pronoms indéfinis et leur sens, quand ils peuvent en avoir plusieurs.	
Personne ne voudra vous entendre. Qui avez-vous reconnu dans cette assemblée? Personne. Qui vous plaît ici? Personne. — Cet enfant est si indocile que je me demande si personne voudra jamais se charger de son éducation. Personne assurément ( ) voudra s'en charger. Et cependant, de sa famille il ( ) lui reste personne. Eh bien! qui vous est venu voir? personne. Qui attendez-vous au-	Sujet (pas un).

238 EXERCICES GRADUÉS.

jourd'hui? personne. A qui avez-vous essayé de faire plaisir? à personne. De qui voulez-vous reprendre quelque chose? de personne? Pour qui feriez-vous volontiers un sacrifice? pour personne. (721.)

Rôle du pronom.

Indiquons le rôle du pronom : marquons un *a* au-dessus de *plusieurs* adjectifs un *p* au-dessus de *plusieurs* pronoms.

J'ai bien *plusieurs* conseils à vous donner; mais j'hésite : *plusieurs* de mes amis ont voulu déjà vous diriger : *plusieurs* y ont échoué, *peu* y ont réussi. — César ordonna d'abattre la forêt consacrée aux Dieux. *Plusieurs* hésitaient : il le vit, frappa de *plusieurs* coups de hache un grand chêne qui se trouvait près de lui, et qui était vieux de *plusieurs* siècles. *Quelques-uns* des soldats frémirent : aucun n'osa désobéir. (722.)

J'ai beau chercher *quelqu'un* pour faire cet ouvrage : je ne trouve *personne*. Aucun de ceux que j'attendais n'a paru jusqu'à ce jour. Si Frédéric pouvait me prêter *quelqu'un* de ses domestiques. Je n'en demande qu'un. Pour vous, il vous en faudrait un plus grand nombre. *Quelques-uns* ne font absolument rien chez lui.

Quelques-uns ont pensé avec raison que les affaires publiques devaient souffrir de cet événement.

DU PRONOM.

Je n'avais alors *aucun* grief contre lui : j'en ai maintenant *quelques-uns*.

(723, 724, 725.)

Quiconque entreprend de le guider devient sur-le-champ son ennemi.

Expliquons le rôle de *quiconque*, par rapport aux verbes.

Je tuerai *quiconque* approchera de cette maison.

Quiconque en approchera sera saisi sur-le-champ.

J'aime *quiconque* fait son devoir.

(726.)

Rôle du pronom.

88ᵉ Exercice.

Complétons la phrase dans la parenthèse, s'il y a lieu, et indiquons le rôle du pronom.

Si *rien* ( ) peut vous plaire ici, changez de résidence. Qui vous gêne? *Rien*. Que vous reste-t-il de votre argent? *Rien*. Vous n'avez *rien* trouvé encore? *Rien*. Je ne connais *rien* de plus ennuyeux que de passer son temps à ( ) *rien* faire. Il prétendait qu'il avait trop de fortune pour ( ) rien faire. Je répondais qu'il n'y avait pas de métier plus sot que de ( ) rien faire. *Rien* de chez lui, *rien* de chez vous : votre situation n'est pas brillante.

Est-il *rien* de plus doux que votre

mère? Je ne connais *rien* de plus aimable que votre frère.

Rôle du pronom.

(727, 728.)

Tel qui semble plus prévenant que lui est au fond moins obligeant. *Tel* paraît fort spirituel, qui n'a dans l'esprit que peu de ressources, mais de la mémoire et du sang-froid. *Tel* vous salue et vous déchire. *Tel* vous blâme et vous aime sincèrement. Toujours dehors, tantôt c'est *un tel*, tantôt c'est *une telle* que vous avez rencontrés. Je connais *tel* ou *tel* de vos camarades qui ne sont pas comme vous légers et paresseux. Un *tel* est arrivé; un *tel* part; *un tel* est annoncé comme devant venir; *une telle* épouse *un tel*; *un tel* s'est blessé à la chasse; *une telle* est mal vêtue; *un tel* a perdu au jeu; *un tel* s'est brouillé avec *un tel*. Voilà les propos de la ville.

CHAPITRE CINQUIÈME.

SYNTAXE DU VERBE.

89ᵉ Exercice.

ACCORD DU VERBE AVEC SON SUJET.

Les difficultés de l'accord se trouveront indiquées dans la parenthèse. C'est à nous de suivre les règles qu'il faut appliquer. Nous trouverons quelquefois le verbe, moins la désinence ou terminaison, que nous devrons choisir; d'autres fois, nous aurons l'infinitif du verbe et l'indication du temps ou mode à employer.

Je travaille, vous vous (*amus*) : tantôt nous (*sortiro*)

DU VERBE.

Alfred et moi ; vous (*rester*) avec Claudine, si elle n'a pas fait son devoir. Le neveu et le cousin de notre propriétaire sont venus te chercher. Tu (*étai*) sorti cinq minutes avant. Les amis, les parents, les voisins (*accouru*) aux cris de Jacques : mais il était trop tard. La sollicitude, l'amour, la tendresse de ses parents ne (*pu*) le protéger contre le mal : Il (*mouru*) bientôt de ses brûlures. La joie ou la surprise (*aur*) fait mal à votre mère. L'indignation ou la honte (*faire* prés. indic.) également rougir l'homme qu'on accuse. Votre ami ou moi nous ferons également bien votre besogne pendant votre absence. Victoire ou Amélie (*passer* au futur) par chez moi pour que je ( ) donne une commission. L'amour-propre ou plutôt l'envie (*l'avoir* prés. indic.) excité contre moi. Théodore ou lui s'en (*ir*) dès demain. Ma mère ou vous (*saur*) bien vous tirer d'affaire.

(Depuis 731 jusqu'à 738.)

Les dangers de la guerre, les fatigues, la vue des blessures, le chagrin de sa famille, ( ) n'a pu le déterminer à rester. Larmes, conseils, reproches, exemples, promesses, menaces ( ) a été inutile. (738.)

Les pages, ainsi que le cortége de la reine (*être*, indic. prés.) déjà (*venu*) à Fontainebleau. Madame, sœur du roi, de même que les personnes de sa suite ne (*ser*) dans cette ville que demain matin. Le père, ainsi que ses enfants, (*doi*) toujours précéder la mère dans cette cérémonie. Le soleil, ainsi que la gelée, (*peu*) nuire aux bourgeons des arbres. Les grands froids, comme l'extrême chaleur (*porte*) le sang à la peau. (739.)

La cérémonie d'hier et celle d'aujourd'hui sont fort belles assurément, mais *l'une et l'autre* (été) trop (longue); aussi ni l'une ni l'autre (*n' pu*) me retenir jusqu'à la fin. Ni l'un ni l'autre de vos deux frères ne (*saur*) satisfaire vos parents. Ni l'un ni l'autre ne (*s'avançai*) vers nous pour nous recevoir. L'un et l'autre (... *eu*) raison dans ( ) manière de voir, et cependant l'un et l'autre se (*trompe*) d'après notre jugement.

(740.)

90ᵉ Exercice.

La multitude des étrangers (*accourai*) sur le passage du prince. Mais la plupart des voyageurs ne (*pu*) l'apercevoir; car sa voiture s'avançait avec rapidité. Le plus grand nombre des invités se (*retir*) dans les prairies voisines pour passer en fête cette belle journée. L'assemblée des nobles (*répondi*) que l'on se rendrait au désir de la nation. (741.)

S'endormir en société (*être*) considéré comme une grosse impolitesse. Sortir à chaque instant, ne rien faire en rentrant, lire des romans en cachette, ne (*être*) pas les bons moyens de se préparer à une épreuve difficile.

Mal répondre à la première observation, s'irriter d'une seconde, devenir furieux à la troisième (*être*) ce qui lui arrive tous les jours. — S'avancer vers son ennemi, choisir l'endroit pour le frapper, et l'étendre raide mort (*fu*) pour lui l'affaire d'un instant. — Suer beaucoup, ne pouvoir supporter le moindre mouvement, ne pas dormir, ne pouvoir travailler assidûment (*être*) des symptômes de faiblesse. — Se présenter convenablement, se tenir sur ses gardes, n'oublier rien d'essentiel, ne dire que ce qu'il faut, n'exciter l'envie de personne, (*être*) une ligne de conduite qu'il faut suivre dans la société. — Perdre son temps, l'employer à mal faire, n'être occupé que de sa toilette, négliger l'occasion de s'instruire, (*être*) des chances assurées pour n'arriver à rien.

(742.)

91ᵉ Exercice.

PLACE DU SUJET DANS LA PROPOSITION.

Nous expliquerons, dans la colonne à droite, les causes qui peuvent amener dans les phrases suivantes la place du sujet après le verbe.

DU VERBE

Que dira (*votre ami*), quand il saura que vous l'avez trahi. Sommes-(*nous*) donc devenus ennemis, s'écriera-t-(*il*), pour qu'il ait agi ainsi en mon absence? Puisse (*cette action*) être chez lui l'effet d'une erreur, et non d'un dessein arrêté ! Tel est (*le seul moyen*) pour moi, de douter encore de sa méchanceté. Ainsi s'expliquerait (*son départ*) précipité, ainsi seulement pourrait-(*on*) l'excuser. Peut-être encore a-t-(*il*) été entraîné par quelque motif que je ne comprends pas bien. Toujours est-(*il*) qu'il m'a fait défaut au moment où je comptais le plus sur lui. Mais bientôt se fera jour dans mon esprit (*la cause*) véritable d'une conduite qui m'a mis à deux doigts de ma perte et m'a forcé de douter de l'amitié elle-même.

(Depuis 743 jusqu'à 749.)

Motifs de l'inversion. Simple interrogation.

COMPLÉMENT DES VERBES.

Nous enfermerons dans une parenthèse tous les compléments directs et indirects des verbes des phrases suivantes; nous marquerons d'un *d* au-dessus les compléments directs, d'un *i* les compléments indirects.

Dans le trouble où nous avait plongés cet événement, nous ne savions à quel parti nous résoudre. J'avais promis d'envoyer à votre mère son plus jeune fils, et cette promesse, je l'avais oubliée. Cependant, cet enfant que je soigne et chéris depuis si longtemps, qui aime tout le monde ici, et plaît à tout le monde, je ne pouvais consentir à m'en séparer tout d'un coup. Nous l'avons instruit. Nous lui avons enseigné les premières connaissances dont il avait besoin pour aller à l'école. Il peut maintenant suivre une petite classe sans être rebuté par les premières difficultés.

(Depuis 749 jusqu'à 754.)

92ᵉ Exercice.

VERBE A L'INFINITIF SERVANT DE COMPLÉMENT AU VERBE.

Nous mettrons dans la parenthèse ouverte la *préposition* qui a pour but de relier au verbe précédent le verbe à l'infinitif qui suit. Si les deux verbes doivent se joindre sans préposition, nous laisserons vide la parenthèse.

Mon père me reproche souvent ( ) travailler moins que toi. J'aime mieux ( ) ne rien dire que d'aller ( ) me justifier en prouvant que tu ne fais pas grand'chose. Je m'applique cependant ( ) mieux faire, et je ne désespère pas ( ) prouver un jour que c'est à tort qu'on me soupçonnait ( ) perdre mon temps. Je commence ( ) réussir assez bien. Je me réjouis ( ) te montrer mon travail. J'avais peur ( ) rester au-dessous des autres. En continuant ( ) étudier les bons modèles, je prétends ( ) égaler Paul, qui s'imagine ( ) dominer toujours ses camarades. Ses prétentions aboutissent ( ) le rendre un peu ridicule. Nous consentons tous ( ) reconnaître sa supériorité : mais nous nous félicitons ( ) avoir deux ou trois ans de moins que lui. Il risque ( ) être égalé en force avant que nous arrivions à son âge.

Osez donc ( ) demander ce qu'il vous faut. Ne laissez pas ( ) croire que rien ne vous manque. Il vaut mieux ( ) parler que se résigner ( ) souffrir en silence et hésiter ( ) tout dire. S'obstiner ( ) vivre de peu, prendre plaisir ( ) se nourrir mal : craindre ( ) dépenser trop, en venir ( ) paraître avare, tout cela est blâmable quand on n'est pas contraint ( ) ménager sa fortune et qu'on doit ( ) viser ( ) la dépenser honorablement en raison du rang que l'on tient.

Tu ne veux pas ( ) confesser ta faute, les verges vont te contraindre ( ) parler. Il a bien été forcé ( ) donner quelque temps à ses parents après ce long voyage. Son armateur prétendait qu'il pouvait ( ) le forcer ( ) partir avant le mois écoulé. Alfred a essayé ( ) lui prouver le contraire, chose que le patron a été obligé ( ) reconnaître. — Nous vous permettons ( ) assister à cette fête, mais promettez-nous ( ) revenir demain. Vous rougiriez ( ) ne pas tenir votre promesse. On tend toujours ( ) abuser. (Depuis 754 jusqu'à 761.)

95ᵉ Exercice.

PROPOSITION SERVANT DE COMPLÉMENT AU VERBE.

Mettons dans la parenthèse ouverte le lien qui doit servir à réunir les deux propositions, dont la seconde sert de complément à la première. (761 et 769.)

J'espère ( ) vous viendrez me voir demain, bien que je sois ( ) en retard avec vous. Si l'on regardait à cela entre amis, je crois ( ) les relations seraient impossibles. Car il arrive souvent ( ) on est arrêté juste au moment ( ) l'on avait choisi pour faire ou pour rendre une visite. Le désir d'obliger ceux ( ) l'on aime se montre dans ces occasions. J'ignore ( ) je pourrai assister à cette cérémonie. J'ai promis ( ) je ferais tous mes efforts pour y venir. Je ne sais pas ( ) viendra me chercher. (761 et 769.)

MODE DU VERBE DANS LA PROPOSITION QUI SERT DE COMPLÉMENT.

En tête d'une phrase ou d'un alinéa se trouve le verbe qui devra être dans la parenthèse; nous devrons le mettre au mode

EXERCICES GRADUÉS.

qui lui convient, d'après les règles des paragraphes, depuis 762 jusqu'à 766.

ÊTRE. — Vous pensez bien que je (s) malade, puisque je n'ai pas paru ce matin. Il faut que je (s) forcé par la douleur pour m'abstenir en cette circonstance. Le médecin m'avait bien prédit que je (s) forcé de garder le lit.

CONSENTIR. — Je veux désormais qu'il (c) à vous voir. Il a promis qu'il (c) aussi à voir sa tante. Sa mère assure qu'il (c) à tout ce qu'on lui ordonne.

VENIR. — Je souhaite que vous (v) demain au plus tard.

VOIR. — Il faut que je (v) ce mal de plus près.

MOURIR. — Je crains bien qu'il ne (m) par l'excès du froid.

ATTENDRE. — Je doute qu'il (a) aussi longtemps. Il a promis cependant qu'il (a) deux ou trois heures.

(De 762 à 766.)

TEMPS DU VERBE DE LA PROPOSITION DÉPENDANTE.

ÊTRE. — Vous ne m'aviez pas dit que ce conduit (e) bouché. L'ouvrier prétendait qu'il (e) en bon état. J'ai toujours soutenu qu'il (e) rouillé à l'intérieur. Le patron a dit que ce qui ( ) ainsi rouillé n'(e) plus bon à rien. C'était aussi mon opinion qu'il n'(e) plus en état de servir.

La religion ne nous a-t-elle pas enseigné que nous ( ) en ce monde pour songer à une vie meilleure.

(766, 767.)

94ᵉ Exercice.

Soulignons dans les phrases suivantes les compléments des verbes enfermés dans la parenthèse.

On (craint) beaucoup qu'il ne donne sa démission.

Je (*sais*) bien qui lui succéderait dans ce cas.
Je vous (*apprendrai*) où cela s'est préparé.
Je ne vous (*dirai*) pas combien je le regrette.
J' (*ignore*) cependant si cela sera un mal.
J'avais (*prévu*) quelle raison il donnerait.
Bien des gens (*se demandaient*) comment on peut tomber de si haut. (768, 769.)

Complétons dans la parenthèse la proposition restée incomplète, et dont la suite existe dans l'esprit, quoiqu'elle ne soit pas exprimée.

Cela se vend fort cher. — Dites-moi combien (*cela*).
Il s'est retiré quelque part. — Je sais bien où ( ).
Il s'y est pris d'une façon singulière. — Racontez-moi comment ( ).
Vous me regardez de travers. — Je ne sais pas pourquoi ( ).
On me l'a affirmé. — Dites-moi qui ( ).

95ᵉ Exercice.

DIFFÉRENTS EMPLOIS DES TEMPS.

Nous mettrons dans une parenthèse les temps à la place desquels certains temps se trouvent employés dans les phrases suivantes, ainsi :

Dieu *maintient* les lois qui régissent cet univers. Il *fait* la succession régulière des saisons, le froid, la chaleur, le beau et le mauvais temps ; il *accorde* ou *refuse* la moisson aux laboureurs, et ne *permet* pas que l'homme vive un instant sans se sentir soumis à sa puissance. (Le présent des verbes soulignés est employé pour indiquer).
Votre frère *n'aime* pas les chevaux. Ses goûts *sont* tranquilles ; *il reste* volontiers à la maison, et s'*occupe* de tra-

vaux paisibles et de lectures profitables. (Le présent est employé pour   ).

Notre plan est fait : Nous *passons* chez nous : nous *prenons* ce qui nous est nécessaire pour ce court voyage; nous *disons* adieu à nos enfants et nous *montons* en voiture à midi juste. Nous *arrivons* à 5 heures à Paris : de là nous *nous rendons* chez votre père qui *est* aussi heureux que surpris de nous recevoir. (Le présent est ici employé pour   ).

Alfred ne *s'émeut* pas; il *comprend* le danger qu'il *court*, *dégage* doucement son fusil sur lequel l'animal avait déjà laissé tomber ses lourdes pattes, et l'ajustant avec un admirable sang-froid à cet endroit qu'on appelle le défaut de l'épaule, il lui *envoie* une de ses balles coniques, par laquelle l'ours est foudroyé. Il était temps, nous respirions à peine tant notre terreur était grande. (Le présent est mis ici pour   ).

Nous avons été longtemps à nous expliquer comment le fait s'est passé. Sans doute, disions-nous, *elles auront voulu* visiter la montagne par ce beau soleil; elles *seront parties* sans guide; arrivées à l'endroit où la neige commençait à fondre, le pied leur *aura manqué*, et elles *auront roulé* jusqu'au fond du ravin. (Le futur antérieur est mis pour   ).   (De **771** à **776**.)

96ᵉ Exercice.

DIFFÉRENTS EMPLOIS DES MODES.

Aurait-on jamais supposé qu'une pareille catastrophe *dût* terminer une partie de campagne si heureusement commencée? *J'aurais préféré* ne voir jamais ce pays si vanté. Je me *serais épargné* le triste tableau d'un malheur qui restera à jamais gravé dans mon souvenir. *J'aimerais* peu habiter cette contrée où les accidents sont si fréquents. *Je ne verrais* jamais partir les miens sans une inquiétude mortelle, sachant que la moindre course est dangereuse, même pour les plus expérimentés. (Le conditionnel est mis ici pour exprimer   ).

Mes enfants, *travaillez* mieux la semaine prochaine que vous ne l'avez fait ces jours derniers. *Apportez* plus d'application surtout à vos leçons. *Soutenez* vos efforts pendant tout le mois de décembre. *Dites*-vous sans cesse que le 1er janvier n'est pas loin. *Habituez*-vous à contenter vos maîtres pour qu'ils soient heureux par vos succès. *Portez* à vos familles, en même temps que vos vœux, la preuve de votre reconnaissance et de votre amour. (L'impératif est mis ici pour   ).

En supposant *qu'il arrive* dans cinq jours, il est impossible *qu'il prenne* à temps le chemin de fer pour l'Allemagne. Il eût fallu *qu'il arrivât* après-demain. Je doute beaucoup *qu'il ait* le temps de faire tout ce que les circonstances exigent de lui. Il est tellement ennuyé, qu'il en perd, dit-on, *le boire* et *le manger*. (Le subjonctif est mis ici pour exprimer le   ).

(L'infinitif est employé pour   ).   (De 776 à 780.)

CHAPITRE SIXIÈME.

SYNTAXE DU PARTICIPE.

97e Exercice.

PARTICIPE PRÉSENT.

Pour distinguer les *participes présents* et les *adjectifs verbaux* entre eux, nous ferons accorder les adjectifs verbaux avec les substantifs auxquels ils se rapportent, et nous mettrons la lettre *p* sur les participes présents, et la lettre *a* sur les adjectifs verbaux. — (Ces deux formes sont dans la parenthèse).

Nous vous avons souvent reproché de rêver en (*travaillant*). Votre imagination (*errant*   ) vous empêche de vous fixer. J'ai vu tant d'enfants (*perdant*) par leur faute leurs plus précieuses années, (*croyant*) toujours qu'ils en faisaient assez, ou (*remettant*) sans cesse à plus tard le travail auquel sont destinées les premières années.

Je trouve ses propos (*blessant*   ), par l'intention qu'il y laisse percer. Les gens bien (*pensant*) n'ont pas ces inflexions de voix, ces regards (*marquant*   ), avec le geste, une pensée amère et des souvenirs (*poignant*   ). Nos pauvres ouvriers étaient tout (*suant*) quand ils ont eu achevé leur besogne. C'est en (*arrachant*) ce roc qu'ils ont eu tant de peine. Ils étaient au moins dix, les uns (*tirant*), les autres (*poussant*), tous (*se démenant*) sans avancer la besogne.

Debout sur le rivage, (*interrogeant*) de loin les vagues, les femmes des pêcheurs tendaient au ciel leurs mains et leurs regards (*suppliant*   ) : tantôt (*espérant*), tantôt n'(*espérant*) plus, quand la barque en (*tournant*) disparaissait sous les flots (*envahissant*). Elles n'avaient plus de voix ; mais leurs yeux, leurs gestes étaient (*parlant*   ). Enfin, Dieu (*prenant*) en pitié leurs angoisses, leur a rendu leurs époux (*vivant*   ), et jurant bien qu'ils ne s'exposeraient plus par des temps aussi (*menaçant*).

(780, 781, 782.)

Écrivons et complétons.

J'ai recommandé otre jeune homme à des personnages (*influ   nts*) que je connais. C'est en (*influ   nt*) sur notre santé d'une manière fâcheuse, que ces gaz se manifestent le plus souvent. Nous (*fatig   nt*) chaque jour au même travail, nous avons des soucis bien (*différ   nts*) des vôtres. Nous voulons, en (*différ   nt*) les explications, éviter des détails (*fatig   nts*). Nos conditions sont si favorables que nous avons beaucoup d'(*adhér   nts*). Toutes les personnes qui souscrivaient payaient en (*adhér   nt*) avec des espèces (*sonnant*   ) et argent (*comptant*).

(783, 784.)

98ᵉ Exercice.

DU PARTICIPE PASSÉ.

Règles du participe passé et du participe absolu.

HISTOIRE DES MARINS VENT-ARRIÈRE ET MARTIN.

Ce morceau contient tous les cas des participes passés expliqués dans la grammaire, depuis le paragraphe 785 jusqu'au paragraphe 811. Nous trouverons les participes enfermés dans une parenthèse. Ils sont au masculin et au singulier, et nous devrons les modifier chaque fois que la règle l'exige.

L'histoire des marins Vent-arrière et Martin est édifiante à plusieurs points de vue. (*Battu*) comme mousses, (*perdu*) comme matelots, (*enrichi*) comme capitaines, (*ruiné*) plusieurs fois, (*revenu*) au pays, (*reparti*) de nouveau, ils étaient (*connu*), (*aimé*), (*respecté*), même dans leur vieillesse par les jeunes hommes du petit port de Saint-Gilles. Ils avaient (*visité*) le monde entier, (*excepté*) les mers glaciales, (*vu*) l'ennui qu'on éprouve, disait Martin, à rester plusieurs mois entre deux blocs de glace. Les contrées lointaines qu'ils avaient (*exploré*) leur avaient (*laissé*) de nombreux souvenirs. L'image en était (*resté*) (*gravé*) dans leur mémoire. Ils avaient (*vu*) tant de choses! Les récits que nous avons (*entendu*) faire par ces deux loups de mer, nous ont toujours (*intéressé*). Je ne les ai jamais (*entendu*) raconter leur fameuse tempête du Cap sans frissonner des pieds à la tête. Ils ont si bonne mémoire, qu'on ne les a jamais (*vu*) hésiter dans leurs narrations. J'ai assisté aux veillées toutes les fois que j'ai (*pu*); rien que pour écouter les histoires que j'ai (*prévu*) qu'ils raconteraient. Souvent la veillée s'est (*prolongé*) bien plus plus tard que je ne l'aurais (*supposé*) et la fin de l'aventure était bien telle qu'ils nous l'avaient (*annoncé*). Le peu d'instruction qu'ils avaient (*reçu*) à l'école ne leur permettait guère de parler selon les règles de la grammaire et du style; mais le peu d'expressions grandioses et pittoresques qu'ils avaient (*retenu*) de la conversation de gens plus habiles qu'eux, servait à répandre çà et là, dans leur langage, des images qui frappaient l'esprit. A les entendre, personne n'a (*vu*) autant de peuplades qu'ils en ont (*fréquenté*). Combien d'usages singuliers ne nous ont-ils pas (*cité*), qui ont de quoi émerveiller les gens de notre pays! Mais ils n'ont pas (*perdu*) leur temps. Ils ont amassé des biens qui sont la juste récompense des dangers qu'ils ont (*couru*), des peines que leurs longues absences leur ont (*coûté*), et des douleurs de toute espèce que les différents climats leur ont (*valu*).

99ᵉ Exercice (Suite du précédent).

Quoiqu'ils se soient (*exposé*) toujours ensemble aux mêmes périls et qu'ils aient (*souffert*) les mêmes maux, leur aspect est bien différent. Il tient en effet de leur constitution primitive. Le père Martin est (*devenu*) énorme. Il pèse presque le double des soixante kilos qu'il a autrefois (*pesé*). Le père Vent-arrière est au contraire d'une maigreur affreuse : on dirait déjà que la mort s'est (*emparé*) de lui. Comme il a (*eu*) dans la marine du pays un grade plus (*élevé*) que son camarade, l'autre supporte volontiers les droits que son ancien s'est (*arrogé*) sur lui. Ils se sont d'ailleurs toujours bien (*accordé*) et ne se sont jamais (*donné*) de démenti sur rien. Ils se sont (*plu*) au contraire à présenter le spectacle d'une union parfaite dans une condition modeste. Tous les jours ils se rendent visite, même quand il a beaucoup (*plu*) en hiver, et quelle que soit la chaleur qu'il a (*fait*) en été. Rien ne les prive de ce plaisir, je dirai presque de ce devoir. A une heure (*déterminé*), si celui dont c'est le tour de sortir se (*fait*) attendre trop longtemps, la demi-heure (*passé*) l'autre se met en marche, et son courage le soutenant, il arrive à son port, comme ils disent souvent.

Citons les participes absolus que présente la fin de cette histoire. (810.)

CHAPITRE SEPTIÈME.

SYNTAXE DE LA PRÉPOSITION.

100ᵉ Exercice.

DU COMPLÉMENT OU RÉGIME DES PRÉPOSITIONS.

Nous mettrons la lettre *s* sur les prépositions *simples*, et la lettre *c* sur les prépositions *composées*. Elles sont enfermées dans la parenthèse.

Venir (*de*) Paris, partir (*pour*) Londres, revenir (*en*) France, se diriger (*vers*) Berlin, et se proposer d'aller (*à*) Saint-Pétersbourg, (*à*) Moscou et (*à*) Constantinople, c'est vouloir traverser l'Europe (*dans*) sa longueur et se donner bien (*de*) la peine. Si on fait le voyage lentement, on renonce pour longtemps (*à*) vivre (*auprès de*) sa famille : si on le fait rapidement, on risque fort (*à cause du*) peu de temps, (*de*) ne rien voir (*d'*)intéressant, et on peut souffrir (*de*) la fatigue. Il y a donc à dire (*pour*) et (*contre*) votre projet. Les jeunes gens voteraient (*en faveur du*) départ, et moi je voterais volontiers (*pour*) l'abstention.
(811, 812, 813, 814, 815.)

Répétons la préposition, s'il y a lieu, dans les phrases suivantes.

Il met toujours du sucre *dans* son vin et ( ) son eau. — Cette poudre est bonne pour nettoyer : on s'en sert également *pour* le fer et ( ) le cuivre. — Si je suis demeuré

si longtemps à la campagne, c'est *à cause de* mes parents, et ( ) des inquiétudes qu'ils auraient pu concevoir.
(816.)

Examinons dans les phrases suivantes les prépositions qui pourraient être employées comme adverbes, et nous les soulignerons.

Il était difficile d'accorder les témoins, l'un parlant pour l'accusé, l'autre contre. D'autres parlaient en même temps pour et contre. Après, l'on entendit le résumé du président : on n'était pas plus éclairé qu'avant. L'obscurité régnait toujours autour du fait principal. Il fallait savoir si l'accusé avait marché devant ou derrière, tout dépendait de ce seul point. — Vous vous arrêterez devant l'église ; il loge tout auprès. (817.)

101ᵉ Exercice.

OBSERVATIONS SUR QUELQUES PRÉPOSITIONS.

Mettons l'une des deux prépositions *avant* ou *devant* dans la parenthèse, suivant la règle des paragraphes 818, 819.

J'arriverai bien ( ) lui. Cette robe sera faite ( ) la fin de la semaine. Si je n'ai pas pu voir, c'est qu'il se tenait ( ) moi. Quand vous êtes arrivé, à gauche, vous passez ( ) une petite maison. Vous marchez alors ( ) vous la valeur d'une trentaine de pas, et vous prenez le chemin qui se présente, non pas après, mais ( ) la grande route. Mon frère devait arriver ( ) la fin de septembre. Il l'avait dit ( ) nos parents. Il serait ainsi parti ( ) tous les autres, tandis qu'il ne s'est décidé que le dernier.
(818, 819.)

Mettons *que de* ou *de* dans les phrases suivantes.

Avant ( ) vous plaindre, regardez si vous avez été

blessé. Le proverbe dit : qu'il ne faut pas crier avant ( ) être écorché. (820.)

Employons dans les phrases suivantes celles des deux prépositions *auprès* ou *près* qui nous semblera le meilleur, d'après le paragraphe 821.

J'irai passer la saison ( ) de mes parents. Ils ont acheté la maison qui est ( ) du presbytère, en descendant la route. Ils ne voulaient plus avoir ( ) d'eux un voisinage aussi désagréable que celui qu'ils ont supporté jusqu'à ce jour. ( ) de la maison se trouve une très-vaste propriété qui offre un espace merveilleux pour la vue. Le maire est resté cette année ( ) de sa fille à la ville, parce qu'elle est sérieusement malade. On a appelé ( ) d'elle des médecins distingués. (821.)

Employons *durant* avant ou après son régime, d'après l'usage.

Une garde-malade se tient auprès d'elle ( ) toute la nuit ( ). C'est la vieille mère Jeanne. On la récompensera par quelque rente dont elle jouira ( ) sa vie ( ).
(822.)

Mettons, d'après les convenances indiquées au paragraphe 823, la préposition *en* ou la préposition *dans* aux parenthèses ouvertes dans les phrases suivantes.

Vous comprenez qu'elle ne peut pas vivre bien longtemps ( ) l'état où elle se trouve. Elle est déjà ( ) le cinquième mois de sa maladie. Toute sa famille est ( ) la plus grande douleur. Cela sera une grande perte ( ) son quartier. Elle soulageait avec assiduité la plupart des indigents. Elle a eu le courage ( ) la journée d'hier de faire son testament. Elle l'a dicté ( ) la forme ordinaire. On doit ( ) ce moment réunir une dernière consultation dans le cabinet de son père. Elle avait perdu sa mère ( ) l'an 1860. Il lui était resté ( ) le cœur un chagrin profond qu'elle dissimulait ( ) la société, mais qui n'était que trop réel. (823.)

102ᵉ Exercice.

Employons *près de* ou *prêt à*, suivant le sens de la proposition, d'après le paragraphe 824.

Elle sentait bien depuis quelques jours qu'elle était ( ) mourir. Aussi a-t-elle voulu mettre ordre à ses affaires, pour se trouver ( ) quitter ce monde pour aller dans un meilleur, comme elle le dit souvent.
Mon enfant, vous êtes toujours ( ) à mentir quand on vous interroge, et qu'on est ( ) découvrir la vérité. J'étais si indigné contre vous que j'étais tout ( ) vous punir. Je le ferai incessamment si vous n'êtes pas ( ) réparer toutes vos fautes passées par un prompt repentir.
(824.)

Employons *au travers* ou *à travers* dans le sens indiqué par les paragraphes 825-826.

Vous courez toujours ( ) rues au lieu de faire vos devoirs et d'apprendre vos leçons. Si votre mère vous enferme, vous trouvez le moyen de vous dissiper en regardant ( ) rideaux de votre fenêtre ou ( ) fente de votre porte. — On distingue toujours ( ) toutes les promesses que vous faites l'intention de ne pas les tenir.
(825, 826.)

Employons *à l'égard de* ou *vis-à-vis de* suivant le sens indiqué par le paragraphe 827.

Vous avez justement ( ) de vous une maison où demeure un de vos camarades. Il est respectueux ( ) de ses parents. Achevez ce que vous avez à faire. Nous nous rendrons ensuite chez votre oncle. Il demeure maintenant ( ) du moulin. Vous connaissez le ruisseau qui coule près de là. Soyez poli ( ) de votre tante et de vos cousines et montrez le plaisir que vous avez à vous trouver dans leur société.
(827.)

CHAPITRE HUITIÈME.

SYNTAXE DE L'ADVERBE.

103ᵉ Exercice.

Employons les adverbes *aussi, si, tant, autant, beaucoup, de beaucoup,* dans le sens indiqué par les paragraphes 831, 832, 833.

Les troupes de l'ennemi sont ( ) fortes que les nôtres. Je crois ( ) à leur valeur et à leur discipline, qu'au courage et à la bonne conduite de nos soldats. Ils ne sont d'ailleurs pas ( ) fatigués qu'on pourrait le supposer. Rien ne les reposera ( ) que de dormir une bonne nuit après avoir ( ) marché. Le camp n'est pas ( ) élevé sur la droite que sur la gauche. Il y a là un repli du terrain. Cela n'est pas ( ) avantageux qu'on pourrait le croire. J'aime ( ) une pente moins forte. Les mouvements ne sont plus ( ) uniformes. Cela est à considérer ( ) pour l'attaque que pour la défense. Je voudrais que cette guerre fût vite terminée ( ) pour eux que pour nous ; car entre États voisins on est assuré de rencontrer presque ( ) de connaissances que de soldats parmi ses adversaires. Rien ne me fait ( ) de peine que cette considération. Je suis sûr que vous en êtes ( ) touché que moi. Ce sentiment est ( ) plus chrétien que celui qui nous pousse à nous égorger.   (831, 832, 833.)

Le mot *même* étant tour à tour *adjectif* ou *adverbe*, prend ou ne prend pas l'accord suivant sa qualité. Nous l'emploierons dans la parenthèse ouverte d'après toutes les applications contenues aux paragraphes (593, 834, 835), et avec ou sans accord.

C'est toujours la ( ) histoire que vous nous racontez. Nous finissons par la savoir par cœur nous-( ) tant nous l'avons entendue de fois. Les noms, les dates, les lieux,

( ) n'ont pas changé. Les oreilles ( ) les plus complaisantes ne sauraient l'entendre une fois de plus. Je dirai ( ) que vous devez en être aussi ennuyé que nous. Ce sont toujours les ( ) brigands qui ont tout emporté, l'argent, les bijoux, les meubles ( ). Cette réflexion n'est pas de moi seul : Elle vous sera faite par vos parents ( ). J'aurais préféré ( ) qu'elle vînt d'eux. Les avertissements, les conseils ( ) qu'ils vous ont souvent donnés sur vos redites auraient dû mieux vous profiter.
(593, 834, 835.)

104ᵉ Exercice.

Nous trouverons l'adverbe *plus* employé comme adverbe de quantité ou comme terme d'une comparaison; nous le soulignerons comme adverbe de quantité.

Le lion est plus court de taille que le tigre; il est plus ramassé. Il a plus de force, dit-on, mais il a moins de légèreté. Pour le caractère, le tigre a la réputation d'être plus cruel, le lion passe pour plus généreux. Il y a plus de préjugés que de vérités dans ce qu'on raconte sur ces animaux. Ceux qui les connaissent davantage sont ceux qui en parlent le moins.

Le mot *davantage* ne s'emploie pas indifféremment pour le mot *plus*. Dans les phrases suivantes mettez le mot *davantage* toutes les fois que la règle le permet.

Les Arabes tuent quelquefois des lions. Mais les Français en tuent bien ( ). Ce n'est pas que les Arabes soient moins habiles que nous; mais nous osons ( ) qu'eux. Cependant nous avons ( ) de prudence qu'ils n'en ont habituellement. Ils s'exposent ( ), parce qu'ils réfléchissent moins. Nous méditons ( ) qu'eux, et malgré cela, nous affrontons le danger, mais en nous précautionnant ( ). (835, 837.)

DE L'ADVERBE.

Employons *plus qu'à demi* ou *d'à moitié* dans les phrases suivantes.

Tout est excessif chez les Arabes : quelquefois ils sont (*plus à*) moitié morts de frayeur. D'autres fois on en a vu qui, blessés et (*plus à*) moitié brûlés, combattaient encore contre nous. Ils sont maintenant (*plus à*) demi habitués à la France. (838.)

Nous trouverons dans les phrases suivantes à employer soit *plus tôt*, soit *plutôt*. Mettons dans la parenthèse la forme à employer.

Il a tout supporté ( ) que de déplaire à Dieu. C'est un brave enfant : je suis fâché de ne pas l'avoir connu ( ). Je lui aurais fait accueil bien ( ) qu'à ces enfants qui sont légers, et qui n'ont pas ( ) tourné le dos, qu'ils ne se souviennent de rien. C'est ( ) dans un cœur généreux que naissent les pensées de dévouement. La religion y fait germer de bonne heure et ( ) que chez les autres enfants les sentiments de piété et de dévouement. Que l'on meure ( ) ou plus tard, il faut toujours faire l'abandon de sa vie. Bien des gens disent : ( ) mourir que de souffrir; mais il y a plus de courage à dire : ( ) souffrir que de mourir.

105ᵉ Exercice.

Le mot *quelque* s'employant de différentes façons suivant sa nature et son rôle, nous l'écrirons dans la parenthèse suivant les indications des paragraphes 840, 841, et de 600 à 604.

( ) terribles que nous paraissent les menaces de vos ennemis, soyez calmes et conservez votre sang-froid; ( ) grandes démonstrations que fassent certaines gens dans leurs discours, ils s'abstiennent souvent d'agir. Si vous leur demandez ( ) services, il s'en faut qu'ils soient prêts à vous les rendre, ( ) droits que vous ayez d'ail-

leurs à les leur réclamer. Votre frère a été à la pêche aux écrevisses, et malgré la glace qui couvre la rivière, il en a pris ( ) quatre-vingts. Vous auriez eu ( ) grâce à accepter son offre. Il faut au moins lui faire ( ) remercîments. ( ) petits désagréments qu'il y ait dans sa position, elle est bien meilleure que l'année dernière. ( ) vaillants qu'ils soient, ils ne pourront faire l'impossible.
(840, 841, 600, 601, 602, 603.)

Mettons le mot *tout* dans la parenthèse avec l'orthographe qu'il doit avoir d'après les paragraphes, depuis 842 jusqu'à 847.

Je vous avais dit que ces mets se servent ( ) sucrés. Au contraire, une tasse de café se sucre ( ) chaude, mais par le soin de chaque convive. Elle était encore ( ) haletante, et cependant elle a su retrouver la parole pour expliquer la cause de sa frayeur. — Il a emporté une cargaison ( ) chanvre, et il reviendra avec une provision ( ) entière de bois des îles. ( ) autre espèce de chargement lui déplaît. Autrefois, il en prenait de ( ) autres, mais son goût a changé. Allez, j'avais de vous une ( ) autre opinion; ( ) les autres qualités que vous pourriez avoir ne compenseraient pas ce défaut. J'aime cet enfant ( ) méchant qu'il est, et ma sœur, ( ) sévère qu'elle est, lui pardonnera bien comme moi.
(De 842 à 847.)

Mettons *de suite* ou *tout de suite* suivant l'indication du paragraphe 847.

Je vous ai appelé. Pourquoi n'êtes-vous pas venu ( )? J'ai été obligé de recommencer trois fois ( ) l'opération que j'avais faite hier, et, chose singulière, je croyais avoir bien trouvé en calculant ( ) et malgré mes trois opérations ( ), je n'ai plus retrouvé mon compte. Il faut ou que j'aie commis plusieurs erreurs ( ) ou que j'aie mal compté la première fois. Ils se sont rangés ( ) à mon opinion.
(847.)

DE L'ADVERBE.

Mettons dans la parenthèse *tout d'un coup* ou *tout à coup*, suivant les indications du paragraphe 848.

( ) l'on entend des cris qui partent sur la gauche : ce sont les ennemis qui se sont précipités ( ) sur la colline, et l'ont enlevée d'assaut. Ce pauvre garçon s'est ruiné ( ) sans qu'il lui reste même de quoi se vêtir. Ce vieillard s'est affaissé ( ), et il est mort sans parler. Je ne sais comment il a fait pour prendre ces trois prunes et les avaler ( ).

106ᵉ Exercice.

Mettons *très* ou *bien* dans la parenthèse, d'après le paragraphe 849.

Je vous trouve ( ) prompt à vous fâcher. J'avoue que l'affaire n'est pas ( ) agréable, mais ce serait ( ) dommage de rendre les choses pires qu'elles ne sont. J'ai ( ) besoin d'un avis à ce sujet. Quand il fait ( ) froid, que mettez-vous par-dessus votre habit? L'usage du manteau est ( ) répandu dans le Nord. Dans le Midi, où d'ordinaire il fait ( ) chaud, on l'évite. Ne trouvez-vous pas que par le froid on a souvent ( ) faim? Oui, et j'ai remarqué que pendant l'hiver, quand on est devant le feu, l'on a aussi souvent ( ) soif.   (849.)

Mettons dans la parenthèse *voici* ou *voilà*, suivant que le sens nous guidera d'après les paragraphes, depuis 850 jusqu'à 851 bis.

Regardez un peu, ( ) l'état dans lequel il m'a mis. Messieurs, ( ) les raisons que je me propose de vous donner au sujet de cette affaire. — Supposons que ces deux statues puissent nous entendre : ( ) à droite, près de moi, celle qui représente le roi, et un peu plus loin ( ) celle qui représente la reine. Je leur dis : Sire, ( ) bientôt quatorze ans que vous avez rejoint vos aïeux dans leur tombe royale. Votre épouse, notre reine, vous y avait précédé; ( ) l'exposé des jugements qu'on a portés sur elle et sur vous depuis ce temps. D'un côté, piété solide et sincère, bonté de cœur, résignation, charité inépuisable, noble patriotisme : ( ) pour la reine. De l'autre côté, légèreté singulière d'esprit, insouciance des intérêts de la patrie, dureté de cœur, égoïsme, amour insensé des plaisirs, ( ) pour le roi. La postérité tiendra sans doute aussi ce langage : ( ) la juste opinion du public et la récompense de ceux que Dieu a mis à la tête des peuples. Ils sont abaissés ou glorifiés dans leur mémoire.

107ᵉ Exercice.

Y et *en* servent à exprimer différents rapports et remplacent des mots de différentes espèces. Nous rendrons compte dans la colonne à droite du rôle, de la signification et de la qualité de ces deux mots.

	EXPLICATION SUR *y* ET *en*.
En combien de parties divisez-vous ce gâteau? J'*en* veux faire cinq parts. Je n'*y* arriverai qu'avec difficulté. — Je ne sais pas en effet si vous *en* sortirez. La division par un nombre pair *en* eût été plus facile. — Oui, mais j'*en* aurais peut-être tiré un moins bon parti. La Savoie qui a donné son nom à cette pièce de pâtisserie n'*en* retire pas un grand honneur. Ce pays a d'autres titres à notre attention. *Y* avez-vous été cette année prendre les bains? J'*en* viens précisément. J'ai été aux bains d'Aix. Je m'*y* suis bien un peu ennuyé. Mais j'*en* ai tiré	est ici préposition.

un grand profit pour mon estomac. J'*y* retournerai peut-être l'an prochain. Mais j'*en* reviendrai plus tôt. J'*y* suis resté trop longtemps en été. C'est que j'ai voulu *en* voir les environs, et j'*en* rapporte une impression assez agréable : seulement, le printemps *y* est froid.
(Paragraphes 185, 565, 576, 665, 823, 417, 851.)

EXPLICATION SUR *y* ET *en*.

108e Exercice.

DES ADVERBES NÉGATIFS, OU DE LA NÉGATION.

Indiquons en les soulignant les adverbes de *négation* ou les locutions négatives exprimés dans les phrases suivantes.

Ne pourriez-vous pas nous indiquer toutes les négations qui sont ici ? — Je n'en vois pas beaucoup. — Vous ne les reconnaissez guère peut-être. Jamais vous n'avez répondu à cette question : vous n'y étiez nullement préparé. Il n'y a pas beaucoup de difficultés cependant. Il n'y en a même pas du tout. Rien ne doit vous embarrasser. Nul n'hésiterait à votre place. — Non, certes, je n'hésite pas non plus, et personne n'a besoin de m'aider. Je vais les citer sans me tromper. Je ne ferai aucune faute. Faites attention : je souligne toutes les négations.

Mettons dans la parenthèse les négations qui conviennent aux phrases suivantes, d'après les paragraphes de 852 à 862.

Je ( ) puis, je ( ) veux, je ( ) dois rien faire. Paul me disait : oui. Jacques me disait : ( ). Je ( ) étais pas sûr de la chose. Vous décidez-vous enfin ?

(Écrivons ici toutes les réponses négatives que l'on peut faire en n'employant rien que des adverbes de négation.)

J'hésite encore, ( ) que j'aie aucune crainte sur l'issue du voyage, mais je ( ) y espère ( ) beaucoup de plaisir. Y suis-je enfin? Vous (y) êtes ( ) du tout. ( ) allez ( ) vous égarer. Je ( ) suis ( ) sorti depuis hier. ( ) pas prendre d'exercice est souvent dangereux. Je ( ) en ai jamais plus pris que pendant les vacances dernières. (De 852 à 862.)

109ᵉ Exercice.

Mettons ou ne mettons pas la négation dans la parenthèse ouverte aux phrases suivantes, d'après les paragraphes 862, 863.

Si vous trouvez que mes raisons sont autres qu'elles ( ) étaient hier, c'est que vous vous êtes montré mieux à mon égard que vous ( ) l'aviez jamais fait. Si vous trouvez qu'il chante mieux qu'il ( ) chantait hier, applaudissez. — Non, certes, il ne chante pas mieux qu'il ( ) chantait hier. Sa voix est toujours la même, et non pas autre aujourd'hui qu'elle ( ) était la veille. Vous me croyez tout autre que je ( ) suis. Il ne s'est pas montré autre qu'il ( ) avait paru à tout le monde. Etes-vous plus sévère que vous ( ) étiez autrefois? Je ne me trouve pas moins indulgent que je ( ) étais alors. Il est parti plus tôt (1) qu'il ( ) comptait le faire. Il ne partira pas plus tôt qu'il ( ) a promis. Il s'en repentira plus tôt qu'il ( ) pense. Il n'en a pas gagné moins qu'il ( ) croyait.

Mettons ou ne mettons pas la négation, suivant les règles des paragraphes 864, 865.

Dites-moi, craignez-vous qu'il ( ) réussisse? — Non, je ne crains pas qu'il ( ) vienne à bout de son mauvais dessein. Mes amis tremblaient qu'il ( ) s'avançât vers

---

(1) Au paragraphe 862, page 175, première ligne, dans la Grammaire (1ʳᵉ éd.) lisez *plus tôt* au lieu de *plutôt*.

DE L'ADVERBE.

moi. J'avais peur aussi qu'il ( ) lui en prît la fantaisie. N'ayez donc pas peur qu'il ( ) en arrive jamais à ce degré d'audace. Ils redoutaient tous que le pain ( ) vînt à manquer. Ils n'appréhendaient pas qu'on ( ) vînt les visiter.   (864, 865.)

110ᵉ Exercice.

Mettons ou ne mettons pas la négation dans la parenthèse ouverte, d'après la règle des paragraphes 866, 867, 868, 869, 870, 871.

Je nie qu'il ( ) soit venu jusqu'à ma porte, et je conteste qu'il ( ) ait le droit et la possibilité de l'affirmer devant témoins. Il ne nie pas qu'il ( ) soit dans son tort à tous égards. Mais vous ne disconviendrez pas qu'il ( ) ait fait quelques efforts pour se rapprocher de vous. Je ne doute même pas qu'il ( ) parvienne à vous ramener à son opinion. Je doute fort, moi, qu'il ( ) puisse jamais nous convaincre de sa sincérité. Dans tous les cas, j'empêcherai bien qu'il ( ) nous trompe. J'ai déjà souvent évité qu'il ( ) fît croire à ses paroles. — Il a tenu à vous d'en être si vous le vouliez; mais il n'a jamais tenu à moi que vous ( ) fussiez renvoyé. Il ne s'en faut pas beaucoup que vous ( ) ayez l'avantage sur vos concurrents. Il tient seulement à vous qu'il ( ) me donne son bien. — Je ne puis pas sortir qu'il ( ) soit sur mes talons. Je m'y prendrai de façon à ce qu'il parte avant que vous ( ) sortiez. Mais je ne peux sortir sans qu'il ( ) le sache. — Il ne s'assoit jamais après son dîner, qu'il ( ) s'endorme aussitôt. Cela lui serait bon, à moins qu'il ( ) prolongeât trop son sommeil. Je le réveille alors de peur qu'il ( ) lui arrive quelque accident. — Dites-moi, avant que mon frère ( ) arrive, si vous voulez lui parler sans qu'il ( ) me voie. Il ne s'en faut pas beaucoup que je ( ) lui trouve plus mauvaise mine qu'avant. Courez vite, avant qu'il ( ) soit trop tard.

CHAPITRE NEUVIÈME.

111ᵉ Exercice.

DE LA CONJONCTION.

Les significations de *comme* sont en grand nombre; afin de faire connaître la signification de cette conjonction dans chacune des phrases suivantes, nous ouvrirons la parenthèse chaque fois que *comme* sera exprimé, et nous mettrons dans cette parenthèse l'équivalent, c'est-à-dire l'explication du mot *comme*.

Comme ( ) j'ai pu m'en apercevoir, il n'est pas venu ici *comme* ( ) il l'avait promis. Mais *comme* ( ) il se dirigeait vers ma tante, je courus derrière lui. *Comme* ( ) il se sentait coupable, il rougit beaucoup. Il s'arrêta *comme* ( ) tout confus et balbutia, *comme* ( ) il arrive aux gens qui sont dans l'embarras. *Comme* ( ) au fond, ce n'est pas un méchant homme; je le mis à son aise, et lui dis votre opinion bien arrêtée. (875.)

Nous mettrons ou nous ne mettrons pas dans la parenthèse la conjonction *et*, d'après les paragraphes 880, 881, 882.

Il est léger, ( ) paresseux ( ) menteur. Il est sot ( ) orgueilleux. Il a reçu aujourd'hui tous les gens intéressés dans l'affaire, ( ) les notaires, ( ) les avoués, ( ) les avocats ( ) les huissiers, etc.

Il se lève ( ) prend la parole ( ) s'arrête tout à coup ( ) tombe comme foudroyé.

Bête ( ) méchant est un proverbe quelquefois juste.
(880, 881, 882.)

Dans les phrases suivantes, nous placerons dans la parenthèse les négations nécessaires, d'après les paragraphes 883, 884.

Nous ( ) pouvons dormir ( ) veiller : ( ) le travail, ( ) l'oisiveté ne sauraient nous convenir en l'état d'es-

DE LA CONJONCTION.

prit où nous sommes. Notre agitation croît à chaque instant. C'est un supplice dont la fin n'est ( ) prévue, ( ) prochaine. Il ne me laisse ( ) trêve ( ) repos. Je n'aime pas ces jalousies ( ) ces divisions dans les familles. (883, 884.)

112ᵉ Exercice.

Écrivons *par ce que* ou *parce que* dans la parenthèse ouverte aux phrases suivantes, d'après le sens donné à ce mot. (Voyez le paragraphe 885.)

Vous craignez de me livrer la marchandise ( ) je n'ai pas beaucoup d'argent, mais ne me jugez pas ( ) vous voyez. Tel paraît modestement vêtu, et même dénué, qui est plus riche que bien d'autres, ( ) il y a des gens qui portent sur eux tout ce qu'ils ont. ( ) je vous dis, vous comprenez à demi-mot. Ne jugeons donc pas les personnes ( ) elles semblent être. (885.)

Nous mettrons dans la parenthèse *pendant que* ou *tandis que*, suivant le sens que nous voudrons donner à la phrase, d'après le paragraphe 886.

Il a été convenu que nous resterions à la maison ( ) que vous sortiriez. Remarquez que cela vous fera deux congés, ( ) que nous n'en aurons qu'un. Vous avez déjà joui de plusieurs plaisirs, ( ) que nous étions retenus. Il faudra bien que nous reprenions notre avantage, ( ) que nos parents seront à la campagne. Autrement, les uns s'amuseraient toujours, ( ) que les autres seraient à courir les champs. Vous avez l'air bien doux, ( ) que lui ne m'inspire pas beaucoup de confiance. Allez chercher la clef, ( ) que je veillerai sur vos enfants.
(886.)

113ᵉ Exercice.

Le conjonction *que* a de nombreuses significations. Chaque fois qu'elle sera employée dans les phrases suivantes, nous ouvrirons une parenthèse dans laquelle nous expliquerons le rôle ou la signification de *que*. (Voyez les paragraphes depuis 887 jusqu'à 900.)

Que ( ) ne venez-vous avec nous? Vous savez *que* ( ) vous ne nous gênez pas plus *que* ( ) votre camarade. Il ne vient jamais chez nous, *qu'* ( ) il ne s'en retire fort satisfait. C'est au moins ce que nous disent ses parents. *Que* ( ) le temps soit mauvais ou bon, il ne s'ennuie jamais. Il n'y a *que* ( ) vous qui persistiez à ne pas venir. Tout au moins y a-t-il bien longtemps *que* ( ) l'on ne vous a vu. Vous trouveriez Louis à la maison, *que* ( ) vous ne lui feriez pas encore un très-grand accueil. *Que* ( ) ne prenez-vous des idées plus gaies? Quand on a un esprit délié et fin, et *que* ( ) l'on n'est pas embarrassé pour parler, il faut aimer la société. Où *que* ( ) vous soyez obligé d'aller plus tard, on vous donnera les mêmes conseils, quoi *que* vous alléguiez pour vous défendre. On vous accusera de sauvagerie, attendu *que* ( ) vos habitudes ne sont pas celles d'un enfant de votre âge. (887, 900.)

Nous indiquerons de même dans la parenthèse le sens qu'il faut donner aux conjonctions *quand* et *si*, dans les phrases suivantes, d'après les paragraphes 900, 901, 904, 905.

Eh bien! j'irai volontiers chez vous *quand* ( ) vous serez assez bonne pour venir me chercher, mais *quand* ( ) il y aurait un peu de sauvagerie dans mon caractère, *si* ( ) vous voulez vous charger de le modifier, vous en viendrez facilement à bout. J'ignore cependant *si* ( ) vous en prendrez la peine une fois que vous me connaîtrez. — Il y a des gens auxquels il faut toujours

DE LA CONJONCTION. 269

un temps exprès. *S'*il fait chaud, *s'*il fait froid, *s'*il pleut, *s'*il gèle, *s'*il vente, *s'*il tonne ( ) ils font là-dessus des réflexions sans fin. Je voudrais bien savoir ce qu'ils penseraient *si* ( ) le temps était toujours uniforme.

(900, 901, 904, 905.)

114ᵉ Exercice.

Il s'agit de donner au verbe le mode qui lui convient, après les conjonctions employées dans les phrases suivantes. Nous trouverons dans la parenthèse l'infinitif du verbe à employer, et nous lui donnerons le mode convenable, d'après les paragraphes 907 et 908. Nous mettrons toujours à la première personne du présent le mode employé. Exemple :

Il sera fait *ainsi que* (*vouloir*).
Il sera fait *ainsi que* (*je veux*).
Que je (*vouloir*) ou *que* je ne (*vouloir*) pas, il partira.
Que (*je veuille*) ou *que* je ne (*veuille*) pas, il partira.

Appliquons maintenant ce procédé.

A mesure que je (*vieillir*), je comprends ces choses-là. — Il me paie *afin que* je (*partir*). Je suis perdu, *à moins que* je ne (*fournir*) la somme. — Il fera *comme* je (*dire*), *attendu que* je (*être*) le maître. Je sens *que* je (*mourir*). Dites-moi *si* je (*pâlir*). *S'il faut que* je (*boire*) le calice jusqu'à la lie. Allez-y, *tandis que* je (*courir*) de ce côté. Vous pourrez revenir *si tant est que* je (*être*) encore en vie. Je le ferai *aussi bien que* je le (*dire*). *Avant que* je le (*voir*), retirez-le. *Aussitôt que* je (*pouvoir*) j'y vais. *Bien que* je ne (*pouvoir*) que fort peu de chose. *Jusqu'à ce que* je (*être*) tout à fait impotent, je marcherai. *Autant que* je le (*savoir*). *De crainte que* je ne le (*savoir*). *De peur que* je ne le (*prévenir*). *En cas que* je (*venir*). *De même que* je vous (*avertir*). *Encore que* je (*prendre*) toutes mes précautions, il me verra. *Loin que* je (*être*) persuadé, *depuis que* je (*savoir*) ces détails, je m'éloigne *dès que* je (*pouvoir*). *De même que* j' (*applaudir*) le bien, *pour peu que* je le (sentir), ainsi je (blâmer) le mal. Durant que je le (suivre), courez à la maison. Lorsque je (rire), je souffre, outre que je me (sentir) étouffer.

115ᵉ Exercice.

Je le veux ainsi, *non que* je (*être*) fâché, mais *pour que* je (*pouvoir*) compter sur lui. Peut-être que je (*aller*) sortir, *puisque* je (*recevoir*) un avis de lui. *Pour peu que* j'y (*consentir*), il sera bien heureux. *Soit que* je (*souffrir*), *soit que* j' (*aller*) mieux. *Quand* je (*paraître*), il se tait, et *tant que* je (*être*) là, il ne bouge pas, mais *si* je (*venir*) à partir, il recommence, *vu que* seul je lui (*faire*) peur. *Quel que* je (*paraître*) à vos yeux, *pourvu que* je vous (*faire*) obtenir ce que vous demandez, et *quelque* sévère *que* je (*être*), vous me devez de la reconnaissance. *Qui que* je (*suivre*) en cette occasion, j'aurai un bon chef, et *quoi que* je (*faire*), *soit que* je (*consentir*), *soit que* je m' (*abstenir*), il m'en saura bon gré. *Tant s'en faut que* je (*être*) exposé à ses reproches. *Supposé que* je me (*repentir*) du premier parti, *quoique* j'en (*pouvoir*) douter, votre père viendra toujours à mon aide, *à condition que* je (*servir*) ses intérêts. Paul, au contraire, ne voulait me succéder qu'à *condition que* je me (*fâcher*) avec toute ma famille.

116ᵉ Exercice.

PONCTUATION, ACCENTUATION, ANALYSE.

LE CHEVAL.

Voyez ce cheval ardent et impetueux pendant que son ecuyer le conduit et le dompte que de mouvements irreguliers c'est un effet de son ardeur et son ardeur vient de sa force mais d'une force mal reglee il se compose il devient plus obeissant sous l'eperon sous le frein sous la

PONCTUATION, ACCENTUATION, ANALYSE.

main qui le manie a droite et a gauche le pousse le retient comme elle veut a la fin il est dompte il ne fait que ce qu'on lui demande il sait aller le pas il sait courir non plus avec cette activite qui l'epuisait par laquelle son obeissance etait encore desobeissante son ardeur s'est changee en force ou plutot puisque cette force etait en quelque facon dans cette ardeur elle s'est reglee remarquez elle n'est pas détruite elle se regle il ne faut plus d'eperon presque plus de bride car la bride ne fait plus l'effet de dompter l'animal fougueux par un petit mouvement qui n'est que l'indication de la volonte de l'ecuyer elle l'avertit plutot qu'elle ne le force et le paisible animal ne fait plus pour ainsi dire qu'ecouter son action est tellement unie a celle de celui qui le mene qu'il ne s'ensuit plus qu'une seule et meme action. (Bossuet.)

(Ponctuation et accentuation d'après les paragraphes 12 jusqu'à 29.)

Ce morceau, sur lequel on s'exercera pour mettre l'accentuation et la ponctuation, pourra servir de matière d'analyse logique, quand le maître aura bien établi la ponctuation et l'accentuation véritables après le premier travail des élèves. On en donnera alors quelques fragments à analyser jusqu'à ce qu'on l'ait analysé en entier, d'après les principes exposés depuis le paragraphe 918 jusqu'au paragraphe 938.

117e Exercice.

Nos derniers exercices rouleront sur les locutions vicieuses du paragraphe 949. Nous les trouverons dans les parenthèses, et nous mettrons à leur place les locutions qui sont conformes au bon usage; elles se trouvent au paragraphe 950.

Je viens de voir des gens dont le langage est bien mauvais. Ils emploient une foule de mots et d'expressions que condamne la grammaire et que devraient éviter au moins les personnes instruites. Jugez-en un peu. En voici quelques échantillons. Dans le temps que j'ai passé avec eux, ils ont prononcé toutes ces phrases :

Revenez demain (*à bonne heure*), m'a dit le plus jeune enfant. L'aîné prétendait que son camarade l'avait fait tomber en le prenant (*à brasse corps*), tandis qu'il sautait à (*croche pied*). On se mettait à table dans cette maison à (*midi précise*). On y mangeait (*à rebours des*) autres gens : on finissait par le potage. Dans la maison (*à mon père*) l'usage est tout différent. Quand nous sommes (*après à diner*) personne ne vient nous déranger : Nous disons que nous n'avons (*à faire*) à personne.

Si nous jouons aux cartes, mon cousin fait toujours (*la volte*); ce n'est pas qu'il soit un (*tricheux*), comme mademoiselle Emilie qui est une (*tricharde*). Elle veut sans doute (*trésoriser*), car elle (*traie*) toujours les cartes. Elle nous fait perdre (*la trémontane*). Quand j'ai le roi, j'ai bien soin de le cacher (*crainte qu'elle le voie*). Tant (*pire*) pour moi si elle peut regarder dans mon jeu !

Vous vous êtes mouillée parce que vous avez voulu traverser le ruisseau en faisant une seule (*ajambée*). Moi, je l'ai traversé en deux fois en mettant mon pied sur une pierre.

(*La bonne*) amadou était autrefois très-(*recherchée*); on n'en vend presque plus depuis qu'on a des allumettes chimiques.

A (*l'apparution*) des gendarmes sa mère éprouvait des (*angoises*) terribles. On disait que c'était une (*apprentive*) qui avait volé. Il y avait bien deux (*apprentisses*) qui s'étaient entendues pour cela. Le commissaire de police, avec son air (*rébarbaratif*) a donné à ces jeunes voleuses une fameuse (*rebiffade*), quand elles ont essayé de se défendre. Quand elles auront (*recouvert*) leur liberté, je pense qu'elles ne s'y feront plus prendre : la justice est (*rancuneuse*) et se souvient longtemps.

118ᵉ Exercice (Suite).

Passez-moi la (*secoupe*). J'ai (*soupoudré*) tout cela avec (*du réglisse*) en poudre. Que pourrait faire (*du jujube*) contre une (*enflammation*).

Un homme d'une telle (*corporence*) a besoin d'être saigné quand il a une (*plurésie*). Il est en danger de devenir (*poumonique*). On dit qu'il a reçu un (*siau d'eau*) sur la tête quand il était en sueur. Il en était tout (*confusionné*). C'était le (*sourd et muet*) qui lui avait joué ce tour : c'est qu'il n'est pas trop bien (*éduqué*). Il est (*farce*); il a voulu seulement le faire (*marronner*). Il en sera peut-être quitte pour une (*esquilancie*). C'est qu'il y a de la différence entre un (*siau d'eau*) et un (*jeu d'eau*). Ma tante lui a porté un (*elexir*) fait avec de la (*castonade*). On lui avait déjà mis un (*cataplasse*) sur la poitrine, au lieu d'un (*vessicatoire*) qu'il aurait peut-être fallu. Il va mieux, (*comme de juste*), depuis qu'il a un bon médecin. Cependant, il ne (*décesse pas*) de se plaindre. C'est surtout vers (*les minuit*) qu'il va plus mal, et sur (*les midi*) qu'il va mieux. Il a toujours l'air bien (*minable*) avec sa longue barbe. Il a demandé au médecin s'il pourrait manger quelques poires de (*messergent*) ou de (*cressane*). Le docteur s'y oppose formellement. On le force (*malgré lui*) à absorber beaucoup de tisane. Il se gratte la poitrine comme s'il avait des (*dartes*).

119ᵉ Exercice (Suite).

N'avez-vous pas (*décommandé*) votre robe? Oui. — Je ne pouvais la (*désagrafer*). Je ne puis (*dépersuader*) cette couturière de trop serrer la taille. En (*définitif*), c'est pour nous qu'elle nous habille, et non pour elle. Elle a beau dire à chaque instant : Je vous (*demande excuse*), car c'est son mot. Je lui ai bien dit aussi que sa percaline (*se déteint*). J'y suis passée ce matin, et j'en (*deviens*) dans ce moment.

Voici la recette : Vous prenez une (*casterole*), vous y placez les abattis, (*le gisier*), (*du gérofle*). Vous faites une (*rimoulade*) et vous faites revenir le tout à la bonne (*flanquette*), sans faire autant de frais que les gens (*fortunés*).

Mon frère va avec un jeune homme qui fait bien (*ses embarras*). Il paraît que c'est un (*aréonaute*), un (*argoteur*) fini, il discute sur tout. Il emploie des mots singuliers. Il ne paraît pas trop craindre les (*cacaphonies*). Il dit qu'il a une collection d' (*aréolithes*), dont il a rempli son (*colidor*); qu'il s'occupe à composer là-dessus un ouvrage (*conséquent*). (*En outre de cela*) il a un procès pour une invention. Ce sont des (*embrouillamini*) que je ne puis comprendre. Il accompagne ces grands mots d'une (*pantomine*) amusante. Dernièrement, il a fait appeler son adversaire à la (*Mairerie*); aussitôt sa (*comparition*), il l'a traité de (*chipoteur*), de (*contumace*), tout cela avec une voix de (*centaure*); ce qui a causé une grande (*esclande*). L'autre s'est redressé sur ses (*argots*), en lui disant : Pourquoi (*m'invectivez-vous?*) Ce n'est pas la peine de (*coasser*) comme un corbeau : (*Allez coucher*). Enfin, on eût dit deux (*palefermiers*). Leur (*disparution*) a seule éloigné la foule qui commençait à s'amasser, et qu'(*un sentinelle*) essayait de disperser. Un homme bien élevé est (*réprimandable*) quand il s'emporte ainsi.

120ᵉ Exercice (Suite).

(*Le combien sommes-nous*) du mois? — (*Nous sommes*) Alors la blanchisseuse viendra la semaine prochaine : elle rapportera sans doute le (*caneçon*), la (*tête*) et une serviette (*à linteaux*) qu'elle a perdus.
de sa mère (*jouit d'une mauvaise santé*), cette

pauvre femme n'est plus si exacte. J'irais la voir, si je savais où elle *(reste)*. On dit qu'elle est *(perclue)* de tous ses membres. Elle *(reste)* dans une rue très- *(passagère)* à côté de chez moi. — Donnez-moi l'adresse? — La voilà : *(j'espère)* que je suis complaisante! Cette femme était pourtant très-forte. Je l'ai connue dans sa jeunesse. C'était une espèce de *(géane)*. Seulement, elle n'était pas accommodante. Aussi a-t-elle été *(exclues)* de plusieurs bonnes maisons. Mais je perds mon temps à causer : *(à revoir)*.

Je me trouve bien logé ici. — Quand l'idée vous prend de sortir, vous *(allez promener)* dans la campagne. Vous prenez votre *(revange)* du vilain logement que vous habitiez l'an dernier. — Mon vieil oncle en profite ; il prend sa pipe de bois, parce qu'elle est moins *(casuelle)* que celle de terre, et il fait plusieurs lieues dans la montagne. L'autre jour, il a été témoin d'un fait singulier. Dans un endroit *(mousseux)*, sur des rochers, un petit berger était occupé à *(rémouler)* son couteau. Son chien qui faisait *(bonne guette)* aboie tout à coup. C'était un aigle dont les ailes avaient plus d'un mètre *(d'enverjure)* et qui fondait sur un mouton. La méchante bête avait blessé le pauvre animal. Mais elle n'a pu *(remplir son but)*. Mon oncle et l'enfant, armés de bâtons, sont accourus, le chien s'est précipité avec fureur et l'oiseau a disparu.

FIN DES EXERCICES GRADUÉS.

TABLE DES MATIÈRES
DES DICTÉES ET QUESTIONNAIRES.

Préface...	III
1re Dictée. De Dieu (sur les dix espèces de mots)......	1
2e Dictée. L'Homme (sur le substantif).................	2
3e Dictée. Les Métaux (*id.*)...........................	3
4e Dictée. La Terre (sur l'article).....................	4
5e Dictée. Les Animaux (sur les adjectifs qualificatifs)..	6
6e Dictée. Le Ciel (*id.*)...............................	7
7e Dictée. Le Travail (*id.*)...........................	9
8e Dictée. Le Printemps (sur les adjectifs déterminatifs).	10
9e Dictée. L'Ecole (sur les pronoms personnels)........	11
10e Dictée. La Lecture (sur les pronoms possessifs).....	13
11e Dictée. La France (sur les pronoms démonstratifs)...	14
12e Dictée. Le Cheval (sur les pronoms relatifs)........	16
13e Dictée. Les Végétaux (sur les pronoms indéfinis)...	17
14e Dictée. Abraham (récapitulation des pronoms)......	19
15e Dictée. Paris (sur le verbe en général).............	20
16e Dictée. Paris (*suite*) (sur les terminaisons du verbe).	22
17e Dictée. L'Ecriture (sur le mode)....................	23
18e Dictée. Le Paresseux (sur le temps).................	25
19e Dictée. Charlemagne (sur les temps et les modes)....	26
20e Dictée. Les Parents (sur le verbe auxiliaire *Avoir*)...	28
21e Dictée. L'Angleterre (sur le verbe auxiliaire *Etre*)....	30
22e Dictée. Le Chien (sur le verbe *actif*)...............	31
23e Dictée. Les Fleurs (sur la 1re conjugaison)..........	33
24e Dictée. David (sur la 2e conjugaison)...............	35
25e Dictée. Londres (sur la 3e conjugaison).............	36
26e Dictée. Le Remords (sur la 4e conjugaison).........	38
27e Dictée. L'Eau (sur les terminaisons des verbes).....	39
28e Dictée. L'Eté (sur les temps primitifs et les temps dérivés)...	41
29e Dictée. Le Dimanche (sur la conjugaison interrogative et la conjugaison négative).....................	43
30e Dictée. La Belgique (sur le verbe passif)...........	44
31e Dictée. Saint Louis (sur le verbe neutre)...........	46
32e Dictée. Le Chat (sur les verbes pronominaux).......	47
33e Dictée. Les Fruits (sur les verbes impersonnels)....	49
34e Dictée. Salomon (sur les verbes irréguliers et les verbes défectifs de la 1re conjugaison)............	50

TABLE DES MATIÈRES.

35ᵉ Dictée. Bruxelles (sur les verbes irréguliers et les verbes défectifs de la 2ᵉ conjugaison)............	51
36ᵉ Dictée. La Charité (sur les verbes irréguliers et les verbes défectifs de la 2ᵉ conjugaison) (*suite*)......	53
37ᵉ Dictée. Le Feu (*id.*)	55
38ᵉ Dictée. Les Mines de houille (sur les verbes irréguliers et les verbes défectifs de la 3ᵉ conjugaison)........	56
39ᵉ Dictée. Le Miel (sur les verbes irréguliers et les verbes défectifs de la 4ᵉ conjugaison)................	57
40ᵉ Dictée. Jeanne Darc (*id.*)............	59
41ᵉ Dictée. De l'Allemagne (*id.*)............	60
42ᵉ Dictée. Le Singe (sur le participe)................	61
43ᵉ Dictée. Les Graines (sur l'adverbe).............	63
44ᵉ Dictée. L'Enfance (sur la préposition)...........	64
45ᵉ Dictée. Berlin et Vienne (sur la conjonction)......	65
46ᵉ Dictée. La Tempérance (sur l'interjection)..........	67
47ᵉ Dictée. Les Livres (récapitulation des dix parties du discours)...............................	68
48ᵉ Dictée. L'Automne (*id.*)............	69
49ᵉ Dictée. La Jeunesse (sur l'analyse grammaticale)....	71
50ᵉ Dictée. François 1ᵉʳ (sur la ponctuation)...........	72
51ᵉ Dictée. Le Lion (syntaxe sur l'analyse de la proposition)	73
52ᵉ Dictée. L'Espagne (sur le complément de la proposition)...................................	75
53ᵉ Dictée. Le Blé (sur les différentes sortes de propositions).....................................	76
54ᵉ Dictée. Le Mensonge (sur le genre dans les noms)...	78
55ᵉ Dictée. De l'Orthographe (sur le nombre dans les noms)...	79
56ᵉ Dictée. Madrid (sur le rôle du nom dans la proposition)	80
57ᵉ Dictée. L'Age mûr (sur le nom considéré comme complément).................................	82
58ᵉ Dictée. La Piété (sur la syntaxe de l'article).......,	83
59ᵉ Dictée. Jour et Nuit (sur la syntaxe de l'adjectif)....	84
60ᵉ Dictée. La Société (sur la syntaxe des adjectifs déterminatifs possessifs)........................	85
61ᵉ Dictée. L'Italie. Rome (sur la syntaxe des adjectifs démonstratifs).................................	86
62ᵉ Dictée. Suite de l'Italie et de Rome. La Papauté (sur les adjectifs numéraux)........................	87
63ᵉ Dictée. L'Eléphant (sur les adjectifs indéfinis).......	88
64ᵉ Dictée. La Vigne (*id.*)............	90
65ᵉ Dictée. La Justice (sur les pronoms personnels, 1ʳᵉ et 2ᵉ personne)................................	91
66ᵉ Dictée. De l'Or (sur les pronoms de la 3ᵉ personne)..	92
67ᵉ Dictée. L'Hiver (*id.*)............	94

TABLE DES MATIÈRES.

68ᵉ Dictée. La Vieillesse (sur les pronoms possessifs et les pronoms démonstratifs) 95
69ᵉ Dictée. La Baleine (sur les pronoms démonstratifs).. 96
70ᵉ Dictée. La Suisse (sur les pronoms relatifs)......... 97
71ᵉ Dictée. La Pauvreté et la Richesse (sur les pronoms interrogatifs) 98
72ᵉ Dictée. Le Soldat (sur les pronoms indéfinis)....... 99
73ᵉ Dictée. Le Café et le Thé (id.)............... 101
74ᵉ Dictée. Louis XIV (sur l'accord du verbe avec son sujet).. 102
75ᵉ Dictée. La Turquie d'Europe (sur la place du sujet et du complément) 103
76ᵉ Dictée. Les Serpents, la Vipère (sur le rôle de l'infinitif) 104
77ᵉ Dictée. Le Foin (sur le complément du verbe)..... 105
78ᵉ Dictée. La Vertu (sur le rapport des temps et des modes) 107
79ᵉ Dictée. Les Oiseaux (id.).............. 108
80ᵉ Dictée. La Distribution des Prix (sur le participe)... 109
81ᵉ Dictée. Le Corps Humain (sur le participe passé).... 110
82ᵉ Dictée. L'Afrique et ses Explorateurs (id.)....... 112
83ᵉ Dictée. Suite de l'Afrique (id.)....... 113
84ᵉ Dictée. Les Poissons (sur le participe passé et sur la préposition) 114
85ᵉ Dictée. La Pomme de terre (sur l'adverbe)......... 116
86ᵉ Dictée. L'Aumône (sur certains adverbes, quelque, tout, etc.).................................. 117
87ᵉ Dictée. Alger, l'Algérie et les Arabes (sur la suite des adverbes; adverbes négatifs)................. 118
88ᵉ Dictée. L'Amérique. Christophe Colomb (sur la conjonction)................................... 120
89ᵉ Dictée. Les Etats-Unis. New-York (id.)........ 121
90ᵉ Dictée. Les Vacances (id.)....... 122
91ᵉ Dictée. Napoléon Iᵉʳ (sur la construction de la phrase) 123
92ᵉ Dictée. La Guerre (sur divers points de syntaxe)... 125
93ᵉ Dictée. La Paix (sur l'analyse de certaines expressions) 126
94ᵉ Dictée. La Nutrition (sur les locutions vicieuses).... 127
95ᵉ Dictée. Le Dessin, la Peinture et la Sculpture (sur divers points de syntaxe)..................... 128
96ᵉ Dictée. La Mer (id.)............. 129
97ᵉ Dictée. La Russie (id.)............. 130
98ᵉ Dictée. La Médecine (sur les locutions vicieuses)... 131
99ᵉ Dictée. La Vapeur (sur divers points de syntaxe).... 132
100ᵉ Dictée. L'Exposition universelle (id.)......... 133

FIN DE LA TABLE DES DICTÉES ET QUESTIONNAIRES.

TABLE DES MATIÈRES

DES EXERCICES GRADUÉS.

PREMIÈRE PARTIE.

1er Ex. Des lettres.	154
2e Ex. Des signes qui accompagnent les lettres.	155
3e Ex. Suite.	156
4e Ex. Ponctuation.	157
5e Ex. Suite.	158
6e Ex. De la syllabe. — Du mot. — De la phrase. — De l'orthographe.	140
7e Ex. Des dix espèces de mots et de leur usage.	141
8e Ex. Du nom ou substantif.	143
9e Ex. Du genre.	144
10e Ex. Formation du pluriel.	145
11e Ex. De l'article.	147
12e Ex. De l'adjectif.	149
13e Ex. Formation du féminin et du pluriel dans les adjectifs.	151
14e Ex. Des degrés de signification. — Positif. — Comparatif. — Superlatif.	152
15e Ex. Adjectifs possessifs.	153
16e Ex. Du pronom.	155
17e Ex. Pronoms possessifs.	156
18e Ex. Pronoms relatifs.	158
19e Ex. Du verbe.	159
20e Ex. Emploi du nombre et des personnes dans les verbes.	160
21e Ex. Des modes.	161
22e Ex. Des temps.	162
23e Ex. Suite.	164
24e Ex. Verbes auxiliaires.	166
25e Ex. Suite.	166
26e Ex. Des verbes actifs.	168
27e Ex. Remarques sur quelques verbes de la première conjugaison.	169
28e Ex. Deuxième conjugaison, finir.	170
29e Ex. Troisième conjugaison, recevoir.	171
30e Ex. Quatrième conjugaison.	171
31e Ex. Remarques sur les terminaisons.	172
32e Ex. Formation des temps. — Temps primitifs. — Temps dérivés.	173
33e Ex. De la conjugaison interrogative. — De la conjugaison négative.	174
34e Ex. Des verbes passifs.	175
35e Ex. Des verbes neutres ou intransitifs.	176
36e Ex. Des verbes réfléchis ou pronominaux.	178
37e Ex. Suite.	179
38e Ex. Verbes impersonnels.	181
39e Ex. Des verbes irréguliers.	181
40e Ex. Deuxième conjugaison.	182
41e Ex. Suite.	183
42e Ex. Suite.	185
43e Ex. Suite.	186
44e Ex. Troisième conjugaison.	186
45e Ex. Suite.	187
46e Ex. Suite.	188
47e Ex. Quatrième conjugaison.	189
48e Ex. Suite.	191
49e Ex. Suite.	192
50e Ex. Suite.	193
51e Ex. Du participe.	194
52e Ex. De l'adverbe.	195
53e Ex. De la proposition.	196
54e Ex. De la conjonction.	197
55e Ex. De l'interjection.	198
56e Ex. Analyse grammaticale.	199

DEUXIÈME PARTIE.

57e Ex. De la syntaxe.	200
58e Ex. Des compléments.	201
59e Ex. De la phrase.	201
60e Ex. Du nom ou substantif.	203
61e Ex. Suite.	204
62e Ex. Suite.	205
63e Ex. Du nombre dans les noms.	206
64e Ex. Suite.	207

TABLE DES MATIÈRES

... Du pluriel dans les noms propres.	208
... Des noms composés.	209
... Du rôle que joue le nom dans la proposition.	210
68ᵉ Ex. Suite.	211
69ᵉ Ex. Suite.	212
70ᵉ Ex. Syntaxe de l'article.	213
71ᵉ Ex. De l'adjectif.	214
72ᵉ Ex. Exceptions aux règles d'accord entre le nom et l'adjectif.	215
73ᵉ Ex. De la place de l'adjectif.	216
74ᵉ Ex. Rôle de l'adjectif qualificatif dans la proposition.	217
75ᵉ Ex. Adjectifs possessifs.	218
76ᵉ Ex. Adjectifs numéraux.	219
77ᵉ Ex. Adjectifs indéfinis.	220
78ᵉ Ex. Suite.	222
79ᵉ Ex. Suite.	223
80ᵉ Ex. Syntaxe du pronom.	224
81ᵉ Ex. Pronoms de la troisième personne.	226
82ᵉ Ex. Suite.	228
83ᵉ Ex. Pronoms possessifs.	229
84ᵉ Ex. Pronoms relatifs ou conjonctifs.	232
85ᵉ Ex. Pronoms interrogatifs.	234
86ᵉ Ex. Pronoms indéfinis.	235
87ᵉ Ex. Suite.	237
88ᵉ Ex. Suite.	239
89ᵉ Ex. Syntaxe du verbe.	240
90ᵉ Ex. Suite.	242
91ᵉ Ex. Place du sujet dans la proposition.	242
92ᵉ Ex. Verbe à l'infinitif servant de complément au verbe.	244
93ᵉ Ex. Proposition servant de complément au verbe.	245
94ᵉ Ex. Suite.	246
95ᵉ Ex. Différents emplois des temps.	247
96ᵉ Ex. Différents emplois des modes.	248
97ᵉ Ex. Syntaxe du participe.	249
98ᵉ Ex. Du participe passé.	251
99ᵉ Ex. Suite.	252
100ᵉ Ex. Syntaxe de la préposition.	253
101ᵉ Ex. Observations sur quelques prépositions.	254
102ᵉ Ex. Suite.	256
103ᵉ Ex. Syntaxe de l'adverbe.	257
104ᵉ Ex. Suite.	258
105ᵉ Ex. Suite.	259
106ᵉ Ex. Suite.	261
107ᵉ Ex. Suite.	262
108ᵉ Ex. Des adverbes négatifs ou de la négation.	263
109ᵉ Ex. Suite.	264
110ᵉ Ex. Suite.	265
111ᵉ Ex. De la conjonction.	266
112ᵉ Ex. Suite.	267
113ᵉ Ex. Suite.	268
114ᵉ Ex. Suite.	269
115ᵉ Ex. Suite.	270
116ᵉ Ex. Ponctuation, accentuation, analyse.	270
117ᵉ Ex. Suite.	271
118ᵉ Ex. Suite.	273
119ᵉ Ex. Suite.	273
120ᵉ Ex. Suite.	274

FIN DE LA TABLE DES EXERCICES GRADUÉS.

SAINT-CLOUD. — IMPRIMERIE DE Mᵐᵉ Vᵉ BELIN.

www.ingramcontent.com/pod-product-compliance
Lightning Source LLC
Chambersburg PA
CBHW050635170426
43200CB00008B/1031